GUERRE DE 1870-1871

LES

GRANDES BATAILLES

DE

METZ

GUERRE DE 1870-1871

LES
GRANDES BATAILLES
DE
METZ

19 JUILLET — 18 AOUT

avec cinq cartes des opérations militaires

PAR

ALFRED DUQUET

PARIS

G. CHARPENTIER ET Cⁱᵉ, ÉDITEURS

11, RUE DE GRENELLE, 11

1888

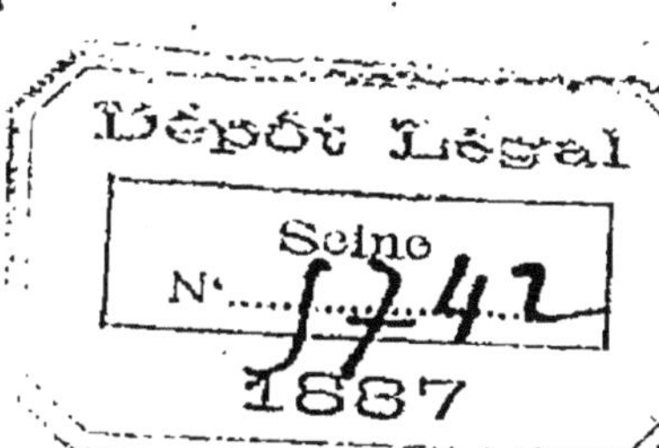

Le drame de Metz se compose de deux parties
bien distinctes. La première période est celle des
grandes batailles, celle où l'armée du Rhin inflige
à l'ennemi des pertes énormes et tient en suspens
le sort de la campagne. La seconde période est celle
du blocus, alors que les négociations politiques ont
pris le pas sur les opérations militaires, alors que
Bazaine a résolu de capituler et ne cherche plus
que le moyen d'arriver sûrement à son but.

Il y a donc intérêt à séparer deux choses aussi
différentes : la lutte et les négociations. La clarté
du récit n'en sera que plus grande. C'est pourquoi

nous avons décidé de faire paraître deux volumes :
l'un, qui aura pour titre : Les Grandes Batailles
de Metz, *racontant la première période; l'autre,*
qui aura pour titre : Les derniers jours de
l'Armée du Rhin, *se rapportant plus spécialement*
aux négociations et à la capitulation.

Georges Charpentier.

La difficulté, quand on écrit l'histoire contemporaine ne consiste pas tant à découvrir la
vérité qu'à oser la dire. Il faut froisser, impi-
toyablement des intérêts, des passions, des sus-
ceptibilités, souvent respectables, à peine de
n'être plus qu'un historiographe officiel ou
qu'un fade complimenteur sans autorité pour
l'avenir.

Mais alors que vous avez rempli votre tâche
sérieusement et consciencieusement, quel dé-
chaînement dans tout ce monde de généraux et
de fonctionnaires, chez les parents, les amis,
des personnages atteints, meurtris, blessés mortellement ! On ne pardonne pas au profane
d'être entré dans le temple, d'avoir fait sonner
le métal des idoles et d'avoir renversé les plus
brillantes et les plus vénérées dès qu'elles

avaient été reconnues fausses. Il est si doux de vivre d'une gloire usurpée, de décréter les réputations ; il est si dur de reconnaître qu'on a prodigué son admiration à des célébrités militaires tout au plus dignes d'être tambours.

Cependant, j'irai toujours droit devant moi, en dépit de la colère des uns, des mauvais procédés des autres. Rien ne saura arrêter la liberté de mes critiques, l'inexorable sévérité de mes jugements. Je continuerai l'œuvre entreprise sans hésitation, sans crainte, sans trêve ni repos.

Alfred Duquet.

Paris, le 1ᵉʳ juillet 1887.

LES
GRANDES BATAILLES
DE METZ

OUVERTURE DES HOSTILITÉS

L'empire avait déclaré la guerre dans des conditions déplorables. Ni alliances à l'extérieur, ni préparation à l'intérieur. Les arsenaux vides, pas de cadres au complet, pas de places fortes en état de soutenir un siège. Cette situation a déjà été exposée tant de fois qu'il est inutile d'y revenir, de refaire un tableau aussi lamentable que connu (1), et nous allons commencer, sans plus tarder, le récit de cette effroyable épopée.

(1) *Nouvelle Revue*, n° du 1ᵉʳ mai 1882, pp. 20 et 21. — *Frœschwiller, Châlons, Sedan*, par Alfred Duquet. 3ᵉ édition. Paris, Charpentier, 1882, pp. 3 à 7. — « Tout d'abord, je fus frappé de l'incurie qui avait présidé à la réunion de notre armée. Il n'y avait dans les forts, ni armes, ni munitions de réserve, ni ambulances, ni brancards pour les blessés, ni vivres, ni effets de campement..... Les hommes manquaient de tout. » (*Mes Souvenirs de l'Armée du Rhin*, par le général Grenier; Bibliothèque nationale, Lh 4, 880, p. 6). — *Le Dossier de la guerre de 1870*. Paris, Garnier ; 3° édition. Voir dépêches et dépositions, pp. 61 à 94.

I. — Le 19 juillet 1870, la guerre était déclarée à la Prusse et l'on se hâtait de réunir autour de Metz et de Strasbourg les régiments dont on pouvait disposer. L'*Armée du Rhin*, que Napoléon III commandait en chef, avec le maréchal Lebœuf comme major général, se composait de sept corps, de la garde impériale, et d'une réserve générale de cavalerie. Voici les noms des commandants de ces différents corps :

Garde impériale, Bourbaki; 1er corps, de Mac-Mahon; 2e corps, Frossard; 3e corps, Bazaine; 4e corps, de Ladmirault; 5e corps, de Failly; 6e corps, Canrobert; 7e corps, Félix Douay; réserve générale de cavalerie, de Bonnemains (1).

« Au début, alors que l'effectif des bataillons atteignait à peine 600 hommes et celui des escadrons environ 80 à 100 chevaux, l'armée était forte de 210,000 combattants; elle fut portée, *sur le papier*, le 5 août, par l'arrivée des réservistes, au chiffre de 270,570 hommes, qui ne fut même pas atteint (2). »

Tous ces mouvements de troupes avaient eu lieu dans une confusion inexprimable; le hasard avait été le seul chef d'état-major de l'armée française.

« Lorsque les premiers trains d'infanterie arrivèrent à Metz, aucun ordre n'était donné pour leur lieu de destination, et la troupe dut attendre plusieurs heures à la gare... Les wagons chargés des voitures régimentaires et des bagages des officiers n'étaient pas déchargés. Les trains se succédant avec une grande rapidité (3), » il en résultait un encombrement déplorable. La cavalerie, l'artillerie,

----

(1) Les corps français seront indiqués en chiffres arabes, et les corps allemands en chiffres romains.

(2) *Histoire militaire contemporaine*, par le commandant Canongo. Paris, Charpentier, 1882, t. II, p. 20. — Voir la pièce justificative n° I.

(3) *Les Chemins de fer pendant la guerre de 1870-1871; Leçons faites en 1872 à l'École des ponts et chaussées*, par F. Jacqmin,

l'intendance « ne furent pas mieux partagées (1) ». — « La confusion et le désordre étaient pénibles à voir. Les soldats remplissaient bruyamment chaque gare, obéissant à peine (2) ; » et cependant nous n'étions pas en république.

De leur côté, dès le 16 juillet, les Allemands avaient commencé la mobilisation de leurs troupes et le gros fut établi entre Mayence et Landau. L'armée ennemie, dont le roi de Prusse prit le commandement, avec M. de Moltke comme chef d'état-major général, se composait de trois armées divisées en onze corps, plus la Garde royale et les divisions de cavalerie. Postérieurement au 1ᵉʳ août, trois autres corps furent formés, sans compter différentes autres forces actives. Voici les noms des commandants de tous ces corps et divisions :

Iᵣᵉ armée ; commandant en chef, de Steinmetz : VIIᵉ corps, de Zastrow ; VIIIᵉ corps, de Gœben ; IIIᵉ division de cavalerie, de Groben.

IIᵉ armée ; commandant en chef ; prince Frédéric-Charles : Garde royale, prince Auguste de Wurtemberg ; IIIᵉ corps, d'Alvensleben II ; IVᵉ corps, d'Alvensleben Iᵉʳ ; IXᵉ corps, de Manstein ; Xᵉ corps, de Voigts-Rhetz ; XIIᵉ corps (saxon), prince royal de Saxe ; Vᵉ division de cavalerie, de Rheinbaben ; VIᵉ division de cavalerie, duc Guillaume de Mecklembourg-Schwerin.

IIIᵉ armée ; commandant en chef, prince royal de Prusse : Vᵉ corps, de Kirchbach ; XIᵉ corps, de Bose ; Iᵉʳ corps bavarois, de Tann ; IIᵉ corps bava-

ingénieur en chef des ponts et chaussées, directeur des chemins de fer de l'Est. Paris, Hachette ,1872 ; p. 122.

(1) *Les Chemins de fer pendant la guerre de* 1870-71, pp. 122 et 123. — *Histoire des Chemins de fer français pendant la guerre franco-prussienne,* par le baron Ernouf. Paris, Librairie générale, 1874 ; pp. 14 à 16.

(2) Robinet de Cléry, *Les Avant-Postes pendant le siège de Paris.* Paris, Palmé, 1887 ; p. 5.

rois, de Hartmann ; division wurtembergeoise, d'Obernitz ; division badoise, de Beyer ; IV⁰ division de cavalerie, prince Albrech de Prusse.

Troupes actives non comprises dans les trois armées : I⁰ʳ corps, de Manteuffel ; II⁰ corps, de Fransecky ; VI⁰ corps, de Tümpling ; I⁰ʳ⁰ division de cavalerie, de Hartmann ; II⁰ division de cavalerie, de Stolberg-Wernigerode ; XVII⁰ division d'infanterie, de Schimmelmann ; XVII⁰ brigade de cavalerie, de Rauch ; division de landwehr de la Garde, de Loën ; I⁰⁰, II⁰ et III⁰ divisions de landwehr, de Tresckow, de Selchow, Schuler de Senden (1).

Les trois armées, à la date du 2 août, « présentaient un effectif de 415,800 hommes et 1,288 pièces (non compris la deuxième réserve) concentrés de Trèves à Germesheim, sur un front d'environ 150 kilomètres... A la même date, l'armée française, fractionnée en huit groupes, dont l'effectif s'élève à 240,000 hommes et 1,080 pièces, est éparpillée de Belfort à Thionville, par Wissembourg et Sarreguemines, sur un front de plus de 350 kilomètres (2). »

II. — La partie de la Lorraine, où se sont passés les dramatiques événements que nous allons rapporter, est limitée : au nord, par les frontières luxembourgeoise et prussienne ; au sud, par le chemin de fer de Paris à Nancy, la Moselle et la Seille ; à l'est, par la Sarre et le canal de Dieuze à Sarralbe ; à l'ouest, par la Meuse.

« Dans cette région, très habitée et en général aisément praticable, les plaines, largement ondulées et fertiles, alternent avec un vaste système de collines très boisées et, çà et là, avec des arêtes mon-

----

(1) Voir la pièce justificative n° II.
(2) Commandant Canonge, t. II, p. 38.

tagneuses et abruptes (1). » Plusieurs petits cours d'eau et la Sarre, la Seille et la Moselle traversent le pays du sud au nord et rendent la défense relativement facile, à la faveur des bois et des collines qui émaillent la campagne. Des vallées profondes « peuvent être employées, plus ou moins utilement, pour s'opposer au mouvement d'un adversaire poussant vers l'ouest; mais l'idée qui s'offre de préférence est de lui interdire le passage de la Moselle. Cette rivière forme, avec les collines dites de Mousson, un obstacle continu (2) ».

Metz-la-Pucelle, bâtie sur le fleuve, au confluent de la Seille, commandait la contrée au moyen de ses remparts et de ses nouveaux forts qui, bien que non encore achevés, offraient cependant assez de résistance pour ne pas être facilement enlevés par l'ennemi.

C'est donc sur une ligne droite de 85 kilomètres, de Sarrebrück à Mars-la-Tour, qu'ont été livrées les batailles les plus sanglantes de cette guerre; c'est autour de Metz, dans un rayon de cinq lieues, que se consommèrent les épouvantables boucheries de Rezonville et de Saint-Privat, journées funestes pour la France et que tout autre général que Bazaine aurait changées en prodigieuses victoires.

III. — Mais l'empereur était arrivé à Metz, accompagné du prince impérial. Après avoir follement précipité la collision, après avoir jeté à la frontière les 2ᵉ, 3ᵉ, 4ᵉ et 5ᵉ corps, qui, le 20 juillet, se trouvaient autour de Saint-Avold, de Metz, de Thionville et de Sarreguemines, une défensive inexplicable

(1) *La Guerre franco-allemande de* 1870-1871, rédigée par la section historique du grand état-major prussien, traduction de M. le capitaine E. Costa de Serda, Paris, M. Dumaine, 1873; 1ʳᵒ partie, p. 126.
(2) *Ibid.*, p. 127.

était gardée et rien ne venait répondre aux légitimes impatiences de l'opinion publique.

Cependant, dès le 29 juillet, « si l'on avait voulu agir avec audace et vigueur, on aurait pu commencer les hostilités (1). »

« Du 28 juillet au 2 août, il n'y avait pas plus de 60,000 hommes sur la Sarre, et 250,000 environ entre Landau et Kreuznach. Un premier mouvement offensif sur la ligne Sarrebrück-Mayence, avec une conversion à gauche pour couper les VIIe et VIIIe corps de leur retraite sur Mayence permettait d'opérer leur destruction et l'occupation de Neunkirchen. L'armée pouvait faire un changement de front et marcher rapidement sur la ligne Neunkirchen-Manheim. Elle avait la chance de couper les noyaux des IIe et IIIe armées, de surprendre quatre ou cinq corps ennemis en voie de concentration, par suite des probabilités de succès, après lesquels elle restait sans doute maîtresse des points de Kaiserslautern, Kreuznach et des provinces rhénanes; un nouvel effort pouvait amener une lutte avantageuse contre les masses réunies autour de Landau. Un esprit sage eût alors négocié et, en cas de refus, franchi le Rhin entre Mayence et Manheim, afin de couper en deux les rassemblements effectués sur la rive droite du fleuve. La rapidité de ces opérations pouvait seule donner des gages de victoire et permettre de désorganiser, dès le début, 200,000 à 300,000 Allemands (2) ».

(1) *Guerre de 1870*, par V. D***, officier d'état-major (colonel Derrecagaix); *Spectateur militaire*, janvier à juin 1871, p. 91.

(2) *Ibid*, p. 98. — « Si, le 27 ou le 28 juillet, l'armée française eut franchi la frontière, elle n'eût rencontré devant elle aucun obstacle sérieux. Elle coupait les chemins de fer à l'aide desquels l'armée allemande opérait ses mouvements de concentration et de ravitaillement, et la campagne commençait pour nous dans des conditions bien différentes. » (Jacqmin, p. 119). — Baron Ernouf, pp. 13 et 14.

L'effet moral aurait été immense et notre première victoire aurait décidé l'Italie à se ranger immédiatement de notre côté. Quant à l'Autriche, elle aurait été trop heureuse de venger le guet-apens de 1866. Mais au lieu d'agir, on s'épuisait en marches et contremarches, en dépêches et en proclamations.

L'empereur sentit le ridicule de la situation et se décida à en sortir par un coup de main sur Sarrebrück. On ███████ facile d'enlever les petits détachements en ████ qui couvraient la vallée de la Sarre ; Sarrebrück, notamment, n'était défendu que par 1 bataillon d'infanterie, 3 escadrons de uhlans et 4 bouches à feu (1) ; de plus, les Prussiens n'étaient pas en état de soutenir leurs troupes avancées, puisqu'ils « ne pouvaient nous opposer tout d'abord que la 1re armée, mais l'intention du quartier général n'était pas d'exposer isolément cette armée, *relativement encore assez faible*, à un engagement contre un ennemi *bien supérieur* (2) ».

Il y aurait eu plusieurs avantages à tenter une marche offensive. Premièrement la capture des avant-postes, ensuite l'effet moral, enfin la chance de voir le général de Steinmetz essayer de nous résister, ce qui nous aurait probablement donné la victoire dès le commencement de la campagne. Cette dernière hypothèse n'est pas inadmissible, loin de là, quand on connaît le caractère du commandant de la 1re armée et la conduite qu'il a tenue, le 6 août, à Forbach. Mais on avait conservé la défensive et c'était seulement le 2 août qu'on entendait l'abandonner. Quel était le plan de Napoléon III ?

(1) *Opérations des Armées allemandes depuis le début de la Guerre jusqu'à la catastrophe de Sedan et à la capitulation de Strasbourg*, par le colonel A. Borbstaedt, rédacteur du Militair-Wochenblatt, traduction de E. Costa de Serda, capitaine au corps d'état-major français. Paris, Dumaine, 1872 ; pp. 258 et 259.
(2) *La Guerre franco-allemande*, 1re partie, p. 133.

Le 3ᵉ corps serait appuyé par le 2ᵉ, deux divisions du général de Failly et une du général de Ladmirault. Le maréchal Bazaine « devrait prendre le commandement de toutes ces forces qui s'élèveraient à plus de 100,000 hommes. Avec de tels moyens, c'était une véritable bataille qu'on pouvait livrer (1) ». Malheureusement l'empereur, perplexe et flottant, changea bientôt d'avis et résolut de se contenter d'une démonstration contre Sar███████

La 2ᵉ et la 3ᵉ division du 2ᵉ ███████ marchèrent, le 2 août, à l'attaque de la ville. La petite troupe prussienne résista bravement, de onze heures du matin à deux heures du soir, et se retira, en bon ordre, sur les hauteurs de Raschpfuhl. L'affaire n'avait présenté aucun intérêt tactique; des coups de fusil avaient été échangés, quelques obus avaient éclaté, puis l'ennemi, sentant son infériorité numérique, avait cru prudent de ne pas continuer la lutte (2).

Quant au bombardement de la ville « ouverte et sans défense (3) », que nous reprochent les Allemands, il est bon de repousser cette accusation, de rétablir la vérité et de déclarer que Sarrebrück « n'a été ni bombardée, ni brûlée, ni même menacée du feu. Pas un obus n'a été tiré sur la ville elle-même, quoiqu'il ait été dit au général Frossard que des habitants, et, en particulier, des membres de la Société de tir, avaient pris une part active au combat *en faisant feu sur nos troupes*. Le commandant du 2ᵉ corps ne voulut même pas frapper cette ville d'impôts ni de réquisitions quelconques. Ayant fait appeler sur la place publique, au milieu de la foule,

---

(1) *Metz, Campagne et Négociations*, par un officier supérieur de l'armée du Rhin (général d'Andlau). Paris, Dumaine, 1871; p. 27.

(2) « L'ennemi, après avoir riposté, n'ayant qu'un millier d'hommes à opposer à un corps d'armée de 25,000, évacua la ville et se replia, avec ses deux canons, sur la route de Neunkirchen, sans être inquiété. » (Colonel Derrecagaix, p. 102).

(3) Colonel Borbstaedt, p. 258.

le bourgmestre un peu ému, le général le rassura
et lui dit que tout serait respecté dans sa ville, que
la discipline la plus rigoureuse serait observée, et
c'est ce qui fut fait. En agissant ainsi, le général
voulait marquer ce que doit être la guerre vis-à-vis
des populations, en pays civilisé. *Il devait croire que
son exemple serait suivi par nos ennemis, s'ils péné-
traient en France* (1) »!

L'insinuation des Allemands ne saurait donc être
prise au sérieux. Mais on n'ignore pas que c'est
l'habitude de certaines gens de crier : *Au voleur!*
pour qu'on n'ait point l'idée de courir après eux.
En dépit des désirs prussiens, jamais l'incendie de
Sarrebrück ne brillera comme ceux de Bazeilles, de
Strasbourg, de Châteaudun et de Saint-Cloud. Personne ne prendra le change et nous ne retiendrons
de cette étrange accusation qu'une leçon et un sou-
venir qui ne seront pas superflus quand nous ren-
drons à l'Allemagne la visite qu'elle nous a faite
en 1870.

Les Français comptaient, à la suite de l'engagement du 2 août, 86 hommes hors de combat, les
Prussiens 83. Il n'y avait guère lieu de s'enorgueillir
et de rédiger le grotesque bulletin de victoire qui
parut au *Journal officiel*. La balle qu'avait ramassée
Louis ne devait porter bonheur ni à son père ni à la
France. La campagne débutait par une farce et
allait, quelques jours après, se changer brusquement en drame, aux coups de canon de Forbach et
de Frœschwiller.

____

(1) *Rapport sur les opérations du 2ᵉ corps*, par le général Frossard. Paris, Dumaine, 1872; p. 21 et 22.

BATAILLE DE FO[illegible]

(6 août)

Au lendemain de la défaite de Wissembourg, l'empereur décida la séparation de l'armée en deux groupes. Le premier, composé des 2e, 3e, 4e corps et de la Garde, fut mis sous les ordres du maréchal Bazaine. Le second, formé des 1er, 5e et 7e corps, fut placé sous le commandement du maréchal de Mac-Mahon. Mais l'état-major impérial ne laissa pas une complète liberté d'action aux deux nouveaux chefs d'armée; leur situation et leurs pouvoirs ne furent pas clairement définis; aussi le maréchal Bazaine, mécontent et aigri, en profita pour ne donner que des instructions vagues et contradictoires qui produisirent le plus détestable effet.

Le 5 août, le général Frossard, ne se sentant pas en sûreté à Sarrebrück, se retirait sur les hauteurs de Spicheren, à Stiring et vers Œtingen. Le 3e corps campait à Saint-Avold, Marienthal et Puttelange, pendant que la division Montaudon gagnait Sarreguemines. Le 4e corps s'étendait de Teterschen à Boucheporn. La Garde était à Courcelles-Chaussy.

Le 5ᵉ corps entourait Bitche, le 1ᵉʳ se réunissait à Frœschwiller, la division Conseil-Dumesnil, du 7ᵉ, passait à Haguenau. Quant au restant du 7ᵉ corps, il avait la mission de protéger la Haute-Alsace, à Belfort.

Nous ne parlerons pas de la dissémination de nos forces sur une pareille étendue : tout a été dit au sujet de l'imprudence d'un telle disposition; mais nous allons rechercher si les emplacements des 2ᵉ, 3ᵉ, 4ᵉ corps et de la Garde étaient choisis selon les règles les plus élémentaires de la stratégie.

Ainsi lancé en flèche, près de Sarrebrück, le 2ᵉ corps d'armée se trouve à une vingtaine de kilomètres des quatre divisions du 3ᵉ corps, à une trentaine du 4ᵉ et à huit ou neuf lieues de la Garde. Le maréchal Bazaine est seul en mesure de lui prêter appui en cas d'attaque, car il n'y a guère à compter, pour bien se battre, sur des troupes qui viennent de faire une étape de huit ou dix lieues. Cet éparpillement est très dangereux et n'a jamais manqué d'entraîner de mauvais résultats. « Une armée doit, en tout temps et en toute circonstance, être prête à combattre avec ses forces au complet, et il faut, à cet effet, que les troupes les plus éloignées puissent arriver, en temps opportun, sur un point quelconque du front de marche choisi comme point de concentration (1). » L'empereur avait violé ce principe; il devait en être cruellement châtié.

(1) *Principes de stratégie*, étude sur la conduite des armées, par le général Berthaut. Paris, Dumaine; 1881, p. 220. — L'état-major ne peut invoquer son ignorance de la situation, car il avait reçu les dépêches ci-après que nous copions littéralement :

1° « Heure d'arrivée, 10 h. 25, le 3 août.

« Thionville de Luxembourg à Metz

« ...... à maréchal Le Bœuf

« On me donne comme positif que la Prusse vient d'envoyer de Trèves ses meilleures troupes, notamment partie de la Garde, armées de nouveaux fusils. Ces troupes, commandées par général Steinmetz, se dirigent en ce moment au secours de Sarrelouis et on

Du reste, si, de notre côté, il y a lieu de déplorer
le mépris des règles stratégiques, il est bon également
ment de remarquer que les Allemands ne se préoc-
cupaient pas davantage de se rassembler en masses
compactes et se présentaient, en face de nous, dans
le même éparpillement. Le VIIe corps était à Bet-
tingen, devant le général de Ladmirault; le IIIe à
Saint-Wendel, devant Frossard; le IVe à Einöd,
devant Bazaine et de Failly; la Garde royale campait à Landstuhl, à la même distance de Sarrebrück
que la Garde impériale (1). Mais les fautes stratégiques des Prussiens ne sont rien en comparaison
des erreurs tactiques qu'ils vont amonceler les unes
sur les autres durant la journée du 6 août, et il
faudra la présomption d'un Frossard, la jalousie
d'un Bazaine et l'imbécillité d'un Napoléon III pour

estime le nombre à 40,000 hommes. La Prusse veut, à tout prix, un
succès à Sarrelouis pour soutenir le moral de son armée; Trèves
serait maintenant complètement dégarnie de troupes. (Signé)...... »

(Nous ne pouvons donner les noms des rédacteurs de certaines
dépêches que nous citons et citerons, mais nous les tenons, verbale-
ment, à la disposition de ceux qui nous les demanderaient.)

2° « Heure d'arrivée, 12 h. 25, le 4 août.

« Luxembourg à Metz. . . . . . à maréchal Le Bœuf.

«Toutes les troupes prussiennes ont évacué frontière luxembourgeoise et Trèves, pour direction de Sarrelouis, commandées
par le général Steinmetz. (Signé)..... »

3° «Heure d'arrivée, 7 h. 07, le 4 août.

« Luxembourg à Metz, 6 h. soir, consul français à préfet Moselle.

« J'apprends à l'instant de source certaine que le général Voigt-
Rhetz doit arriver ce soir à Trèves, venant de Coblentz, avec un
corps d'armée considérable. (Signé) De Cussy. »

(1) *La Guerre franco-allemande*, planche 3. — « Quant au point
de vue stratégique, les phases successives de la bataille (de Forbach)
prouvent que, ce jour-là, et sur ce point, les armées prussiennes n'é-
taient ni concentrées ni prêtes à l'attaque. La meilleure preuve qu'on
puisse en donner c'est que les troupes qui y prirent part, successivement renforcées par l'arrivée de corps nouveaux, qui, de tous les
points, se dirigèrent au bruit du canon vers le champ de bataille et
qui, même, y furent amenés par le chemin de fer, changèrent quatre
fois de général pendant l'action, par suite de l'arrivée successive de
généraux plus élevés en rang que celui qui commandait. » (*Des Surprises à la guerre*, par M. C. Blondlat, capitaine au 52° de ligne.
Paris, Tanera, 1874; p. 15).

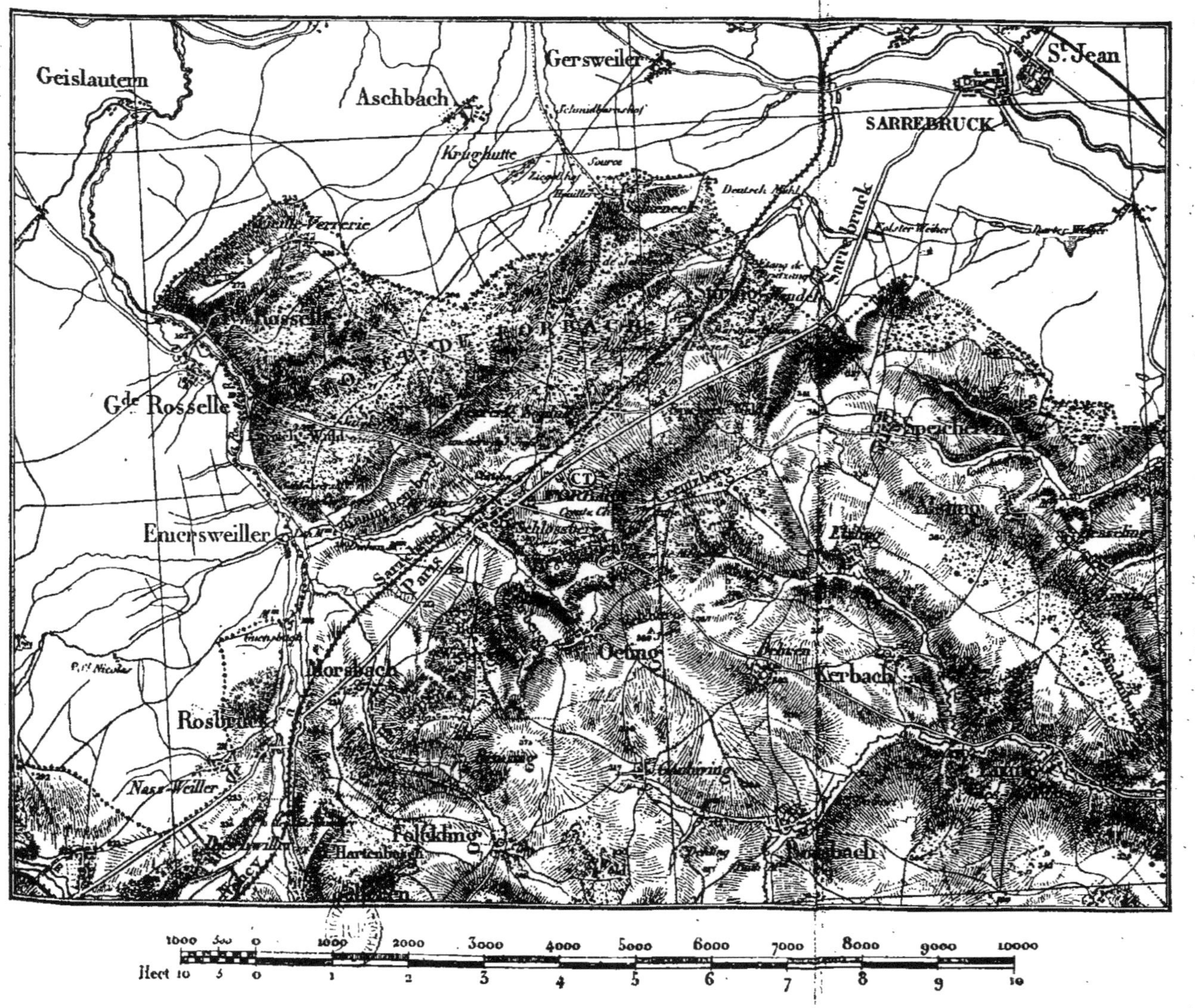

BATAILLE DE FORBACH
Geislautern
Gersweiler
Aschbach
S.t Jean
SARREBRUCK
Schmidtborshof
Krughutte
Source
Ziegelhof
Deutsch Mühl
Werbeck
Kelster Weiher
Parks Weiher
Vieille Verrerie
Sarrebruck
Rosselle
LA DU FORBACH
Speichern
G.de Rosselle
CT
Schlossberg
Emersweiller
Sarrebach
Parc
Oeting
Kerbach
Morsbach
P. St Nicolas
Rosbruck
Nass Weiller
Folckling
Hartenbach
Morsbach
Hect 10   5   0   1   2   3   4   5   6   7   8   9   10
1000   500   0   1000   2000   3000   4000   5000   6000   7000   8000   9000   10000

que nos ennemis n'inaugurent pas la campagne par
un désastre qui aurait certainement effacé la déplorable impression de la défaite du duc de Magenta (1).

Quoi qu'il en soit, nous voici à la veille du 6 août;
les troupes, après les marches et les contre marches
les plus inutiles et les plus fatigantes, occupent
enfin les emplacements que nous allons indiquer;
commençons la relation de cette fatale journée, qui
aurait dû être un triomphe, et qui, malgré le courage des chefs et des soldats, fut le triste pendant
de la bataille de Frœschwiller.

ENGAGEMENTS DE LA MATINÉE

1. — La position où le 2ᵉ corps s'était réfugié
n'était pas mauvaise. La 3ᵉ division (de Laveaucoupet) garnissait les bois au-dessus de Saint-
Arnual, l'Eperon de Spicheren ou Rotherberg, et
les hauteurs jusqu'à Alsting. La 1ʳᵉ division (Vergé)
couvrait Stiring et la route de Forbach à Sarrebrück.
En seconde ligne, la 2ᵉ division (Bataille) se tenait
à Œtingen.

(1) « Il est certain que, dans la première période de la bataille,
les Prussiens combattirent en forces inférieures et que, jusque
vers la fin de la soirée, leur action fut très décousue. Ces inconvénients résultaient de la manière même dont l'affaire s'était
engagée, c'est-à-dire sans intention ni plan d'ensemble, sur un
rapport erroné des éclaireurs de Rheinbaben et par les ardeurs
intempestives de Kameke qui, débutant comme chef de division,
y mit tout l'entrain d'un néophyte. » (*Relation historique et critique de la Guerre franco-allemande en* 1870-1871, par Ferdinand
Lecomte, colonel fédéral suisse. Paris, Tanera, 1872; t. Iᵉʳ, p. 319).
— « Cette entreprise audacieuse était uniquement tentée pour
l'honneur de l'Allemagne, car les avantages tactiques que nous pro-
mettait le succès étaient à peu près nuls. » (*La Guerre franco-
allemande de* 1870-1871, *sous le roi Guillaume*, par un officier
d'état-major prussien, traduit de l'allemand par L. de Dieskau,
capitaine d'état-major, et G.-A. Prim, lieutenant d'infanterie de
l'armée belge. Bruxelles, Muquardt, 1871; 1ʳᵉ partie, p. 150).

Les côtés faibles étaient la droite et la gauche.
La droite, parce que le général de Laveaucoupet
n'avait pas tout à fait assez de monde pour défendre
les hauteurs ; la gauche, parce que, pour les mêmes
raisons, le général Vergé ne pouvait surveiller la
forêt de Forbach et empêcher un mouvement tournant sur son flanc. Mais Spicheren était presque
inexpugnable, et la Sarre, qui coule au bas de ces
côteaux abrupts, rendait un assaut manqué désastreux pour le vaincu.

De grand matin, un télégramme du major général
avertissait le commandant du 2ᵉ corps : « Metz,
4 h. 40 matin. Tenez-vous prêt contre une attaque sérieuse qui pourrait avoir lieu aujourd'hui
même (1). » De son côté, le maréchal Bazaine recevait deux dépêches du quartier impérial. La première lui arrivait le 5 au soir et le prévenait que
les Allemands s'approchaient de Sarrebrück. La
seconde, qu'il décachetait le 6, à cinq heures du
matin, l'informait qu'il pouvait être surpris (2).

Le maréchal ne se préoccupa guère de cette éventualité, et le général Frossard se contenta de faire
exécuter par ses troupes, à Spicheren et à Stiring,
quelques ouvrages de campagne. Cependant les avis du

(1) Général Frossard, p. 36.
(2) *Procès Bazaine*, compte rendu sténographique *in-extenso.*
Paris, librairie du *Moniteur universel*, 1873 ; mémoire de Bazaine,
p. 139. — Nous pouvons donner la copie du télégramme qui a
déterminé le major général à adresser à Frossard et à Bazaine les
deux dépêches dont nous venons de parler :
« Heure d'arrivée, 2 h. 26, le 5 août.
« Luxembourg à Metz, extrême urgence, dépêche politique au
major général armée du Rhin à Metz.
« Informations. Les habitants évaluent à 160,000 hommes les
troupes actuellement sur la Sarre ; hussards bleus, flamme rouge,
et hussards noirs près Mettlack, et cavaliers à brandebourgs blancs,
parements rouges ; remarqué 28ᵉ et 35ᵉ régiment d'infanterie près
Sarrelouis. Artillerie de tous côtés ; presque tous les militaires
sont de Westphalie. Un pont a été établi près Mettlack. Des trains
de troupes circulent entre Trèves et Sarrelouis. ON PARLE DE PREN-
DRE L'OFFENSIVE DEMAIN SAMEDI, 6 COURANT. (Signé)..... »

major général n'étaient pas à dédaigner; en effet,
dès huit heures du matin, les colonnes d'infanterie
prussienne commençaient à descendre les collines
de Sarrebrück, et l'artillerie prenait position sur le
plateau du *champ de manœuvres.* « Tous ces mouvements s'apercevaient parfaitement de l'Eperon de
Spicheren où le général de Laveaucoupet avait son
bataillon de chasseurs et sa compagnie du génie tra-
vaillant à achever les tranchées-abris (1). A neuf
heures, « la lutte s'engageait par un combat d'artillerie entre les pièces du général de Laveaucoupet,
installées à l'Eperon, et celles du *champ de manœuvres* (2). » Voici ce qui s'était passé.

La XIVe division du VIIe corps, commandée par le
général de Kameke, avait reçu l'ordre d'avancer jus-
qu'à Guichenbach. Pendant la route, le général fut
instruit de l'évacuation de Sarrebrück en lisant les
rapports de la cavalerie du général Rheinbaben. Il
ne résista pas au désir de jouer l'entreprenant et de
passer la Sarre. « Convaincu qu'il n'avait devant
lui que l'arrière-garde de Frossard en retraite, il ne
voulut pas perdre un instant pour poursuivre son
adversaire (3). » C'était une grande imprudence de
se précipiter ainsi à l'assaut de Spicheren avec la
Sarre à dos. Le général de Kameke était « loin de
tous renforts, puisque, à six heures du soir, aucun
corps allemand n'était en vue de la rivière, à l'ex-
ception de quelques petites fractions des IIIe et VIIIe,
tandis que les trois divisions Vergé, de Laveaucoupet
et Bataille se trouvaient à une lieue les unes des
autres (4) » et que le 3e corps bivouaquait à une
vingtaine de kilomètres de Forbach, de même que
la brigade Lapasset, du 5e corps. Enfin, la témérité

(1) Général Frossard, p. 37.
(2) *Ibid.*
(3) Colonel Borbstaedt, p. 305.
(4) *Nouvelle Revue*, n° du 1er mai 1882, p. 27.

du général de Kameke est d'autant plus impardonnable qu'il ne disposait même pas de sa division tout entière et que, jusqu'à trois heures du soir, il se battit avec la seule brigade de François, la brigade de Woyna n'ayant pu prendre part à l'affaire qu'à cette heure tardive.

Au commencement de l'action, le général Frossard en avait averti le maréchal Bazaine par le télégramme suivant : « 9 h. 10 matin. J'entends le canon à mes avant-postes et je vais m'y porter. Ne serait-il pas bien que la division Montaudon envoyât, de Sarreguemines, une brigade vers Grossbliederstroff et que la division Decaen se portât en avant vers Merlebach et Rosbrück (1). » Mis en garde par l'avis du major général, on voit que Frossard ne considérait pas encore l'affaire comme sérieuse, et le maréchal Bazaine, bien qu'averti du mouvement de l'ennemi, ne donnait, au reçu de cette dépêche, aucun ordre pour la concentration des troupes de son corps d'armée.

Les Allemands n'imitent pas notre conduite. De tous les côtés, les troupes marchent, au bruit du canon, afin de secourir la XXVII⁰ brigade. A dix heures, nouvelle dépêche du général Frossard à Bazaine : « L'ennemi fait descendre, des hauteurs de Sarrebrück vers nous, de fortes reconnaissances, infanterie et cavalerie; mais il ne prononce pas encore son mouvement d'attaque. Nous avons pris nos mesures sur les plateaux et sur la route (2). »

Frossard n'a pas encore peur; il ne demande pas

---

(1) Général Frossard, p. 37. — « A neuf heures du matin, le général Frossard télégraphie au maréchal Bazaine qu'il pressentait qu'il allait avoir à soutenir un combat dans lequel il lui serait indispensable d'être appuyé par la division du 3⁰ corps. » (*La Bataille de Spicheren*, envisagée au point de vue stratégique, traduit de l'allemand, par M. Weil. Paris, Tanera, 1872; p. 8).

(2) *L'Armée du Rhin*, par le maréchal Bazaine, Paris, Plon, 1872; p. 27.

un soutien immédiat; il espère, peut-être, vaincre tout seul; ce n'est qu'à dix heures quarante minutes qu'il commence à s'inquiéter : « On me prévient que l'ennemi se présente à Rosbrück et à Merlebach, c'est-à-dire derrière moi. Vous devez avoir des forces de ce côté (1) ? »

Bazaine ne répond pas au premier télégramme, mais seulement au second : « 11 h. 15 matin. D'après les ordres de l'empereur, j'ai porté les divisions Castagny et Metman sur Puttelange et Marienthal. Je n'ai plus personne à Rosbrück ni à Merlebach ; j'envoie en ce moment une brigade de dragons dans cette direction (2). » Puis, plus rien! Ce n'est qu'à une heure de relevée que le maréchal annonce à Frossard qu'il dirige la division Metman vers Macheren-Betting, et la division Castagny sur Farschwiller-Théding. Il lui *conseille*, en outre, de se concentrer à Cadenbronn si l'attaque est sérieuse (3)!

Et Bazaine se plaindra, plus tard, de la position de Spicheren; il prétendra qu'elle était mal choisie; qu'il fallait se masser à Cadenbronn ! Que n'a-t-il, alors, expédié à son subordonné des ordres formels dans ce sens : Frossard n'aurait eu qu'à obéir. Mais le maréchal était aussi embarrassé que le général qui n'osait s'éloigner de Forbach pour ne pas découvrir et livrer à l'ennemi les immenses approvisionnements et l'équipage de ponts que notre admirable état-major avait accumulés à cet endroit, sans se préoccuper de ce qui pourrait arriver. Au reste, Bazaine pensait si peu à concentrer ses régiments à Cadenbronn qu'il éparpillait les divisions de son propre corps de Saint-Avold à Sarreguemines et

---

(1) Maréchal Bazaine, *L'Armée du Rhin*, p. 27.
(2) *Ibid.*, p. 28.
(3) *Ibid.*, pp. 29 et 30.

qu'il ne demandait en aucune façon au général de
Ladmirault de rapprocher le 4e corps vers Saint-
Avold ou Forbach (1). Nous discuterons également,
plus tard, les mesures prises par le maréchal pour
faire marcher au canon les quatre divisions dont il
pouvait disposer, mais il nous faut immédiatement
entamer le récit de la bataille et ne pas nous
arrêter, par avance, aux misérables arguties du
personnage.

DÉMONSTRATIONS CONTRE L'ÉPERON

II. — Jusqu'à onze heures du matin, la fusillade
et la canonnade se faisaient entendre sans que des
avantages appréciables fussent à constater du côté
des Prussiens ou du côté des Français. A onze heures et demie, le combat prend une autre tournure :
les Allemands essaient de sortir de leurs positions;
le général de François, commandant une des brigades de Kameke, vient reconnaître l'Éperon.

L'engagement commence par un combat d'artillerie pendant que cinq bataillons, dont deux en réserve au Reppertsberg, repoussent nos tirailleurs
jusqu'au bord sud-est du Gifert-Wald. Mais il est
impossible aux Prussiens d'aller plus loin. « Établi
en force dans un chemin creux, un bataillon du 40e
de ligne tenait sous son feu le plus meurtrier les
lisières voisines et mettait ainsi un terme aux progrès des deux compagnies (2) » d'avant-garde. A
notre gauche, nous repoussons aussi facilement
l'agresseur. Quand l'ennemi s'élance, baïonnette au
canon, nos soldats « se replient par une demi-con-
version à droite, puis ils accablent d'un feu si ter-

(1) Voir les dépêches publiées par Bazaine dans son livre : *L'Armée
du Rhin.*
(2) *La Guerre franco-allemande,* 1re partie, **p. 305.**

rible l'assaillant qui débouche du couvert que celui-ci est contraint de regagner au plus vite l'abri de la forêt. Un pareil insuccès marque une seconde tentative dans le but de s'établir sur le flanc des Français, en appuyant plus à gauche. Le contact avec le bataillon était perdu et un feu violent, venant de tous côtés, forçait à revenir dans la position antérieure (1) ».

Trois autres compagnies prussiennes s'évertuaient à gagner les alentours de l'Eperon par une marche plus directe ; mais le 10ᵉ chasseurs à pied, embusqué au saillant de Spicheren, les repoussait « avec des pertes très sensibles (2) ».

ENGAGEMENTS DE STIRING

III. — A la droite ennemie, vers Stiring, deux bataillons allemands viennent d'abord se heurter à la brigade Jolivet, de la division Vergé, qui gardait le village, les forges et une partie des bois environnants. La lutte s'engagea dans les fourrés épais et bientôt les Prussiens « ne se maintiennent plus qu'avec peine, et au prix de pertes sérieuses, contre les attaques répétées des Français, particulièrement des chasseurs (3) ». Vers une heure et demie (4), un bataillon ennemi essaie de s'installer dans la forêt communale de Sarrebrück, mais il est si maltraité, il s'aperçoit que « le combat prend une si mauvaise tournure au delà du chemin de fer (5) » qu'il est obligé de rétrograder vers le passage à niveau. La brigade Jolivet avait refoulé tous les assaillants de l'autre côté de la voie.

(1) *La Guerre franco-allemande*, 1ʳᵉ partie, p. 305.
(2) *Ibid.*, p. 306.
(3) *Ibid.*, p. 308.
(4) *Ibid.*
(5) *Ibid.*

Le général de François « informé de la situation
critique de son aile droite (1) » y envoie des renforts qui permettent de recommencer la lutte sur la
lisière sud de la forêt communale. Cependant, à
trois heures du soir, aux abords de Stiring (2), les
Allemands n'avaient pas fait un pas, et une fusillade inoffensive indiquait seule la continuation de
l'affaire.

ATTAQUE DE L'ÉPERON

IV. — L'Éperon de Spicheren domine le champ
de bataille, et, de tous les côtés, les troupes ennemies aperçoivent ses escarpements rougeâtres qui
semblent les défier et les menacer. L'artillerie française y est installée et, de cet admirable observatoire, elle enfile à loisir les routes et les ravins qui
se déroulent au-dessous d'elle. Nos adversaires
comprennent que c'est là la clef de la position et
que, maîtres de Spicheren, ils auront bataille gagnée. Une attaque de front serait téméraire, aussi
cherchent-ils à enlever l'Éperon en débordant la
colline à gauche et à droite. A une heure, le général de François, amenant avec lui 15 à 1,800
hommes de soutien, prend en personne la direction
de l'opération (3).

Le bataillon de fusiliers traverse sous notre feu
le bas-fond qui sépare le Reppertsberg du Galgenberg. Les pertes augmentent à chaque pas, mais les
assaillants parviennent tant bien que mal au pied de
la montagne où ils se cachent derrière des rochers.
Pendant ce temps, les deux artilleries ne cessaient
de se canonner. Si les Allemands arrivaient à inquié-

(1) *La Guerre franco-allemande,* 1re partie, p. 309.
(2) *Ibid.,* p. 310.
(3) *Ibid.,* p. 311.

ter nos batteries du Rotherberg, ils obtenaient
d'abord moins de succès contre les pièces établies
à la *Brême-d'Or*, sorte de ferme que nous décrirons
tout à l'heure. Le combat s'éternisait de ce côté et
nos adversaires se morfondaient, facilement contenues par les forces supérieures que nous leur oppo-
sions.

A trois heures, la brigade de Woyna arrive à
l'aide du général de François. Elle se dirige vers
Stiring, à gauche et à droite de la voie ferrée. A
cette heure, le général Frossard n'avait encore à
lutter que contre la seule division Kameke, qui
n'avait gagné du terrain qu'au prix de sacrifices
énormes et qui ne s'était emparée d'aucune position
importante, puisque Spicheren, l'Eperon, la *Brême
d'Or* et Stiring restaient toujours en notre pouvoir (1).

Une seconde fois, le général de Kameke ordonne
d'enlever le Rotherberg! Le général de François,
à la tête du 74ᵉ prussien, escalade péniblement
les pentes et parvient à déloger nos chasseurs à
pied de leurs premiers abris; mais les Français se
remettent rapidement et, après s'être reformés derrière un escarpement supérieur, recommencent
un feu foudroyant sur les agresseurs. Le général
de François lance alors en avant le 39ᵉ prussien
qui vient d'accourir à son aide; afin d'exciter l'ardeur de ses soldats, il marche en tête des colonnes
d'assaut : « Frappé de cinq coups de feu, le brave
général s'affaisse. Le tir écrasant des Français rend
impossible de pousser plus loin (2). »

Du côté du Gifert-Wald, la brigade Micheler
rejette victorieusement l'ennemi. Elle tue le major
de Wichmann et met la plupart des officiers hors

(1) *La Guerre franco-allemande*, 1ʳᵒ partie, croquis de la p. 315.
(2) *Ibid.*, p. 319.

de combat. Les Prussiens avaient été « plusieurs
fois repoussés par des charges à la baïonnette que
le général de Laveaucoupet, l'épée à la main, avec
son état-major, dirigeait lui-même (1). » Les soldats
allemands, « épuisés par cette longue lutte, avaient
en partie consommé leurs munitions et ne pouvaient
trouver à proximité ni secours, ni approvisionnements. Dans cette situation, assaillis de front par
trois bataillons, tournés sur leur gauche, les Prussiens
se voient enfin contraints de battre en retraite. Les
Français les suivent jusqu'à la lisière nord de la
forêt, d'où ils accompagnent d'un feu rapide et
meurtrier les débris qui se replient vers le Winterberg (2) ».

Entre le Gifert-Wald et le Rotherberg, la position n'est pas meilleure pour l'ennemi. Le 40ᵉ de
ligne avait écrasé les fractions du 39ᵉ prussien,
qui s'étaient approchées de lui. A quatre heures
du soir, le général de Laveaucoupet demeurait
maître du terrain, après avoir fait subir à ses adversaires des pertes considérables (3). Nos officiers et
nos soldats s'étaient conduits en braves ; les hommes tiraient bien ; les compagnies ne se débandaient
pas ; en un mot, la victoire se dessinait en notre
faveur.

A Stiring nous avions, il est vrai, reculé de quelques mètres dans le bois qui pousse devant Alt-
Stiring. Les tirailleurs prussiens avaient pris notre
artillerie en flanc, lui avaient tué un assez grand
nombre d'hommes et de chevaux, et c'était alors
qu'un caisson « traversé par un obus » avait fait

_____

(1) Général Frossard, p. 41. — « L'attaque contre le bois de Spicheren (Gifert-Wald) ne réussissait pas. » (Rüstow, *Guerre des frontières du Rhin*, traduit de l'allemand par Savin de Larclause, colonel
du 1ᵉʳ lanciers. Paris, Dumaine, 1871 ; t. Iᵉʳ, p. 213.
(2) *La Guerre franco-allemande*, 1ʳᵉ partie, p. 319.
(3) *Ibid.*, p. 320.

explosion et augmenté le désordre. Deux de nos batteries, forcées de se retirer, abandonnaient cinq pièces, malgré les efforts héroïques de leurs officiers, dont plusieurs étaient tombés grièvement blessés (1). » Le lieutenant Chabord, gisant à terre, couvert de blessures, refusait de se laisser emporter : « Sauvez mes pièces avant tout, puis vous m'enlèverez si vous en avez le temps (2). » Mais cet avantage, chèrement acheté, ne profite guère à nos ennemis ; nous occupons toujours le village, les forges et reprendrons bientôt les canons perdus.

À ce moment, entre trois et quatre heures, « la situation, du côté des Prussiens, rendait assurément fort urgente l'entrée en ligne de troupes fraîches, pour venir en aide à la XIVe division dans la lutte inégale qu'elle avait soutenue jusqu'alors sur un front de près de 6 kilomètres. Les Allemands apercevaient distinctement les profondes colonnes de la brigade Fauvart-Bastoul descendant des hauteurs du Pfaffenberg sur Spicheren. *A tout instant on pouvait s'attendre à voir les Français profiter de leur grande supériorité numérique pour refouler ou pour rompre la faible ligne de bataille qui leur était opposée* (3). » Et de fait, à quatre heures, « les Prussiens ne disposaient encore que des têtes de colonne des Ve et XVIe divisions qui débouchaient, à peu près simultanément, les premières sur le Winterberg, les secondes sur le Reppertsberg (4) ». — « Depuis neuf heures du matin jusqu'à trois heures de l'après-midi, 15,000 Allemands attaquaient sans résultat la forte position que Frossard occupait avec 27,000 hommes ; à deux heures, le général de Kameke n'avait plus de réserve, ses *troupes*

(1) Général Frossard, pp. 41 et 42.
(2) *Ibid.*, p. 44.
(3) *La Guerre franco allemande*, 1re partie, p. 320.
(4) *Ibid.*, p. 321.

se décourageaient et ne pouvaient avancer (1) ».

Que serait-il donc arrivé si le général Frossard, même réduit à ses propres forces, même sans le concours du 3ᵉ corps, avait, dès midi ou deux heures, transformé sa défensive en vigoureuse offensive? Qu'aurait fait la brigade de François contre les trois divisions du 2ᵉ corps?... Tout le monde reconnaît qu'elle aurait été écharpée et jetée à la Sarre (2). Il fallait ne pas tant tarder à faire entrer nos réserves en action : la division Bataille et la brigade Valazé devaient, dès le commencement, apporter leur soutien à nos soldats combattants. « Si les Prussiens ne

---

(1) *Les Maréchaux de France, étude de leur conduite pendant la guerre en* 1870, par Brackenbury, capitaine de l'artillerie anglaise (aujourd'hui général), professeur d'histoire militaire à l'Académie royale militaire de Woolwich. Paris, Lachaud. 1872 ; Bibliothèque nationale, L 4 h. 965 (maintenant à la Réserve), p. 63. Le général Henry Brackenbury, l'un des meilleurs officiers de l'armée anglaise, avait été choisi par la reine d'Angleterre et par l'impératrice Eugénie, comme précepteur militaire du prince impérial. (*Procès Bazaine*, déposition de M. Tachard, p. 622.) — Il n'y avait pas 15,000 hommes, mais de 8 à 10,000 à peine, la brigade de Woyna n'étant pas arrivée. — « Jusqu'à trois heures, le général de Kameke se trouvait dans une position des plus difficiles, en face d'un adversaire de beaucoup supérieur en nombre. » (Colonel Borbstaedt, p. 308). — « A trois heures, les Français avaient le dessus contre des forces bien inférieures, il est vrai, et qu'il n'eût dépendu que d'eux d'écraser en recourant à l'offensive. A Traktir, la situation n'était pas sans analogie, mais on avait entamé l'offensive à temps et on n'y avait plus renoncé. Ici, on va laisser l'adversaire prendre pied sur des positions d'où on ne pourra plus le déloger ensuite. » (Commandant Canonge, t. II, p. 80). — « A trois heures de l'après-midi, aucun avantage n'avait été obtenu devant les hauteurs de Spicheren, et deux attaques contre l'aile droite des Français ayant été repoussées, le succès fut tellement compromis que la situation pouvait devenir critique. » (*La Guerre franco-allemande sous le roi Guillaume*, 1ʳᵉ partie, p. 154).

(2) « Le général Frossard qui, jusque-là, disposait encore d'une supériorité numérique écrasante, au lieu de prendre une vigoureuse offensive et de culbuter le VIIᵉ corps prussien isolé sur la rive gauche de la Sarre, continue le combat traînant, canonne l'ennemi à grande distance et donne ainsi aux masses prussiennes le temps d'arriver en ligne. » (*Commentaires sur la guerre de* 1870-1871, par L. Vandevelde, lieutenant-colonel de l'armée belge. Bruxelles, Muquardt, 1882, p. 37).

furent pas écrasés, cela tient à ce que les Français ne firent aucune manœuvre, aucun mouvement. Ils se bornèrent strictement à la défense de la position occupée (1) ». Le général de Kameke n'a dû son salut qu'à l'inconcevable inaction de Frossard (2). Nous verrons plus tard ce qui serait advenu si le maréchal Bazaine avait fait son devoir, si les généraux Metman, de Castagny et de Montaudon avaient obéi à la grande loi de la guerre : *Marcher au canon*.

CONTINUATION DE LA BATAILLE. — PERTE DE L'ÉPERON

V. — Mais, à partir de quatre heures, les renforts arrivent aux Prussiens. Des détachements des IIIe et VIIIe corps (têtes de colonnes des Ve et XVIe divisions) accourent à la hâte, régiments par régiments, compagnies par compagnies.

Le général de Stülpnagel, qui a pris du général de Kameke le commandement en chef, est, à son tour, obligé de le céder au général de Gœben, à l'instant où les Allemands plient de toutes parts. Leur artillerie seule soutient le combat ; les nou-

(1) *Guerre franco-allemande, Résumé et Commentaires de l'ouvrage du grand État-Major prussien*, par Félix Bonnet, capitaine au 3e d'artillerie, Paris, Dumaine, 1878 ; t. 1er, p. 67.

(2) « Quand on n'a fait que se défendre, on a couru des chances sans rien obtenir ; mais lorsqu'on peut combiner la défense avec un mouvement offensif, on fait courir à l'ennemi plus de chances qu'il n'en a fait courir au corps attaqué. » (Napoléon, *Commentaires*, t. IV, p. 390). — « Du côté des Prussiens, l'arrivée de la XXVIIe brigade et la résolution prise d'attaquer immédiatement les hauteurs de Spicheren peuvent être à bon droit taxées de témérité. Les ordres donnés pour ce jour prescrivaient de ne pas traverser la Sarre. La XXVIIe brigade était donc certaine de ne pas être soutenue immédiatement ; elle devait se douter, de plus, qu'on n'arriverait que fort tard à son secours, parce qu'il fallait à ces troupes de secours le temps nécessaire pour se résoudre à changer de direction et pour suffire à de fortes marches. » (Capitaine Bonnet, t. 1er, p. 68).

velles pièces qui entrent en ligne dirigent, à mesure, leurs coups contre la batterie de mitrailleuses que le général de Laveaucoupet a placée à l'angle sud-ouest du Gifert-Wald, et dont le tir cause un grand dommage à l'ennemi. A partir de trois heures et demie, 6 batteries de la 1re armée s'établissent en face du Rotherberg et de Stiring, et ne cessent de tonner jusqu'à la fin de la journée. Ces batteries gênaient singulièrement nos mouvements ; elles enfilaient les hauteurs de Spicheren et jetaient leurs obus au milieu de nos régiments et de nos artilleurs. Ces derniers, harassés, qui tiraient depuis le matin sans être secourus, avaient grand'peine à répondre à ces nouveaux adversaires.

Il était quatre heures. Le général d'Alvensleben II, commandant le IIIe corps, arrivait en chemin de fer, à Sarrebrück. Il courait au champ de bataille où une sorte de conseil de guerre était tenu par les généraux présents. On y décidait l'attaque de Spicheren. Sans plus attendre, au moment où le général de Zastrow, commandant le VIIe corps débarquait, à son tour, à Sarrebrück, l'assaut était tenté : du côté du Winterberg, par le général de Dœring (division Stülpnagel); du côté du Reppersberg et du Galgenberg par les généraux de Kameke et de Barnekow (1). La brigade Doëns se défend admirablement et l'Éperon nous appartient toujours. Le Gifert-Wald, le Pfaffen-Wald sont le théâtre d'une lutte acharnée dans laquelle nous conservons l'avantage; ce n'est qu'à cinq heures que l'ennemi parvient à atteindre la lisière sud du bois de Gifert, où il est exposé aux balles de nos soldats.

« A la suite de la mort du général de François, la situation des cinq compagnies prussiennes du

---

(1) *La Guerre franco-allemande*, 1re partie, p. 324.

Rotherberg était devenue si fâcheuse qu'il importait de plus en plus de les soutenir. Déjà les munitions leur manquaient, et ce n'était que par des prodiges d'opiniâtreté qu'elles se maintenaient encore dans les tranchées dont elles s'étaient emparées sur la crête la plus avancée (1). » Mais, maintenant, les renforts affluent aux Prussiens. Nous perdons l'Eperon et ne conservons que la partie ouest du Gifert-Wald et les hauteurs de Spicheren, où la division de Laveaucoupet et la brigade Fauvart-Bastoul se tiennent inexpugnables. Le carnage est épouvantable dans les bois et sur le plateau; les Prussiens voient leurs colonels et leurs officiers subalternes tomber les uns après les autres. « Les compagnies elles-mêmes en étaient arrivées à se trouver confondues; car les groupes privés de leurs chefs allaient se rallier à des fractions d'autres corps (2). » Cependant, à six heures, nous avions abandonné le Pfaffen-Wald, le Rotherberg; mais nos soldats ne se retiraient qu'en disputant le terrain pied à pied.

A pareille heure, le général Micheler menaçait sans cesse l'Eperon d'un retour offensif et le général Doëns défendait avec ténacité le saillant sud-ouest du bois de Gifert.

Notre artillerie divisionnaire, installée à la gauche de la route de Spicheren, entretient courageusement la lutte inégale à laquelle la condamne la coupable insouciance de nos généraux en chef (3). Mais, si nous nous maintenons, nous sommes cruellement éprouvés. Le brave Doëns est atteint mortellement; le colonel de Saint-Hillier, du 2ᵉ de ligne, est tué; le colonel Vittot, du 40ᵉ de ligne, les lieutenants-colo-

____

(1) *La Guerre franco-allemande*, 1ʳᵉ partie, p. 326.
(2) *Ibid.*, p. 330.
(3) *Ibid.*, p. 229.

nels Rode, Boucheman, Arnoux reçoivent de graves blessures (1).

Les généraux allemands finissent par découvrir notre point faible ; ils voient que, pour nous déloger de Spicheren, il faut tourner notre gauche du côté de Forbach. Les renforts incessants qui surviennent leur permettront plus tard de risquer ce mouvement (2) ; en attendant, leur artillerie fait rage et prépare une attaque décisive.

CONTINUATION DU COMBAT A STIRING

PRISE DE LA BRÊME-D'OR

VI. — Depuis le matin, la fusillade et la canonnade n'avaient pas cessé. Vers quatre heures et demie, les Français aperçoivent les bandes ennemies qui cherchent à s'approcher du village. Aussitôt, le long du clocher, des maisons, des murs crénelés court une longue traînée de fumée blanche ; ce sont les chassepots qui crépitent sans relâche et qui font tant de mal aux Allemands que le général de Woyna se replie en toute hâte sur Drahtzug (3).

Une demi-heure auparavant, nous avions réoccupé la lisière sud du bois de Stiring. Néanmoins, à la faveur de nouveaux combattants, l'ennemi essaie de reconquérir le terrain perdu. Les Français « opposaient la résistance la plus vive à la marche de ces troupes fraîches. Tandis que les mitrailleuses agissaient du saillant que le Forbacherberg projette vers la *Brême-d'Or*, des décharges à mitraille arrivaient de Stiring et un feu roulant de mousque-

_____

(1) Général Frossard, pp. 46 et 47.
(2) *La Guerre franco-allemande,* 1re partie, p. 331.
(3) *Ibid.*, p. 332.

terie partait de la lisière du village et des tranchées
ouvertes près de la route (1) ». Les Prussiens reprennent péniblement le bois. Les Français ne se
tiennent pas pour battus; jusqu'à cinq heures et
demie ils reviennent deux fois à la charge et, bien
que repoussés, ne laissent pas de maltraiter les Allemands.

Sur la route de Stiring à Sarrebrück sont élevées
deux constructions massives qui ont reçu les noms
de *Brême-d'Or* et de *Baraque-Mouton*. Ce sont des
fermes-auberges. Une partie du 8ᵉ et du 66ᵉ de ligne,
de la division Bataille, garnissent ces bâtiments,
ainsi que les collines boisées environnantes, reliant
de la sorte, les défenses de Spicheren à celles de
Stiring (2).

L'adversaire hasarde une démonstration de ce
côté. « En dépit d'un feu d'une extrême violence, qui
infligeait aux Prussiens des pertes considérables et
mettait hors de combat la totalité de leurs officiers,
les Allemands gagnent lentement du terrain (3). »
De nouveaux efforts sont tentés sur les fermes
et sur les bâtiments de la *Douane* qui se trouvent
aux environs des positions attaquées. « La *Douane*
est enlevée en premier lieu, mais les deux demi-
bataillons qui abordent les hauteurs, à l'ouest, se
voient brusquement assaillis par les feux meurtriers des tirailleurs et de l'artillerie retranchés sur
les pentes. En quelques instants, le demi-bataillon
de droite perd son chef, le capitaine de Daum, et
une centaine d'hommes. Dans ces conditions, le
succès n'était possible qu'à la faveur d'une audacieuse offensive. Le commandant du bataillon,
major Bressler, prenant la tête des deux compa-

(1) *La Guerre franco-allemande*, 1ʳᵉ partie, p. 333.
(2) *Ibid.*, p. 334.
(3) *Ibid.*, p. 335.

gnies si cruellement décimées, se jette, tambour battant, sur *Baraque-Mouton*, tandis que l'autre demi-bataillon pousse sur la *Brême-d'Or*. Les tirailleurs français sont refoulés dans les maisons, qui sont défendues avec la plus extrême opiniâtreté, jusqu'à ce que, vers quatre heures, l'assaillant réussisse enfin à s'en emparer, après une lutte des plus vives et au prix de grandes pertes (1). »

Notre gauche se trouvait alors gravement menacée. En effet, l'ennemi était venu à bout de nous déloger des maisons de Stiring et s'y était retranché à son tour. De là, il entretenait une vive fusillade contre les défenseurs des bâtiments des forges où nous nous étions installés derrière les murs crénelés. De tous côtés, à tout instant, les troupes fraîches arrivent aux Prussiens. Grâce à ces secours, leur audace augmente et un détachement s'essaie à tourner les vastes constructions des forges, en suivant la tranchée du chemin de fer. Mais nos soldats sont là, embusqués au pied des murs, derrière les wagons de charbon et les piles de rails. Ils repoussent encore une fois l'agresseur qui s'affermit difficilement dans ses nouvelles conquêtes (2).

Aux coups de cinq heures, la brigade Pouget accourt à l'aide des défenseurs des forges, sous la conduite du général Bataille lui-même. Notre artillerie bat Alt-Stirigen, nos bataillons reprennent l'offensive, les Prussiens sont culbutés sur toute la ligne et obligés de reculer (3). « Formés en colonnes et précédés d'un rideau de tirailleurs, deux bataillons du 67ᵉ de ligne, sous les ordres du lieutenant-colonel Thibaudin, un du 8ᵉ et un du 55ᵉ, conduit par le commandant Millot (4), prenant leur direction

(1) *La Guerre franco-allemande*, 1ʳᵉ partie, p. 335.
(2) *Ibid.*, p. 337.
(3) *Ibid.*
(4) *Spectateur militaire*, n° de février 1885.

vers l'angle sud-est du bois de Stiring, s'avancent sur le terrain découvert qui les en sépare, malgré un terrible feu croisé venant du bois lui-même et de la levée du chemin de fer. Les détachements prussiens, déjà fort éprouvés par les engagements antérieurs, et privés, en grande partie, de leurs officiers, ne peuvent plus résister à ce vigoureux effort exécuté par des forces supérieures. Du premier élan, les trois (quatre) bataillons français atteignent le bois et y prennent pied (1). »

A la suite de ce mouvement, le commandant Gougis et le lieutenant Rossin, du 17e d'artillerie, aidés par le capitaine Pacull, du 76e de ligne, par le capitaine Hiver et le soldat Dunand, du 77e, ont le bonheur de ramener, sous une grêle de balles, les cinq canons abandonnés, quelques heures auparavant, en face du village (2). Les Prussiens n'avaient pas su les enlever. Nous occupions, de nouveau, tous les abords de Stiring jusqu'aux lisières de la forêt et l'ennemi n'opérait sa retraite qu'en perdant beaucoup de monde (3).

Le 8e de ligne est moins heureux à *Baraque-Mouton*, qu'il cherche vainement à reconquérir. L'artillerie de Galgenberg et de la Folster-Höhe foudroie nos troupiers et refroidit singulièrement leur entrain ; il faut renoncer à progresser de ce côté. Quoi qu'il en soit, entre cinq et six heures et demie, à Stiring comme à Spicheren, nos affaires allaient bien, et l'on est en droit d'affirmer que les Allemands auraient essuyé une sanglante défaite si le maréchal Bazaine avait fait avancer ses divisions dès qu'il avait appris l'attaque du général de Kameke (4).

<hr>

(1) *La Guerre franco-allemande*, 1re partie, pp. 338 et 339.
(2) Général Frossard, p. 44.
(3) *La Guerre franco-allemande*, 1re partie, p. 339.
(4) « Lorsque, le 5 août, les 2e, 3e et 4e corps français, reportés en

VII. — Mais, pendant que les divisionnaires s'émeuvent plus ou moins de la canonnade, pendant que le maréchal Bazaine semble se désintéresser d'une bataille qu'il devrait surveiller lui-même, *de visu*, puisqu'il est général en chef et qu'en quelques minutes le chemin de fer peut le conduire à Forbach, les Prussiens, ne suivant pas notre méthode, s'empressent de voler au canon. Divisions, brigades, régiments, bataillons, compagnies, tout court à la bagarre, et l'affaire, qui a été entamée si témérairement le matin avec une brigade, va se terminer, le soir, par un succès, grâce à l'arrivée successive de plus de 60,000 hommes de renfort !

Nous donnerons un exemple frappant de cette ardeur à se précipiter au canon. A deux heures du soir, la IXe brigade de la Ve division du IIIe corps partait à la hâte de ses cantonnements de Friedrichsthal et de Bildstock « et parcourait, d'une seule traite, les 16 kilomètres qui la séparaient de Saint-Jean (faubourg de Sarrebrück) où sa tête de colonne entrait avant six heures du soir (1) ». Elle était là, à près de deux lieues de Forbach, une lieue de Spicheren, et se trouvait donc, quand elle se mit en route, à la même distance du champ de bataille que l'étaient elles-mêmes nos trois divisions de Castagny, Metman et de Montaudon, ainsi que

arrière de la Sarre, furent placés sous les ordres du maréchal Bazaine, il était en mesure de répondre à une attaque par une victoire. Rarement plus belle occasion fut offerte à un général en chef. Si, au lieu d'une victoire, l'armée française eut à subir, le lendemain 6 août, un véritable désastre, la responsabilité en incombe, pour la plus grande partie, au maréchal Bazaine qui, demeuré loin du champ de bataille, laissa sans secours efficaces le général Frossard. » (*Procès Bazaine*, Rapport, p. 131.)

(1) *La Guerre franco-allemande*, 1re partie, p. 342.

la brigade Lapasset. Seulement, les Prussiens marchaient et nous restions en place; tous leurs généraux galopaient au combat et les nôtres paraissaient ne pas l'entendre.

Enfin, après sept heures, le régiment du corps de cette IXe brigade arrive en ligne; il emporte le mamelon le plus méridional du Rotherberg et pénètre dans le saillant sud-ouest de Giferd-Wald. Refoulé sur Spicheren, le général de Laveaucoupet s'y défend avec acharnement et là s'arrêtent les progrès de l'ennemi (1).

Sur ces entrefaites, la cavalerie prussienne accourait également dans la direction de la canonnade. Son emploi n'était guère possible, le terrain ne permettant pas de se déployer pour charger; elle ne pouvait servir qu'à garder les derrières en faisant au besoin le coup de fusil. Mais cette inaction pèse aux cavaliers allemands et le régiment des hussards de Brunswick, en exécution de l'ordre du général d'Alvensleben, a la naïveté de vouloir escalader les pentes du Rotherberg hérissées de carrières, d'éboulements, d'obstacles de toutes sortes. Reçu par une fusillade nourrie, il est désorganisé et forcé de se cacher derrière l'escarpement du rocher, sans pouvoir faire le moindre mouvement (2). Mais si la cavalerie échouait dans sa marche en avant, l'artillerie parvenait à gravir la côte et bientôt douze bouches à feu engageaient la lutte contre notre infanterie. Malgré la fatigue de nos fantassins, malgré l'épuisement de nos munitions, nous abattons la moitié des servants de ces deux batteries (3), sans arriver à éteindre leurs feux ni à les débusquer des positions qu'elles occuperont jusqu'à la fin de la bataille.

(1) *La Guerre franco-allemande*, 1re partie, p. 342.
(2) *Ibid.*, p. 344.
(3) *Ibid.*, p. 345.

Au reste, en dépit de leur persévérance, les Allemands n'améliorent guère leur situation. Nous restons inébranlables dans nos tranchées de Spicheren et nos adversaires reconnaissent l'inutilité de leurs assauts. « Bien que les renforts qui, depuis trois heures et demie, avaient été dirigés sur le Rotherberg et le Gifert-Wald eussent avantageusement modifié le combat sur ce point, le mouvement tournant, gêné par le long ravin qui se développe au sud, n'avait pas produit sur la position française l'effet que l'on en attendait. L'entrée en ligne des grenadiers du corps et des deux batteries n'avaient pu, non plus, imprimer à l'action une tournure décisive. Le peu d'espace dont les Prussiens disposaient pour se déployer rendait plus pénibles des progrès qu'il fallait acheter au prix des plus lourds sacrifices. Les longues lignes françaises couvraient toujours une position dominante, s'étendant sur tout le versant nord du Forbacherberg, depuis la forêt de Spicheren jusqu'au village du même nom. De nombreux retours offensifs, tentés par les Français du haut de cette position qu'ils occupaient en forces, témoignaient clairement de leur intention de regagner le terrain perdu, *à la conservation duquel les Prussiens devaient borner leurs efforts* (1). »

VIII. — Les Allemands essayent une seconde fois de tourner Spicheren en s'emparant du Forbacher-Berg. A six heures un quart, 3 bataillons et trois batteries arrivent encore renforcer les troupes ennemies qui se tiennent autour de Stiring et de *Baraque-Mouton*. Un quart d'heure après, six batteries, établies sur le Folster-Hœhe, entre le Rotherberg et le bois de Stiring, canonnent sans relâche

____

(1) *La Guerre franco-allemande*, 1re partie, p. 346.

le Forbacherberg et Stiring (1). Trois de nos batteries installées devant ce dernier village, entre la voie ferrée et la route, répondent de leur mieux. Notre artillerie du Forbacherberg continue héroïquement cette mortelle et interminable lutte. Mais, à sept heures, les nombreux bataillons prussiens se mettent à gravir les pentes de la colline. Une première tentative demeure infructueuse, notre mousqueterie et notre mitraille renversent les assaillants par cent aines. Les Allemands tâchent de trouver une route plus favorable, ils inclinent à droite et s'engagent sous le bois de Spicheren. « Malgré la résistance acharnée qu'ils opposent, les Français sont refoulés dans une série d'engagements corps à corps jusqu'au delà de la crête nord du Forbacherberg (2). »

D'autres bataillons s'avançaient, également, par le long ravin qui va du flanc ouest du Forbacherberg à *Baraque-Mouton*. Le bois de Spicheren est abordé de tous les côtés à la fois; les batteries du Folster-Hœhe démolissent nos colonnes partout où elles se montrent, aussi, à la chute du jour, sommes-nous obligés de quitter les couverts et de nous retirer sur le plateau.

DERNIER EFFORT DES FRANÇAIS A SPICHEREN

IX. — Aux environs de Spicheren, la division de Laveaucoupet et une partie de la division Bataille s'obstinaient dans une résistance admirable. A la faveur de notre artillerie de réserve, disposée avantageusement sur le Pfaffenberg, nos infatigables

<hr>

(1) *La Guerre franco-allemande*, 1re partie, pp. 347 et 348.
(2) *Ibid.*, p. 350.

soldats se jettent, à sept heures du soir, au-devant
des Allemands qui les enserrent de toutes parts.
« Après une action fort meurtrière, les contingents
prussiens postés dans le Gifert-Wald se voient contraints de céder encore une fois à la violence du
choc, de sorte que, à la tombée de la nuit, les Français se trouvent maîtres, pendant quelques instants,
du versant sud de ce bois (1). » « Mais, en l'absence
de secours, avec des troupes épuisées de fatigue,
sans nourriture depuis le matin et auxquelles les
munitions commençaient à manquer, la situation ne
pouvait se prolonger longtemps. Le général de Laveaucoupet prescrit au colonel Zentz, qui commande
la brigade en remplacement du général Doëns, de
reporter en arrière les défenseurs du bois, sur une
seconde crête, à 500 mètres environ de la première
position. Ce mouvement est exécuté lentement,
par échelons, avec ordre. Là, ces bataillons ralliés
balayent encore de leurs feux le plateau découvert
entre leur ligne et la forêt. L'ennemi, malgré
tous ses efforts, ne peut déboucher de cette forêt
dont il vient de s'emparer, et, chaque fois qu'il
essaye d'en sortir, la mousqueterie et l'artillerie
du colonel Zentz l'y rejettent avec de grandes
pertes (2). »

Vers le Rotherberg, nos soldats se sont heurtés
à de telles masses, les canons ennemis se sont tellement multipliés que les efforts surhumains des Français viennent se briser contre le mur de fer que leur
oppose l'adversaire. A sept heures et demie, menacé
sur son flanc gauche par le progrès des Prussiens
dans le bois de Spicheren, le général de Laveaucoupet enjoint d'abandonner le point culminant du Forbacherberg, et la retraite commence en bon ordre,

____

(1) *La Guerre franco-allemande*, 1re partie, p. 352.
(2) Général Frossard, p. 47.

petit à petit, sous la protection des batteries alignées au sommet du Pfaffenberg (1).

ÉVACUATION DE STIRING

X. — Le général de Steinmetz, commandant de la 1re armée, n'avait pas été de beaucoup plus diligent que le maréchal Bazaine. Il n'apparaissait sur le champ de bataille qu'à sept heures, au moment où « le grondement de l'artillerie française du Pfaffen-Berg, mêlé au bruit plus faible de la fusillade, marquait les dernières convulsions de cette lutte gigantesque (2)...

A Stiring, le superbe élan du général Bataille était venu expirer près de l'étang, devant les bataillons frais qui débouchaient continuellement de Sarrebrück. Les batteries des divisions de cavalerie, qui ont galopé au bruit de la bataille, apportent leur concours aux batteries de l'infanterie et visent toutes ensemble nos artilleurs épuisés. « Un vigoureux retour offensif, que le général Valazé fait opérer par le 55e de ligne, nous remet en possession du terrain perdu et du bois en avant où le commandant Millot, avec un bataillon de cette troupe, se cramponne énergiquement. En même temps, le 3e chasseurs, soutenu par un bataillon du 76e de ligne, reprend les taillis qui bordent, à droite, la route de Sarrebrück. L'ennemi éprouve des pertes énormes; les nôtres sont considérables aussi. Il est alors sept heures et demie du soir. Les Prussiens redoublent leurs efforts. Les 32e, 55e de ligne et un bataillon du 77e les repoussent avec la même vigueur, protégés par 12 pièces de l'artillerie de réserve. A l'approche de

____

(1) *La Guerre franco-allemande*, 1re partie, p. 353.
(2) *Ibid.*

la nuit, ce combat si meurtrier durait encore et se poursuivait dans les premières maisons de Stiring (1). »

Mais là, comme à Spicheren, nos soldats sont à à bout de forces. Il est huit heures un quart, l'ennemi s'empare des forges qui brûlent, en éclairant, d'une lueur sinistre, les bois et les collines où tant de sang vient de couler; nous n'avons plus que quelques troupes dans le village. A huit heures trois quarts, quand le général de Schwerin ordonne d'occuper les maisons, les Prussiens n'y rencontrent plus que quelques attardés. Ces modestes héros leur opposent « une résistance opiniâtre qui ne cesse, à la suite d'un combat partiel et fort meurtrier, qu'à onze heures du soir (2) » !

Les Allemands n'avaient pu dépasser la verrerie Sophie, à quelques pas de Stiring, et n'avaient pas osé entrer à Spicheren. Toutes leurs troupes étaient « épuisées de fatigue et confondues par une lutte incessante et acharnée (3) ». Aussi, notre retraite ne fut nullement inquiétée.

DÉFENSE DE FORBACH
PAR LE LIEUTENANT-COLONEL DULAC

XI. — Nous aurons fini le récit des événements de cette journée quand nous aurons raconté la belle et intelligente résistance du lieutenant-colonel Dulac à la XIIIe division prussienne qui menaçait de tourner l'aile gauche du 2e corps.

Vers midi, l'avant-garde de cette XIIIe division avait dépassé Vœlklingen, bourg situé sur la Sarre,

(1) Général Frossard, p. 48.
(2) *La Guerre franco-allemande*, 1re partie, p. 355.
(3) *Ibid.*

à trois lieues environ de Forbach. Quatre heures sonnant, les Prussiens entraient à la Grande-Rosselle (6 kilomètres de Forbach) et, là, ne bougeaient plus jusqu'à six heures. Le phénomène, que nous constaterons tout à l'heure à propos de la division de Castagny, se présentait également du côté de l'ennemi, « le bruit de la canonnade, étouffé par la vaste étendue des bois (toute la forêt de Forbach,) avait cessé de retentir; l'action engagée dans cette direction semblait terminée. En outre, le commandant de la XIIIe division (général de Glümer), qui marchait avec l'avant-garde, avait reçu, du général de Steinmetz, une communication portant que le grand quartier général paraissait ne pas avoir encore l'intention d'entamer, ce jour-là, une affaire sérieuse sur la rive gauche de la Sarre. L'ensemble de ces indications déterminait le général à faire halte au nord de la Grande-Rosselle; l'ordre était envoyé au gros de la division de bivouaquer à Vœlklingen (1). » Le général de Glümer commettait la même faute que le 3e corps français.

Mais, à six heures, l'écho de la canonnade se faisait entendre de nouveau à la Grande-Rosselle, et l'avis de la situation précaire où se débattait la XIVe division était apporté par un officier du général de Zastrow. L'ordre de se diriger sur Forbach était immédiatement expédié par le général de Goltz, commandant une des brigades de la division.

Depuis que le général Valazé avait quitté Forbach pour aller au secours des défenseurs de Stiring, la ville n'était plus gardée que par une compagnie du génie et deux escadrons du 12e dragons. Lorsque l'avant-garde de la XIIIe division commence à déboucher de la Grande-Rosselle, le lieutenant-colonel Dulac, commandant les dragons, charge

(1) *La Guerre franco-allemande,* 1re partie, pp. 357 et 358.

résolument la tête de colonne. Obligé de se retirer, il retourne au retranchement que l'on a eu l'heureuse idée de construire en travers de la route, fait mettre pied à terre à ses dragons et, aidé des soldats du génie, il accueille par une averse de balles les premiers assaillants. Ceux-ci se hâtent de se cacher dans les fourrés, de chaque côté du chemin, et commencent à tirailler avec nous.

Notre position est bonne sur le Kaninchenberg où se tiennent les dragons et le génie. Bientôt, 200 réservistes du 12e de ligne, sous la conduite du lieutenant Arnaudy, accourent d'eux-mêmes au secours des dragons et remplissent la tranchée creusée par le général Dubost, commandant le génie, afin de barrer la route (1). Ces braves gens combattent avec bonheur et arrêtent net les nombreux contingents allemands.

Pourtant les forces de la XIIIᵉ division augmentent de minute en minute; son artillerie tonne sur nos hardis soldats qui ne bronchent pas, bien que n'ayant à leur disposition ni canon, ni mitrailleuse. Si l'adversaire connaissait le peu de monde qui le contient, il ne manquerait pas de brusquer l'attaque : « mais le crépuscule naissant et l'épaisse fumée qui enveloppe la hauteur ne permettent pas d'apprécier la force de la position et le nombre de troupes qui l'occupent (2). » Pendant que les bataillons prussiens se massent autour de l'intrépide petite phalange, la nuit devient de plus en plus noire et les Allemands n'osent pas s'aventurer du côté de Forbach. Un moment, ils sont même obligés de faire face à une charge des dragons, qui

(1) « Le lieutenant Arnaudy, avec autant d'intelligence que de résolution, vint, en descendant du chemin de fer, placer ses 200 hommes sous les ordres du colonel Dulac. » (Commandant Canonge, t. II, p. 83).

(2) *La Guerre franco-allemande*, 1ʳᵉ partie, p 389.

sont remontés à cheval et qui sabrent tout ce qui se trouve à leur portée. Rien de fantastique comme cette mêlée qu'éclairait seulement la flamme des fusils reflétée sur les sabres nus. Cependant, il faut songer à la retraite et rejoindre le gros du corps d'armée, vers Spicheren. C'est ce que fait le colonel Dulac, après avoir assuré la défense provisoire de Forbach où l'ennemi craint d'entrer, tenu en respect par la fusillade partant du pont du chemin de fer. Le 12ᵉ dragons, le génie et les réservistes du 12ᵉ de ligne ont empêché que la bataille de Forbach ne fût une déroute ; grâce à eux, notre retraite est assurée et les Prussiens ne nous prendront ni un canon ni un drapeau (1).

XII. — La journée est finie. « Pendant cette lutte si longue, si opiniâtre, si glorieuse pour les vaincus, les Allemands avaient engagé environ 70,000 hommes (gros des VIIᵉ, VIIIᵉ, IIIᵉ corps, Vᵉ division de cavalerie) et 20 à 22 batteries, auxquels le général Frossard ne put opposer que 28,000 hommes et 90 pièces (2). »

Nos ennemis comptaient 49 officiers et 794 hommes tués, 174 officiers et 3,482 soldats blessés, 372 disparus. Les Français avaient 37 officiers, 283 hommes tués, 168 officiers, 1,494 soldats blessés, 44 officiers, 2,052 hommes disparus (3).

Tout d'abord, on est péniblement frappé de la disproportion entre les disparus des deux armées. Elle

---

(1) « Le lieutenant-colonel Dulac, utilisant les tranchées-abris qu'a construites la brigade Valazé, emploie habilement, tour à tour, le combat à pied, le combat à cheval, et ne recule, vers neuf heures du soir, que lorsqu'il est à bout de munitions ; il a infligé de fortes pertes à l'ennemi, qui s'est arrêté indécis. » (Commandant Canonge, t. II, p. 83).

(2) *Ibid.*, p. 84.

(3) *La Guerre franco-allemande*, 1ʳᵉ partie, p. 363. — Général Frossard, p. 52

s'explique cependant par la marche en avant des Prussiens qui leur a permis de ramasser les traînards, les malades, les égarés et enfin ceux qui, en se défendant à outrance, ont fini par être cernés par des forces accablantes. Il ne faut pas voir dans cette disproportion, que nous constaterons plusieurs fois encore, une infériorité de l'armée française en face de l'armée allemande : c'est le résultat d'une loi observée dans tous les temps, dans toutes les guerres, à savoir que les vainqueurs font des prisonniers, pendant et après la lutte, et que les vaincus ne conservent même pas ceux qu'ils ont capturés au cours de la bataille (1).

CONSIDÉRATIONS

L'appréciation de la conduite du général Frossard dans la journée du 6 août est très difficile à formuler catégoriquement. En effet, si l'on peut déclarer, comme nous l'avons fait plus haut, que le commandant du 2ᵉ corps a commis une lourde faute en ne jetant pas à la Sarre, vers midi ou une heure, la brigade de François isolée de l'armée prussienne (2); s'il nous est encore facile de dire qu'il a eu le grand tort de renvoyer à Bening la brigade de dragons de Juniac, arrivée à Forbach sur le coup de deux heures (3), au lieu de l'utiliser à la défense, de même que les cavaliers du colonel

(1) « Les troupes françaises ont déployé, à Spicheren, une valeur et un courage inouïs. » (*La bataille de Spicheren*, p. 9).

(2) « L'ennemi exécuta précisément l'opération qui devait le compromettre et attaqua, avec 7,000 hommes et ayant une rivière à dos, un corps de 25,000 hommes, soutenu, à trois lieues en arrière, par un autre corps de 40,000 hommes. On attendit ! » (*Précis de la Guerre franco-allemande*, par le colonel Fabre, Paris, Plon, 1875, p. 57).

(3) *Procès Bazaine*, déposition du général de Juniac, p. 292.

Dulac; d'un autre côté, quand il s'agit de décerner les éloges pour la résistance acharnée que les Français opposèrent pendant plus de douze heures aux troupes prussiennes, se trouve-t-on fort embarrassé.

Et d'abord, le général Frossard a-t-il dirigé le combat? Il le dit : « Une grande partie de la journée, le général Frossard s'était tenu en arrière de sa gauche, à proximité de sa division de réserve, du télégraphe, de l'arrivée possible des secours. D'incessantes relations avec ses deux ailes qui ne communiquaient ensemble que par le point où il se trouvait, l'avaient mis en mesure de répartir suivant les besoins son insuffisante réserve (1). » Mais nombre de gens soutiennent qu'il a abandonné le combat au hasard des événements et qu'il n'a quitté Forbach que fort tard dans l'après-midi. « Le général Frossard ne se rendait qu'imparfaitement compte de la situation, et il eût été difficile qu'il en fût autrement, puisqu'il n'avait pas cru devoir encore se montrer sur le champ de bataille; resté chez le maire de Forbach, où il avait été déjeuner, il semblait n'attacher qu'une médiocre importance à ce qui se passait et ne pas se douter du péril que courait son corps d'armée (2). » — « Le général Frossard n'est pas présent sur le champ de bataille; il s'est borné à recommander de rester sur la défensive (3). »

Quant à nous, sans oser rien affirmer, après avoir pris connaissance des dépêches que le commandant

(1) Général Frossard, p. 49.
(2) Général d'Andlau, p. 46.
(3) *Histoire de la Guerre franco-allemande*, 1870-1871, par Amédée Le Faure, Paris, Garnier, 1875, t. Ier, p. 125. — « M. le général Frossard était venu vers cinq ou six heures du soir (à Stiring); il m'avait dit qu'il allait être obligé de battre en retraite. » (*Procès Bazaine*, déposition du général Vergé, p. 292). Si les souvenirs de ce général sont fidèles, on ne comprend guère comment le commandant du 2e corps ordonnait la retraite à un moment où nous avions

du 2ᵉ corps a adressées à Bazaine, après avoir reconnu que la tactique défensive a été irréprochable et révèle la présence du chef au centre de l'action, nous pencherions plutôt du côté de la version du général Frossard.

Aussi bien, quelque doute que l'on ait sur l'attitude du commandant du 2ᵉ corps, il est juste, en effet, de reconnaître que les positions de Spicheren et de Stiring étaient intelligemment choisies, qu'on s'y défendit admirablement et qu'on fit un bon emploi de la réserve (1). Sauf l'oubli impardonnable commis en ne faisant pas sauter les ponts de la Sarre, sauf la défensive exagérée, entre midi et deux heures (2), l'affaire fut convenablement menée et compterait parmi les belles pages de notre histoire, si le 3ᵉ corps était venu apporter au 2ᵉ un concours aussi facile qu'indiqué par les circonstances et les emplacements réciproques.

Quelles sont donc les raisons invoquées pour justifier l'inaction des divisions de Castagny, Metman, de Montaudon et Decaen? L'ex-maréchal Bazaine prétend que le général Frossard ne l'a averti qu'à

encore l'avantage et où l'arrivée des secours était encore possible. — « Le général Frossard vient alors seulement sur le terrain pour se rendre compte, par lui-même, de la situation de ses troupes engagées, pourtant, depuis le matin, dans un combat opiniâtre. » (*Procès Bazaine*, Rapport, p. 12). — « Le général Frossard, pendant ce temps, et croyant probablement que ce n'était qu'une affaire d'avant-postes, réglait chez le maire de Forbach des questions plus que secondaires. » (*La Campagne de 1870 jusqu'au 1ᵉʳ septembre*, par un officier de l'armée du Rhin; Bruxelles, Rozez, 1874, p. 51.) — Le maire de Forbach était un Allemand naturalisé Français.

(1) « Le général Frossard occupait une bonne position sur les hauteurs de Spicheren. » (*Journal d'un officier de l'armée du Rhin*, par Ch. Fay, lieutenant-colonel d'état-major (aujourd'hui général), Paris, Dumaine, 1871, p. 52).

(2) « Quelle que soit la bravoure, le savoir et l'intelligence d'un homme, il est peu prudent de lui faire faire devant l'ennemi l'apprentissage du maniement des masses. » (Mémoire adressé par le général de Castagny au ministre de la Guerre, en réponse à la brochure du général Frossard. Inédit.)

dix heures et demie de l'attaque des Prussiens (1).
C'est une erreur : la dépêche télégraphique du commandant du 2ᵉ corps a été expédiée à neuf heures dix
minutes (2). Mais nous acceptons le moment indiqué
par Bazaine. Pourquoi n'a-t-il pas immédiatement
volé au secours du général Frossard? Du reste, il
avait le 2ᵉ corps sous ses ordres, sa présence n'était
pas tellement indispensable à Saint-Avold qu'il ne
pût monter en wagon et débarquer à Forbach cinq
minutes après. Là, il aurait jugé par lui-même de la
situation, donné des ordres en conséquence, télégraphié à Metz, réclamé des renforts au moyen du
chemin de fer (3). Non, il ne paraît pas à Forbach
de toute la journée, et c'est à *onze heures un quart*
seulement qu'il envoie le capitaine de Locmaria aux
généraux Metman et de Castagny pour leur prescrire,
non pas de courir au canon, mais pour leur *conseiller* la marche la plus indécise, la plus étrange qu'on
puisse imaginer et qui ne tend pas à dégager Frossard (4).

(1) Maréchal Bazaine, *L'Armée du Rhin*, p. 26. — « Bazaine ne
devait pas attendre, pour courir au canon, la prière de son collègue. » (*Du caractère belliqueux des Français et des causes de leurs
derniers désastres*, par le général Jérôme Ulloa (défenseur de Venise),
traduit de l'italien par Ernest Moullé; Paris, Sandoz et Fischbacher,
1872, p. 75).

(2) Général Frossard, p. 37. — *Procès Bazaine*, Rapport, p. 11.
— « Prévenu comme il le fut dès le matin, le maréchal Bazaine
aurait pu faire arriver en ligne les trois divisions, situées à 10, 15
et 20 kilomètres du champ de bataille, avant trois heures de l'après-midi. » (Colonel Derrecagaix, p. 135.)

(3) « Le maréchal Bazaine, véritable capitaine de troupe, aurait dû
venir de sa personne au milieu du 2ᵉ corps, et le faire manœuvrer. »
(*Histoire de la Guerre de* 1870-1871, par le général baron Ambert.
Paris, Plon, 1873 ; p. 131.)

(4) « Je suis parti de Saint-Avold vers onze heures un quart et
suis arrivé à Marienthal un peu avant midi..... Je devais dire au
général Metman de se diriger sur Bening-lès-Saint-Avold, de laisser
une brigade à Macheren, de détacher un régiment avec une section
d'artillerie sur la position du Mittelberg. En arrivant à Bening-lès-
Saint-Avold, la 2ᵉ brigade du général Metman devait surveiller le côté
de Merlebach..... Je devais dire au général de Castagny, qui était à

Mais si les ordres de Bazaine aux généraux Metman et de Castagny sont équivoques et démontrent bien qu'il avait l'intention de se servir de ces divisionnaires à fin de couvrir son cantonnement de Saint-Avold au lieu de les envoyer à l'aide du 2ᵉ corps, que dire de sa conduite à l'égard de sa 1ʳᵉ division (de Montaudon)?

Celle-là, à Sarreguemines, était la plus rapprochée du général Frossard; Bazaine était en communication avec elle au moyen du télégraphe; à neuf heures et demie, à dix heures et demie, à midi même, il pouvait lui commander de marcher sur Forbach par la belle route de Grosbliederstroff et de Behren? Cela était trop simple. C'est à trois heures seulement qu'il télégraphia au général de Montaudon; non d'aller franchement au secours du 2ᵉ corps, mais d'occuper « la position de Grosbliederstroff (1)!

Il y a enfin la 4ᵉ division du 3ᵉ corps (Decaen) que Bazaine a sous la main, à Saint-Avold. Aux dépêches désespérées, que Frossard lui expédie dans l'après-midi, il lui serait aisé de répondre par l'en-

Puttelange, de se porter, par le chemin de grande communication nº 24, sur la position de Cadenbronn, avec une de ses brigades. L'autre brigade devait se porter sur Théding qui était à la droite du général Metman. » (*Procès Bazaine*, déposition du capitaine de Locmaria, p. 290). — « En exécution des ordres du maréchal (Bazaine), je quittai, vers midi et demi, la position de Marienthal pour faire une reconnaissance et me diriger sur Bening. » (*Ibid.*, déposition du général Metman, p. 289). — « Toute ma division était engagée sur la route de traverse lorsque le maréchal Bazaine me donna l'ordre de me porter un peu plus à gauche et de prendre les hauteurs..... Je dis au capitaine de Locmaria que j'allais prendre position à un endroit qui me paraissait convenable et que, plus tard, je verrais si je devais *aller occuper la position qui m'était indiquée par le maréchal Bazaine, ou bien, dans le cas où le général Frossard me ferait appeler, si je n'irais pas tout droit au canon.* » (*Ibid.*, déposition du général de Castagny, p. 288). — « J'ai reçu l'ordre du maréchal de m'installer à Bening et de prendre les dispositions nécessaires pour surveiller l'intervalle qui sépare le chemin de fer de la frontière. » (*Ibid.*, déposition du général Metman, p 289).

(1) *Procès Bazaine*, déposition du général de Montaudon, p. 286.

voi, en chemin de fer, de tout ou partie de cette division? Rien, rien, rien! Il tient à ce que le *précepteur* reste dans l'embarras jusqu'au bout (1). « C'est précisément parce que Frossard était ingénieur et non manieur de troupes qu'il fallait voler à son aide... Plus d'une fois, en semblable occurrence, le prince de Soubise avait été secouru par le maréchal d'Estrées (2). » Ce n'était pas l'opinion de Bazaine; pas une seule fois il n'a enjoint à l'un de ses lieutenants de soutenir le 2e corps qu'il savait en danger, et si, à la fin de la journée, le général Metman s'est porté vers Forbach, ce n'est pas sur l'ordre du maréchal, mais sur l'invitation de Frossard (3). Et cependant quels magnifiques résultats au cas où Bazaine aurait lancé toutes ses forces sur Spicheren, à onze heures du matin! Le général de Montaudon pouvait appa-

(1) Il se passait en 1870 ce qui s'était déjà passé en Crimée, ainsi que nous l'apprend M. de Vieilcastel, familier des Tuileries : « Chacun tire un peu à soi sans s'inquiéter de la chose publique. Tous ces petits grands hommes ne voient que leur intérêt, leur personnalité. Ce sont toujours les mêmes misérables passions. Celui-ci est heureux de l'échec de celui-là; il n'y aidera pas, mais il ne fera rien pour l'empêcher. » (*Mémoires du comte Horace de Vieilcastel sur le règne de Napoléon III.* Berne, Imprimerie B.-F. Haller, 1883, t. III, p. 113). — « Comme sous le premier Empire, les généraux français vivaient en mauvaise intelligence entre eux. Peu disposés à s'entr'aider dans les périls, et trop confiants dans la valeur de leurs troupes, ils évitaient, peut-être à dessein, de s'unir à leurs collègues, afin d'avoir l'honneur de vaincre en leur seul nom. » (Général Jérôme Ulloa, pp. 69 et 70.) Cette réflexion du général, adressée à tort au général de Failly, au lieu de l'être justement à Mac-Mahon, est parfaitement applicable à Bazaine.

(2) *Gaulois et Germains, Récits militaires*, par le général baron Ambert; *L'Invasion* 1870. Paris, Bloud et Barral, 1884, p. 119. — Nous avons cependant fait remarquer que la bataille avait été bien menée.

(3) « *M. le général Metman :* J'ai reçu, par M. de Locmaria l'ordre de prendre position sur Bening ; je n'en ai pas reçu d'autre. — *M. le Président :* Ce n'est que le message du général Frossard qui vous a décidé (à marcher au canon)? — *M. le général Metman :* C'est ce message qui m'a fait partir de Bening en toute hâte ; quand nous sommes arrivés, il était nuit close. » (*Procès Bazaine*, déposition du général Metman, p. 290).

raître dans le bois de Saint-Arnual avant deux heures, Metman entrer à Forbach au même instant, de Castagny une heure après. La division Decaen pouvait prendre le chemin de fer et commencer à débarquer vers midi. Ses troupes ainsi concentrées, le maréchal les disposait tactiquement comme il lui convenait ; malheureusement, il s'attendait pour le lendemain à une attaque des Prussiens sur Saint-Avold, et voulait réunir le plus de monde possible, autour de lui, afin de paraître réparer la défaite de Frossard, à Forbach. Mais les conséquences de cette défaite et les ordres formels de retraite vers la Moselle qu'elle entraîna ne lui permirent pas encore de jouer au *libérateur*, et là, comme plus tard à Metz, en voulant d'abord *tout compromettre* pour *sauver tout* ensuite, il n'arriva qu'à *tout perdre* et à livrer à l'ennemi une des plus belles et des plus vaillantes armées qu'il ait été donné au monde d'admirer (1).

« En résumé, en n'expédiant pas, en temps utile, des ordres aux troupes placées sous son commandement, en restant éloigné du champ de bataille et, par conséquent, dans l'impossibilité de diriger le combat, en n'indiquant pas de points de ralliement à son armée, le maréchal Bazaine a pleinement assumé la responsabilité de la perte de la bataille de Forbach, du désordre qui marqua les journées suivantes, du découragement profond qui en résulta pour nos troupes et l'exaltation extraordinaire que ces événements inspirèrent à l'ennemi. On ne trouve d'explication plausible à la conduite du maréchal que dans le parti pris de ne pas compromettre les troupes placées sous ses ordres directs et de les conserver intactes. L'exactitude de cette appréciation résulte d'un propos tenu par le maréchal le soir du

---

(1) Nous admettons, dans cette hypothèse, l'opinion de ceux qui croient que Bazaine a trahi par ambition et non pour de l'argent.

combat. D'après le dire d'un témoin, qui en a déposé, le maréchal, s'exprimant sur la position en flèche, si dangereuse, du général Frossard, fit la réflexion qu'il ne s'était pas soucié d'engager ses divisions à la suite de celles du général... *Il y a trois ans que le général Frossard étudie la position de Forbach et qu'il la trouve superbe pour y livrer bataille*, dit-il à un officier qu'on a entendu, *eh bien, il l'a, maintenant, cette bataille* (1). »

Quoi qu'il en soit, les machinations de Bazaine n'excusent pas les divisionnaires qui se trouvaient loin de lui. Metman, de Montaudon et de Castagny, dont les soldats campaient « à une distance moyenne du théâtre de la lutte qui n'excédait pas 15 kilomètres (2) », ne montrèrent point « cette tendance à joindre l'adversaire, cet esprit de camaraderie, de solidarité des chefs, et la coutume de prendre l'initiative en temps opportun qui paraissent ne pas avoir existé au même degré dans l'armée française que chez les Allemands (3) ». Metman eut des allures de tortue et ne sut pas suppléer aux instructions qui ne venaient point par une marche, intelligente et pratique, du côté du canon. Le général de Castagny eut l'instinct de ce qu'il fallait faire et se mit en marche aux premiers bruits du combat ; mais ce bon mouvement dura peu ; n'entendant plus la canonnade, il crut l'affaire terminée et revint à Puttelange d'où il était parti. A peine approchait-il de ce bourg que les détonations résonnaient de nouveau. On courut, de rechef, au canon, mais des heures pré-

---

(1) *Procès Bazaine*, Rapport, p. 13. — « Il y eut dans l'armée une explosion d'indignation contre Bazaine. » (*Histoire générale de la Guerre de 1870-1871*, par L. Dussieux, professeur honoraire à l'école de Saint-Cyr. Paris, Lecoffre, 1872, p. 65). — « Quant aux divisions du 3º corps, elles perdirent la journée en marches et contremarches, *faute d'ordres suffisamment précis*. » (Colonel Fabre, p. 58).

(2) *La Guerre franco-allemande*, 1ʳᵉ partie, p. 364.

(3) *Ibid.*, p. 368.

cieuses avaient été perdues, et quand on parvint, à la nuit, aux environs de Forbach, la journée était gagnée pour les Prussiens (1).

Le général de Montaudon, de son côté, fit preuve d'une grande lenteur. Il marcha, littéralement, à la vitesse de *quatorze lieues en quinze jours*, et ne sut pas, de même que le général Metman, suppléer au défaut d'instructions nettes et précises par une adroite initiative.

Deux de ces divisionnaires furent donc très médiocres soldats, et le troisième ne sut pas suivre jusqu'au bout sa première inspiration, la bonne (2) ; mais il faut dire, à leur décharge, que les ordres qu'ils reçurent de Bazaine furent tardifs et obscurs. Le général de Montaudon, le plus compromis des trois, et par sa situation, et par les mauvaises dispositions qu'il prit, a toujours la ressource d'invoquer le silence que gardait son général en chef, avec lequel il communiquait régulièrement (3).

(1) « M. le général Frossard prétend que les Prussiens marchent au seul bruit du canon ; je pense qu'ils se préparent à marcher, qu'ils prennent une position à quelques kilomètres en avant, comme je l'ai fait, et qu'ils ne continuent leur marche que sur des renseignements certains et des ordres précis donnés par les corps d'avant-garde engagés. S'il en était autrement, si tout le monde marchait au canon, il serait trop facile de simuler à l'aide de l'artillerie un engagement peu sérieux sur un point fort, d'y attirer toutes les forces de l'ennemi et de profiter de son entraînement et de son défaut d'expérience pour le tourner et le surprendre sur les points qu'il aurait imprudemment et peu à peu dégarnis. » (Mémoire du général de Castagny au ministre de la Guerre. Inédit).

(2) Voir leurs dépositions : *Procès Bazaine*, pp. 286, 287 et 289.

(3) « Quant à la division Montaudon, qu'un fil télégraphique reliait au quartier général et qui était la plus rapprochée du 2e corps, elle ne reçoit ni instructions ni ordres *à l'heure où il en était envoyé aux autres divisions du 3e corps*. Si, comme tout le commandait, comme le général Frossard l'avait lui-même demandé dès neuf heures du matin, elle eût été dirigée, en même temps que les autres divisions, vers le 2e corps, si elle eût reçu l'ordre de l'appuyer, cette division serait arrivée de bonne heure en ligne, et les affaires auraient vraisemblablement pris une autre tournure. *Mais l'ordre ne devait parvenir au général de Montaudon qu'à trois heures !*

Reste à distribuer les dernières responsabilités. Si Bazaine a manqué à tous les devoirs d'un général, l'empereur et le maréchal Le Bœuf n'en sont pas moins coupables. La position excentrique qu'ils avaient laissée au 2ᵉ corps leur commandait de s'en préoccuper davantage. Or, ils l'abandonnent à Bazaine, s'en désintéressent complètement, et ne font rien pour l'appuyer, alors qu'ils savent qu'il va être attaqué par l'ennemi (1).

De même que Bazaine avait le loisir, dès les premiers coups de canon, de monter en wagon et, en quelques minutes, de descendre à Forbach, de même l'empereur et le major général avaient la facilité de prendre le chemin de fer, à la nouvelle de l'engagement (2) et de se transporter en une heure sur le

Ainsi, au moment où le maréchal, appréciant la gravité de la situation de l'avant-garde de son armée, donne des ordres à ses divisions, il ne dirige vers le général Frossard (c'est une erreur, vers Theding seulement) que la division la plus *éloignée* (de Castagny), absorbe, pour se couvrir lui-même, l'appui de la division Metman et laisse dans ses campements de la Bliess la division Montaudon qui est pourtant la plus voisine du champ de bataille, *et celle à laquelle ses ordres peuvent arriver immédiatement.* » (*Procès Bazaine*, Rapport, p. 12). — La responsabilité doit retomber à la fois sur le maréchal Bazaine et sur les officiers généraux qui commandaient les divisions placées à Marienthal et à Puttelange. » (*La Bataille de Spicheren*, p. 12).

(1) Voir ci-dessus, p. 15, la dépêche adressée, à quatre heures dix du matin, par le maréchal Le Bœuf à Frossard. — L'état-major français se doutait si peu de ce qui se passait que le soir même il télégraphiait au général de Forton que « *l'on s'attendait à être attaqué* ». Voici la dépêche : « De Metz à six heures quarante-neuf, le 6 août, urgence, Faulquemont de Metz, 37 mots, six heures six soir. Major général au général de Forton, Faulquemont. *On s'attend à être attaqué;* vous êtes placé par l'empereur sous les ordres du maréchal Bazaine qui est à Saint-Avold. Prenez ses instructions et tenez-vous prêt à marcher. » Cependant, l'empereur avait adressé le télégramme suivant au commandant de la Garde impériale : « Le 6 août, urgence, direction Metz Courcelles de Metz, douze heures cinquante-cinq, 30 mots, général Bourbaki à Courcelles. Mettez votre corps en mouvement sur Saint-Avold, marchez militairement et attendez, en approchant de Saint-Avold, les ordres du maréchal Bazaine. (Signé) Napoléon. »

(2) « Le maréchal Bazaine à l'empereur à Metz. — Saint-Avold,

théâtre de l'action. Ils auraient eu l'occasion, ce jour-là, de ramasser des balles, et même des éclats d'obus. Mais on a été à Sarrebrück, où l'on n'avait que faire, et l'on ne se trouve pas à Spicheren où la présence du chef sauverait tout.

Enfin, puisque l'empereur s'attendait à quelque chose pour le 6, puisqu'il l'avait annoncé au général Frossard, pourquoi n'a-t-il pas, en même temps, donné ordre au maréchal Bazaine d'opérer une concentration immédiate de ses corps d'armée, tout au moins du 3e et du 2e (1) ? Loin de là ! Ce ne sera que le lendemain que le quartier impérial se réveillera, pour précipiter une retraite, qu'il rendra ainsi désastreuse ; mais le 6 août, il semble qu'un sommeil de plomb se soit emparé de l'état-major de Napoléon III, et lui ait enlevé la connaissance de ce qui se passait autour de lui.

Quant aux Allemands, ils ne brillèrent ni par leur stratégie, ni par leur tactique, et l'on ne peut que reconnaître, sans réserves, la bravoure et la ténacité de leurs officiers, ainsi que la rapidité avec laquelle ils volèrent au canon.

Nous avons déjà montré que l'éparpillement de leurs divisions, le matin du 6 août, n'était pas moins grand que celui de l'armée du Rhin (2), et nous ne reviendrons pas sur ces fautes stratégiques. Mais la tactique n'a pas plus à se louer des dispositions des généraux prussiens. « Engagement du combat au hasard, continuation de la lutte sans

______

6 août, deux heures trente soir. — Le général Frossard me dit à l'instant : *Je suis fortement engagé tant sur la route et dans les bois que sur les hauteurs de Spicheren; c'est une bataille.* » (Maréchal Bazaine, *L'Armée du Rhin*, pp. 263 et 264). — Il est bon de remarquer ici que Bazaine, télégraphiant à l'empereur à midi, ne lui avait pas fait connaître le combat où le 2e corps était engagé depuis le matin. (*Ibid.*, p. 263.)

(1) Général Frossard, p. 36.

(2) Voir plus haut.

direction méthodique, enfin attaque d'un adversaire bien supérieur en nombre, alors que la retraite n'est pas assurée, et que les secours ne peuvent être espérés (1). »

Il est plusieurs autres erreurs de détail qu'il est bien de relever. D'abord, le trop grand développement, que le général de Kameke avait donné à la XXVIIe brigade, entraîna le mélange des unités tactiques, lorsque les autres corps vinrent à son aide. C'était un véritable chaos dans lequel les officiers avaient une extrême difficulté à se reconnaître (2). On ne saurait comprendre, ensuite, l'emploi que firent de leur cavalerie les généraux allemands. On connaissait bien la charge héroïque et folle de lord Cardigan, à Balaklava; on allait parler de la charge absurde et splendide des cuirassiers français à Elsasshausen; il était réservé aux Prussiens de vouloir enlever une montagne abrupte au moyen d'un régiment de cavalerie. Le général d'Alvensleben prescrivit, à deux fois, aux hussards de Brunswick de gravir le Rother-Berg, et de s'en

(1) *Nouvelle Revue*, n° du 1er mai 1882, pp. 27 et 28. — « La bataille de Spicheren fut, comme celle de Wœrth, engagée contre les intentions du général en chef et continuée successivement par les troupes voisines. Aussi présente-t-elle une série d'efforts discontinus arrivant péniblement au résultat. » (Capitaine Bonnet, t. I, p. 67). — « Le 6 août, les Allemands se rencontrèrent, par hasard, sans plan aucun, avec les avant-postes français. » (*La Guerre du second Empire contre l'Allemagne*, par Edouard Ruffer, Prague, Skrejsovsky, 1873, p. 35). — « De onze heures du matin à trois heures de l'après-midi, durant ces quatre heures que Kameke lutta seul contre les Français, ceux-ci n'essayèrent pas une seule fois de se jeter sur sa division, qu'ils auraient *écrasée*. » (*Ibid.*, p. 38).— Voir aussi p. 41.

(2) « Dès le début de l'affaire, la brigade de François s'était étendue d'une façon extraordinaire. Il en résulte que, lorsque les autres brigades vinrent à son secours, elles durent se mêler avec elle et qu'en peu de temps la ligne entière fut occupée par des fractions de corps différents, ce qui nuisait beaucoup à l'unité de direction. Dans le Gifert-Wald, on vit jusqu'à 32 compagnies de corps différents mélangées entre elles d'une façon presque inextricable. » (Capitaine Bonnet, t. Ier, pp. 69 et 70).

5.

emparer (1)! Ces cavaliers n'eurent que le temps de se sauver et de se cacher pour ne pas être anéantis (2). Nous savons bien qu'en janvier 1795, Pichegru s'est emparé de la flotte hollandaise avec quelques régiments de cavalerie ; mais il est prudent de ne pas considérer ces exceptions comme une règle générale : le Zuyderzée n'est pas toujours gelé.

Il faut, enfin, critiquer la mise en batterie de l'artillerie à la portée des fusils des défenseurs de Spicheren. Nous avons vu quelles pertes nous lui fîmes éprouver ; toutes les pièces auraient été certainement capturées si Frossard avait reçu la moindre assistance (3).

Le général de Steinmetz avait donc été bien présomptueux et bien ignorant de la situation, quand il autorisait l'attaque de Spicheren en ces termes : « L'ennemi doit être *puni de sa négligence*. Afin de l'empêcher de rentrer dans les positions qu'il a évacuées sur la rive gauche de la Sarre, je déclare en approuver l'occupation dans l'intérêt de la IIe armée ; on cherchera aussi à gêner les *embarquements de troupes françaises qui ont lieu à Forbach, et qui ne paraissent couverts que par peu de monde*(4).» Or, il n'y avait pas *d'embarquements de troupes françaises à Forbach*, et cette ville était *couverte par si peu de monde*, que le 2e corps tout entier la gardait. Et nous ne parlons pas de l'appui que les 3e,

______

(1) *La Guerre franco-allemande*, 1re partie, pp. 343 et 344.

(2) « On eut la singulière idée de confier l'attaque à un régiment de hussards. Il fut obligé de renoncer à la première route qu'il avait choisie ; quant à la seconde, ne pouvant plus ni avancer ni reculer, il fut contraint de se tapir contre les remblais pour éviter une destruction totale. » (Capitaine Bonnet, t. Ier, p. 73.)

(3) « L'artillerie, amenée par la même voie (que les hussards de Brunswick), s'établit sur la crête, à 800 pas des tirailleurs. Elle perdit bientôt la moitié de son effectif et elle y eût tout perdu sans le succès du mouvement tournant. (*Ibid.*)

(4) *La Guerre franco-allemande*, 1re partie, p. 301.

4ᵉ corps et la brigade Lapasset auraient pu fournir au général Frossard.

Si quelqu'un devait *être puni*, non de sa *négligence*, mais de sa fatuité et de sa désobéissance aux ordres du généralissime (1), c'était assurément le général de Steinmetz. Il a dépendu du maréchal Bazaine qu'il en fût autrement! « Tout réussit aux heureux. Les Prussiens avaient bien des chances d'être battus, et ils le *méritaient*. Engagée, au hasard (2), par une simple division, cette bataille était poursuivie avec une véritable incohérence.

(1) « Il n'était pas dans l'intention du quartier général allemand de livrer bataille. Le général de Moltke avait dû retenir le général Steinmetz qui, plus tôt prêt que les deux autres armées, voulait marcher aussitôt en avant. Le 3, au lendemain même du combat de Sarrebrück, le chef d'état-major des armées allemandes avait imposé sa volonté et arrêté le mouvement de la Iʳᵉ armée ; c'était enfin sans l'autorisation du général de Moltke que les VIIᵉ et VIIIᵉ corps avaient poussé au delà de Tholey et s'étaient rapprochés de la Sarre. On estimait, en effet, que les deux armées allemandes (aile droite et centre) étaient encore trop éloignées l'une de l'autre pour se prêter un appui efficace ; il semblait, en outre, nécessaire d'attendre l'arrivée du Iᵉʳ corps avec le général de Manteuffel. La concentration complète des deux armées ne pouvait avoir lieu avant le 8 août, et le mouvement général au delà de la frontière était arrêté pour le 9 août. D'après le plan du général de Moltke, les deux armées devaient agir simultanément : la Iʳᵉ attaquant de front, la IIᵉ tournant les forces françaises par le sud. Les renseignements recueillis permettaient de supposer que l'on rencontrerait l'adversaire soit en avant de la Moselle, soit sur la rivière, entre Thionville et Metz. Mais, pour que ce projet pût réussir, il fallait se garder d'inquiéter les Français par une manœuvre ou une attaque prématurée qui, en leur donnant l'éveil, pouvait les faire rétrograder. De là, *les ordres formels du général de Moltke au général Steinmetz, ordres qui ne furent pas complètement exécutés.* » (Le Faure, t. Iᵉʳ p. 122). — Voir également : *La Guerre franco-allemande sous le roi Guillaume*, 1ʳᵉ partie, pp. 143 et 144.

(2) « Cette bataille, non plus (comme celle de Frœschwiller) n'était décidée d'avance, et pourra s'appeler une bataille née d'une rencontre fortuite. » (*Lettres sur l'artillerie*, par le général de Hohenlohe, traduction de M. Ernest Jœglé, professeur à l'École militaire de Saint-Cyr. Paris, Westhausser, 1886, p. 31). — « Le combat prit des proportions que les généraux prussiens étaient loin de prévoir. » (*La Bataille de Spicheren*, p. 5). — Steinmetz exécutait « des mouvements imprévus même au quartier général allemand ». (Colonel Fabre, p. 48). — *Ibid.*, p. 51.

Pendant la journée, le commandement de l'action avait passé de main en main, à mesure que les chefs arrivaient, de Kameke à Stulpnagel, puis à Gœben, puis enfin à Zastrow. Steinmetz ne se montrait qu'après sept heures sur le champ de bataille (1). »

C'est ainsi que le même jour, à la même heure, la campagne de 1870 fut inaugurée par une double défaite : Frœschwiller et Forbach. L'incapacité de Mac-Mahon (2), la déloyauté de Bazaine nous avaient empêché de profiter « des erreurs grossières de l'état-major et des généraux prussiens. Mais que l'on se reporte à ce qu'auraient fait, en pareille aventure, Palikao, Wimpffen, Chanzy ou Faidherbe, et l'on sera forcé d'admettre que les Allemands auraient trouvé, ce jour-là, une rude *punition* de leurs inexplicables coups de tête (3).

Fati lex erat!

---

(1) *La Guerre de France 1870-1871*, par Charles de Mazade, Paris, Plon, 1875, t. Ier, p. 110. — « Un bon divisionnaire, comme en possédaient les armées du premier Empire, eût remporté une belle victoire à Forbach. » (Général Ambert, *Récits militaires*, l'Invasion, p. 118).

(2) Alfred Duquet, *Frœschwiller, Châlons, Sedan*, pp. 60 et suivantes.

(3) *Nouvelle Revue*, n° du 1er mai 1882, p. 29. — « Cette action a été l'effet du hasard ; bien dirigée par nous, elle devait conduire l'ennemi à engager successivement, et après les avoir fait décimer, des fractions de trois de ses corps. » (Colonel Derrecagaix, p. 137). — » Les troupes arrivaient en partie par petites fractions, goutte à goutte, en quelque sorte. » (Général de Hohenlohe, *Lettres sur l'artillerie*, p. 33).

RETRAITE SUR METZ

Le 7 août, au lever du jour, un épais brouillard
enveloppait, de ses nuages gris, Stiring, Spicheren,
Forbach, tous les bois où l'on s'était battu si opiniâtrement la veille. Il était impossible de distinguer quoi que ce soit à une distance de cent pas.
Les Allemands, dans l'ignorance de leur victoire,
n'avaient osé s'avancer et n'occupaient même pas
Forbach. A six heures, lorsque les uhlans veulent
entrer dans la ville, ils essuient de nombreux coups
de feu et se hâtent de rebrousser chemin pour aller
demander l'assistance de la XIIIe division d'infanterie qui peut, seule, venir à bout de la résistance
des quelques braves qui s'obstinent à continuer la
lutte (1).

Du côté de Spicheren, la cavalerie ennemie
galope prudemment et ne donne pas encore l'exemple de l'audace qu'elle montrera plus tard, quand
elle profitera de la démoralisation de nos généraux
et de nos municipalités pour se livrer aux excursions

(1) *La Guerre franco-allemande*, 1re partie, pp. 395 et 396.

les plus téméraires et les plus excentriques (1).
Elle ne s'éloigne guère de Spicheren et ne songe pas
à inquiéter nos troupes en retraite. Ce n'est que le
soir qu'un régiment de hussards se hasarde à entrer
dans Sarreguemines qu'il trouve libre et où il capture « des approvisionnements considérables en
vivres et en matériel de campement (2) ».

Et pourtant jamais ne fut meilleure occasion de
harceler une armée. Le désarroi était à son comble
parmi l'état-major français. Frossard, Bazaine,
l'empereur tiraient chacun de leur côté et, affolés,
lançaient des ordres contradictoires (3).

Quant à la question si importante des chemins de
fer on ne s'en préoccupait pas plus à Metz qu'à
Saverne. Aucune instruction ne fut donnée pour la
destruction des ouvrages d'art et si les chefs de
gare parvinrent à sauver non seulement les appareils télégraphiques, les fonds et les livres de comp-
tabilité de la Compagnie de l'Est, mais aussi la
caisse de l'armée et plusieurs centaines de wagons
de munitions et de vivres, accumulés dans les gares
de Forbach, Bening et Saint-Avold, ce sauvetage,
accompli dans des circonstances aussi difficiles, fait
le plus grand honneur aux agents de l'Est, notamment au chef de la gare de Saint-Avold, qui, *le 6
au soir n'avait encore reçu aucun ordre relativement
aux trains en gare et ne savait s'il devait les faire
avancer ou reculer* (4) » ; mais la culpabilité de

---

(1) « Les batailles de Frœschwiller et de Spicheren surprirent le
quartier général allemand ; elles n'étaient pas dans ses plans, *et il
n'était pas préparé à en tirer parti.* » (Colonel Fabre, p. 59).

(2) *La Guerre franco-allemande*, 1re partie, p. 400.

(3) « Mon initiative était d'ailleurs entravée. C'est ainsi qu'après
avoir donné l'ordre au général de Ladmirault de replier de suite son
corps d'armée sur Saint-Avold, je fus informé par lui qu'un ordre de
l'empereur le rappelait vers Metz. Je n'avais pas été prévenu. »
(Maréchal Bazaine, *L'Armée du Rhin*, p. 39). Voir en note, au bas de
cette page, la dépêche du général de Ladmirault.

(4) Baron Ernouf, pp. 20 et 21.

l'état-major n'en reste pas moins écrasante, et il ne peut se targuer d'un résultat que son abstention inqualifiable n'avait pas préparé.

Les troupes, se sentant à la merci d'un commandement éperdu, ne cachaient pas leur mauvaise humeur, et la discipline commençait à laisser à désirer. Cependant, nous le répétons, les Allemands ne nous poursuivaient pas et ne s'opposaient pas à la retraite du 2ᵉ corps et de la brigade Lapasset.

Dès que le maréchal Bazaine fut certain de l'échec de Frossard, il lui écrivit, dans la nuit du 6 au 7, une lettre que le général reçut le lendemain, à Puttelange. « Vous avez, pour couvrir votre ligne de retraite, la division Castagny, qui est en avant de Folckling, et la division Metman, qui campe à Bening. Vous ferez bien de battre en retraite sur la position de Cadenbronn d'abord (1). » Le maréchal poursuivait son idée de la veille et indiquait, toujours avec la même mollesse, les hauteurs de Cadenbronn comme lieu de concentration. Mais le général Frossard était bien trop irrité contre Bazaine pour se conformer, le lendemain de Forbach, aux désirs de son chef. On avait parlé de se retirer sur Cadenbronn... il mit le cap sur Sarreguemines, au risque de compromettre tout à fait un vaillant corps d'armée qui s'était splendidement battu une journée entière. « Le général Frossard, en accomplissant ce qu'il appelait une *retraite latérale* sur Sarreguemines, croyait faire merveille sans doute. Il ne remarquait pas que, par ce mouvement des plus excentriques, des plus imprévus, qui démasquait brusquement Forbach et la route de aint-Avold. il exposait les divisions du 3ᵉ corps à ne surprise et à un désastre, ce qui eût fait payer u maréchal Bazaine les faiblesses de son comman-

_____

(1) Général Frossard, p. 62.

dement pendant la journée, mais ce qui n'eût point réparé la déroute du 2ᵉ corps ; il risquait, de plus, d'aller lui-même se jeter dans un guêpier, sur les têtes de colonnes du prince Frédéric-Charles, déjà rapprochées de Sarreguemines. Le péril était si clair que, dès son arrivée, dès la matinée du 7, après quelques heures de repos, le général Frossard, rectifiant sa marche, revenait vers l'ouest, sur Puttelange, emmenant avec lui la brigade Lapasset, du 5ᵉ corps, qu'il avait trouvée à Sarreguemines, et dont il se faisait une arrière-garde (1). »

A quatre heures de l'après-midi, toutes ces troupes avaient rejoint, à Puttelange, les divisions Montaudon et Metman qui se retiraient, le lendemain matin, 8, sur Faulquemont (2). « Quand nous quittâmes Saint-Avold, un devoir élémentaire et de première nécessité était, en se retirant sur Metz, de détruire le chemin de fer qui relie ces deux localités ; le maréchal n'eut garde de le faire ; il laissa la voie intacte (3). » Ce fut un grand bonheur pour les Prussiens qui purent ainsi transporter rapidement, dès le 12 août, les troupes, le matériel, les vivres et les munitions dont ils avaient tant besoin autour de Metz.

Sous les coups de foudre de Frœschwiller et de Forbach, l'empereur perdit contenance (4). Il prit,

(1) Charles de Mazade, t. Iᵉʳ, p. 121.
(2) Général Frossard, p. 64.
(3) *La Trahison du maréchal Bazaine antérieure à la capitulation de Metz*, par un officier d'état-major attaché à l'armée du Rhin. 2ᵒ édition, France et Belgique, chez tous les libraires, 1871, p. 8.
(4) « Le désarroi paraît complet dans l'entourage de l'empereur. » (Général Fay, p. 55). — « Le combat de Spicheren ne devait pas avoir de conséquences stratégiques. » (*La Bataille de Spicheren*, p. 13). — Mais autour de l'empereur c'est une confusion inouïe. « Au grand quartier général, on était envahi par les curieux, les journalistes, les espions, les femmes. A côté même de ses bureaux, un des chefs de l'armée avait installé sa femme, sa fille et sa nourrice avec un enfant. Quelques officiers avaient aussi amené leurs femmes. Tout ce monde, circulant au milieu des estafettes et des

à la hâte, la résolution de se replier vers Châlons, ce qui était excessif, mais valait certainement mieux que de changer quatre fois de place en huit jours pour aboutir à se faire bloquer à Metz. Des ordres furent donnés afin de concentrer, près du fameux camp où César avait, pendant son règne, paru exercer ses légions, toute l'armée du Rhin, à laquelle seraient venus se joindre le 1er corps battu et désorganisé, et les 5e et 7e, non battus ceux-là, mais singulièrement démoralisés par la défaite de Mac-Mahon (1). Dès le lendemain, ce plan était abandonné ; on se décidait à défendre la Nied, comme nous le dirons plus bas, et des contre-ordres étaient expédiés en conséquence.

Cette journée du 8 n'avait pas apporté aux Allemands une plus grande confiance ; ils doutaient encore, aussi bien sur la Sarre que dans les Vosges, de la fortune inespérée qui les comblait de succès. La Ire armée se retirait un peu à droite, vers Volklingen et Werbel, afin de laisser à la IIe la route de Sarrebrück à Saint-Avold. L'infanterie ne dépassait pas Forbach, Lorentzen, Bexbach, Hombourg. Seule, à la fin du jour, la cavalerie gagnait Puttelange et Sarralbe, qu'elle trouvait évacués. A la droite de la IIe armée, les uhlans se heurtaient, non loin de Saint-Avold et de Gros-Tenquin, à des forces françaises qui les contraignaient immédiatement à la retraite. Malheureusement ces reconnais-

plantons, courant aux nouvelles, arrêtant l'un, causant avec l'autre, encombrait l'hôtel de l'Europe où l'on avait réuni l'état-major général. Les journalistes, avides de prouver leur talent de reporters, s'étaient logés dans la même maison et à côté. Le pêle-mêle était indescriptible et produisit des indiscrétions regrettables. Ainsi, la composition et les emplacements de l'armée furent publiés par un journal anglais avant même que la plupart des officiers français en aient eu connaissance. » (Colonel Derrecagaix, p. 129).

(1) *La Guerre franco-allemande*, 1re partie, p. 407. — Général Frossard, p. 65.

sances apprenaient aux Prussiens que « la confiance de nos troupes était déjà ébranlée et que la discipline se perdait (1) ». Nos adversaires deviennent dès lors entreprenants et aussi audacieux qu'ils s'étaient montrés tout d'abord prudents. Pourtant, ils n'entrent à Saint-Avold que le soir, quand nous avons tranquillement quitté la ville. Ils n'osent encore s'approcher trop près des vieux guerriers de Crimée et d'Italie ; ils banniront bientôt cette crainte inutile.

Mais voyons naître et grandir le plan de l'état-major allemand. La nouvelle des victoires de Frœschwiller et de Forbach avait quelque peu surpris M. de Moltke ; il ne s'attendait pas à tant de bonheur et songea à profiter des avances de la fortune en homme qui en apprécie les moindres faveurs. Il « supposait que l'empereur Napoléon était sur la Moselle avec une armée composée de cinq corps ; si on voulait l'aborder de front, en même temps que l'on tournerait sa droite au moyen de forces supérieures, il fallait, dès lors, maintenir en arrière l'aile droite allemande, c'est-à-dire, la Ire armée. Son mouvement offensif devait être, en effet, d'autant plus ralenti que, par suite de certaines circonstances (2), l'aile gauche de la IIe armée avait dû s'étendre fort loin vers le sud, tandis que le centre achevait encore de se masser (3) ».

Cette combinaison stratégique a réussi et a, par conséquent, pour elle, les amateurs du succès ; cependant, il ne nous sera pas difficile de montrer, à différentes reprises, tout ce qu'elle avait de dangereux ; mais les Allemands commençaient à risquer

<hr>

(1) *La Guerre franco-allemande*, 1re partie, p. 402.

(2) Le désir d'écraser le 1er corps que les Prussiens croyaient en retraite sur Metz.

(3) *La Guerre franco-allemande*, 1re partie, p. 403.

gros jeu en présence d'adversaires qui n'osaient tenter le moindre coup. C'est ainsi qu'ils ont gagné la partie.

Quoi qu'il en soit, à l'heure où l'état-major prussien prenait ses mesures pour assurer la réussite de ses projets, les effrayés de Metz changeaient une seconde fois d'avis, sous la pression du ministère, qui avait également perdu la tête, et ne savait comment répondre aux reproches de l'opposition qui, après s'être mise en travers de toute dépense militaire, s'étonnait que nos soldats ne volassent point de triomphe en triomphe. Cette ingérence aveugle de l'opinion publique dans la conduite des opérations allait nous être fatale. En effet, « en revenant sur Châlons, on se repliait sur la France, on s'appuyait sur Paris, on restait en mesure de se concentrer, de rallier tous les renforts qu'il serait possible de réunir, et on échappait, dans tous les cas, à un péril imminent... A défaut de la retraite sur Châlons, rien n'empêchait d'aller attendre l'ennemi sur un point favorable vers la haute Moselle. Il y avait là, entre Toul, Nancy et Pont-à-Mousson, de fortes positions connues, étudiées, indiquées depuis longtemps, les plateaux de Haye, offrant les meilleurs moyens de tenir le cours de la rivière et le nœud des chemins de fer, à Frouard. Avec le 2ᵉ, le 3ᵉ, le 4ᵉ corps, la Garde, moins ce qu'il faudrait laisser à Metz, on pouvait prendre position au-dessus de Frouard, rallier le 6ᵉ corps venant de Châlons, les corps de Mac-Mahon (1) et de Failly, au besoin le 7ᵉ corps du général Félix Douay (2). On était ainsi en mesure de disputer la Moselle, et, à tout événement, l'armée gardait

(1) A ce moment, le 1ᵉʳ corps n'eût pas été d'un grand secours, tant le maréchal de Mac-Mahon l'avait abandonné à lui-même.
(2) Ce corps n'aurait pas rejoint avant plusieurs jours, car il avait un long détour à faire pour gagner la Moselle.

une ligne de retraite assurée, la Meuse, l'Argonne et la Champagne, à la dernière extrémité, Paris (1). »

Enfin, à la suite des exigences de M. Emile Ollivier qui envoyait dire à Metz que « l'abandon de la Lorraine ne pouvait produire qu'un effet déplorable sur l'esprit public », l'empereur cède à ce conseiller de malheur : plus de retraite vers Châlons, mais défense de la Nied française dont le maréchal Le Bœuf avait fait étudier les environs. « L'armée occuperait une première position sur la rive gauche de la Nied française, depuis l'ange jusqu'au village des Etangs ; la partie de gauche, en retour, s'étendrait jusqu'à Glatigny. L'armée, en cas d'attaque, devait recevoir la bataille vers cette première position défensive, que l'on recommandait de rendre inabordable, autant que possible, sur son front et sur ses flancs, au moyen de travaux adaptés au terrain (2). » L'empereur mettait à la disposition de Bazaine, sans toutefois le nommer encore général en chef, les 2e, 3e, 4e corps, la Garde, la réserve générale d'artillerie et la division de cavalerie du Barail. Mais le maréchal ne jugea pas prudent de combattre à l'endroit choisi par le major général ; il craignait le voisinage des bois de Hayes et de Cheuby, il voulait attendre le concours du 6e corps qui était parti de Châlons ; en un mot, il ne se souciait pas d'exécuter le plan du maréchal Le Bœuf.

Une dépêche de l'impératrice, en date du 10,

(1) Charles de Mazade, t. Ier, pp. 125 à 127. — Le baron von der Goltz dit que « si les Français avaient tenu plus longtemps sur la Nied, ils se seraient débarrassés de la grande é,reinte enveloppante. (*La Nation armée*, par le baron Colmar von der Goltz, commandant dans le grand état-major prussien, traduit par Ernest Jaeglé, professeur à l'École militaire de Saint-Cyr. Paris, Henrischen et Cie, 1884, p. 283). Il y avait, effectivement, moyen de tirer parti de ces positions, comme nous l'expliquerons plus tard.

(2) Général Frossard, p. 72.

avertissait l'empereur que la jonction des deux armées allemandes allait lui mettre 300,000 hommes sur les bras (1). A cette nouvelle, Napoléon III résolut de livrer bataille près de la Moselle et, à cette fin, sur les instances du général Coffinières de Nordeck (2), gouverneur de la vieille cité lorraine qu'il va contribuer à nous faire perdre, l'empereur appela Canrobert, de Failly à son aide, groupant autour de Metz la presque totalité des forces françaises, espérant ainsi s'assurer le concours des gros canons de rempart pour la bataille qu'il sent prochaine. C'est le troisième plan depuis Forbach; ce ne sera pas le dernier: la retraite sur Verdun ne va pas tarder à être décidée. Il sera bien tard (3).

Mais n'anticipons point et reprenons jour par jour les mouvements des armées. Le 9, le prince Frédéric-Charles se masse auprès de Forbach et de Sarreguemines; quelques corps passent la Sarre;

---

(1) *Procès Bazaine*, Rapport, p. 13.

(2) *L'Armée française à Metz*, par le comte de la Tour du Pin Chambly, de l'état-major du 4ᵉ corps. Paris, Amyot, 1872, 3ᵉ édition, p. 13. — *Trois mois à l'armée de Metz*, par un officier du génie. Bruxelles, Muquardt, 1871, p. 46.

(3) « Nous flottions absolument d'ordres en contre-ordres émanant de trois autorités différentes : l'empereur, qui déléguait au maréchal Bazaine le commandement de l'armée, sans cesser de l'exercer par lui-même; ce maréchal, *qui semblait surtout préoccupé de la conservation du corps dont il était le chef direct* et qu'il grossissait d'emprunts faits aux corps voisins ; et enfin le major général dont l'action se faisait surtout sentir pour empêcher une retraite précipitée. » (Comte de la Tour du Pin Chambly, pp. 12 et 13). — Il eût été préférable de combattre en défendant le passage de la Moselle plutôt que de subir la bataille sur la rive gauche après avoir laissé franchir la rivière. Il ne fallait pas « renoncer sans combat à la possession de la rive droite de la Moselle et se camper devant Metz ». *Militarische Plauderein*, par le major von der Goltz. *Militar-Zeitung fur Reserve und Landwehr Offiziere*, n° 50). — « C'était une faute que de se laisser adosser complètement à Metz ; il valait mieux manœuvrer à ses environs, à une distance telle qu'on pût s'y ménager un refuge, en cas de nécessité. » (*Les Vaincus de Metz*, par E. J*** (aujourd'hui commandant Emile Jourdy), ancien élève de l'École polytechnique. Paris, A. Lacroix, Verbœckhoven et Cⁱᵉ, 1871, p. 88).

6.

la VIe division d'infanterie « occupe Saint-Avold
et jette ses avant-postes vers Longeville (1) ». La
cavalerie atteint Marange, Faulquemont, Altroff.
La Ire armée reste toujours immobile autour de
Völklingen, « aucun renseignement ne lui ayant
fait connaître si Boulay et Bouzonville sont évacués
par les Français (2). » Dès que M. de Moltke
apprend notre retraite définitive et l'achèvement
complet du déploiement de l'armée principale sur
la Sarre, il prescrit, comme nous l'avons dit plus
haut, un mouvement général offensif vers la Moselle.
La Ire armée marchera au nord de la route de Metz
à Sarrebrück, par Saint-Avold ; la IIme au sud de
cette même route, qui servira de ligne de séparation.

Le 10 août, le général de Steinmetz prend possession des chemins à lui assignés pour sa marche
en avant. Le VIIe corps campe à Carling et à l'Hôpital ; le Ier à Creutzwald ; le VIIIe à Lauterbach,
les divisions de cavalerie, *par derrière*, à Ludweiler
et Uberherrn. Cette journée n'avait pas été clé-
mente aux troupes de la Ire armée ; pour gagner
leurs emplacements elles avaient eu « à surmonter
maintes difficultés... Les distances à parcourir
n'avaient rien d'exagéré, mais on s'était croisé, à
Forbach, avec des colonnes du IIIe corps, des à-coups
s'étaient produits sur la route de Völklingen à
Carling, laquelle était commune à une grande partie
de la Ire armée ; en résumé, la journée avait été fort
pénible. Les troupes passaient la nuit au bivouac,
sous une pluie torrentielle, couchées, sans paille,
sur un sol argileux. Ce fut le lendemain seulement
que l'on parvint, au prix de nouvelles et sérieuses
difficultés, à faire arriver les convois demeurés en

____

(1) *La Guerre franco-allemande*, 1re partie, p. 409.
(2) *Ibid.*, pp. 410 et 411.

arrière sur la route de Sarrebrück-Forbach (1) ».

Par suite du mauvais emploi de leur cavalerie qui ne se tenait pas devant l'infanterie, les Allemands avaient perdu notre contact et les renseignements faisaient défaut à leur état-major (2).

La IIe armée se servait beaucoup mieux de ses escadrons. La chaîne d'avant-postes « s'étendait depuis Baronville, sur la route de Sarreguemines à Nancy, jusque vers Raville, sur la route de Saint-Avold à Metz (3) ». En avant de cette ligne, une multitude de petites patrouilles battaient le pays ramassant des prisonniers, recueillant des nouvelles et semant la panique. Un peloton de uhlans se hasarda même jusqu'à un bois qui pousse entre Bazoncourt et Pange, et là, cachés derrière les taillis, les Allemands observaient à leur aise les mouvements que nous faisions de Courcelles-Chaussy à Sanry-sur-Nied.

Quant à l'infanterie, elle occupait les positions suivantes : IIIe corps, Saint-Avold ; IXe, Forbach ; X^e, Puttelange ; XIIe, Habkirchen ; la Garde royale, Sarralbe ; IVe corps, Sarre-Union (4).

Pendant que les Français s'entassent de plus en plus sous les canons de Metz, les Allemands continuent, dans la journée du 11, à les déborder par le sud. La Ire armée reste immobile et se contente d'envoyer une reconnaissance à Condé, au confluent des deux Nied. La IIe armée s'ébranle lentement et les quatre corps de première ligne s'étendent de Faulquemont à Harskirchen ; les IXe et XIIe corps tournent toujours aux environs de Sarre-

---

(1) *La Guerre franco-allemande*, 1re partie, p. 413.— On voit par cette citation que les encombrements, les fatigues, les souffrances et les retards ne se sont pas rencontrés que dans l'armée française.

(2) *Ibid.*

(3) *Ibid.*, p. 415.

(4) *Ibid.*

brück et de Sarreguemines (1). La Ve division de cavalerie avait échelonné ses coureurs de Remilly à Hirschland, par Han-sur-Nied, Vatimond, Lucy, Delme, Laneuville et Fenestrange. La VIe division de cavalerie se massait près de Thicourt (2).

Cette disposition ne laissait pas d'être périlleuse. En effet, Steinmetz demeurait isolé, et un espace de 15 kilomètres au moins le séparait de Frédéric-Charles et du prince royal. L'état-major prussien a beau alléguer que cette trouée était momentanément bouchée par un régiment (!), à Saint-Avold, nous ne savons pas comment le vieux Steinmetz aurait résisté à une attaque de l'armée française tombant en masse sur ses régiments exténués, alors que notre cavalerie se serait opposée à ce que le prince Frédéric-Charles franchît les 15 kilomètres qui se trouvaient entre ses troupes les plus proches et les avant-postes de la Ire armée. Le IXe corps, à Forbach, et le XIIe, à Sarreguemines, n'auraient pas empêché l'écrasement de Steinmetz, car celui-ci n'aurait pas manqué, avec son ardeur brouillonne, de marcher sur Boulay, dès les premiers coups de canon, et de s'écarter encore plus des secours, déjà trop éloignés de son centre (3).

Quoi qu'il en soit, M. de Moltke reconnut la mauvaise disposition de ses forces et ne voulut pas prolonger une situation dangereuse. Le 11, à sept heures du soir, était rédigé cet ordre : « Il paraît assez probable qu'une notable partie de l'armée ennemie se trouve en avant de Metz, sur la rive

---

(1) *La Guerre franco-allemande*, 1re partie, p. 416.
(2) *Ibid.*, p. 417.
(3) C'était une faute d'autant plus grave que les Français réunis devenaient menaçants. « La nouvelle phase dans laquelle entraient les opérations paraissait commander *plus de cohésion*... Il importait que le commandement suprême pût promptement disposer lui-même des divers corps, afin d'être assuré du concours de toutes les forces. » (*Ibid.*, p. 418).

gauche de la Nied française. Il devient donc nécessaire de concentrer davantage la Ire et la IIe armée et S. M. le roi a ordonné ce qui suit : cette concentration aura lieu sur le IIIe corps, à Faulquemont. La Ire armée portera, demain, de bonne heure, deux corps sur la ligne Boulay-Marange, un corps vers Boucheporn. La IIe armée dirigera le IXe corps sur Longeville, à l'ouest de Saint-Avold ; le IIe corps fera avancer sur ce point tout ce qu'il aura de disponible. Le Xe corps viendra derrière le IIIe. La Garde, le IVe corps et le XIIe appuieront vers la gauche de la position indiquée ci-dessus, de façon à pouvoir la renforcer ou à continuer dans la direction de Nancy, suivant le cas. — DE MOLTKE (1). »

En raison de cette nouvelle distribution des troupes allemandes, il ne nous était plus possible, le 12 août, d'isoler la Ire armée. Nous avions perdu l'occasion de la battre ; mais la IIe armée va bientôt nous prêter le flanc ; nous verrons le parti que nous en saurons tirer.

Cependant si, à ce moment, le moral de l'armée française était fortement entamé, si nos soldats étaient fatigués, mal nourris, exposés aux intempéries d'une saison anormale, si « *l'élément raisonneur et mécontent* des soldats de la réserve contribuait encore à impressionner la troupe (2) », si les marches, les contremarches énervaient les chefs et les soldats (3), dans les rangs ennemis, les difficultés et les souffrances n'étaient pas moins grandes. « Diverses circonstances avaient concouru à rendre la situation de l'armée allemande particulièrement

---

(1) *La Guerre franco-allemande*, 1re partie, p. 419.

(2) Maréchal Bazaine, *L'Armée du Rhin*, pp. 40 et 42.

(3) Tous les mouvements de retraite étaient contrariés par la pluie et par les encombrements de voitures, par les paysans qui fuyaient avec leurs meubles et leurs troupeaux, par les régiments eux-mêmes qui se coupaient les uns les autres. (*Trois mois à l'armée de Metz*, pp. 48 à 64).

pénible. Les routes étaient défoncées par des pluies persistantes; cheminer latéralement était impossible. L'installation des hommes et des chevaux en avait été rendue si difficile qu'il devenait indispensable de bivouaquer fréquemment. La marche en pays montagneux n'était pas familière à des hommes originaires de la plaine; on avait à supporter tantôt de grandes chaleurs, tantôt des pluies incessantes. Tout cela exerçait une action si fâcheuse sur l'état sanitaire des troupes, qu'une division, par exemple, qui n'avait pas encore vu le feu, comptait 582 malades (1). »

Mais l'état-major prussien s'aperçoit que nous ne voulons pas défendre la Nied française, encore moins prendre l'offensive contre l'une ou l'autre armée. Notre concentration sous Metz devient certaine, et les Allemands apprennent avec une joie indicible, que les « principaux points de passage de la Moselle, en amont de Metz, ne sont même pas gardés (2)». Aussi, le 12, à quatre heures et demie du soir, de nouvelles dispositions sont prises par M. de Moltke : « Autant que les renseignements recueillis permettent d'en juger, la masse principale des forces ennemies se retire, par Metz, au delà de la Moselle. Sa Majesté ordonne ce qui suit : la Ire armée se portera demain, 13 août, sur la Nied française, le gros sur la ligne, les Étangs-Pange, et fera occuper la gare de Courcelles; la cavalerie poussera des reconnaissances et franchira la Moselle en aval. La Ire armée couvrira ainsi la droite de la II°. La II° armée gagnera la ligne Buchy-Château-Salins, placera ses avant-postes sur la Seille et *cherchera à s'assurer, si cela est possible, des ponts*

____

(1) *La Guerre franco-allemande*, 1re partie, pp. 422 et 423. Voir aussi p. 413.

(2) *Ibid.*, p. 429.

de la Moselle à Pont-à-Mousson, Dieulouard, Marbache, etc. La cavalerie fera des reconnaissances au delà de la Moselle. La IIIe armée continuera son mouvement vers la ligne Nancy-Lunéville. — DE MOLTKE (1). »

Les troupes allemandes occupèrent, pour la plupart, les emplacements qui leur avaient été assignés par l'ordre qui précède. Quant à nos bataillons réunis sous Metz, nous allons voir quelles étaient les positions qu'ils gardaient, à cette date du 12, date remarquable par la nomination du maréchal Bazaine au commandement en chef de l'armée du Rhin; mais avant de peindre l'état moral et matériel de notre armée au moment de cette prise de possession, il est bon de raconter un des rares épisodes heureux de la campagne : la surprise de Pont-à-Mousson.

Dans la journée du 12, une soixantaine de cavaliers ennemis (2), sous les ordres du capitaine de Thauvenay, étaient entrés à Pont-à-Mousson et se livraient aux réquisitions avec leur ardeur habituelle. Les chasseurs d'Afrique du général Margueritte fondent sur eux, les surprennent, les sabrent si vivement qu'ils tuent ou font prisonniers tous les hussards et dragons prussiens, y compris les officiers. Deux ou trois seulement parviennent à s'échapper et rallient, à Raucourt, la brigade de Redern (3).

Le général Margueritte s'était empressé « de faire garder la ville par un détachement du 28e de ligne et avait télégraphié à Metz pour signaler l'importance de cette position vraiment stratégique. L'occupation de Pont-à-Mousson était indispensable aux Allemands pour traverser la Moselle. Malheureuse-

_____

(1) *La Guerre franco-allemande,* 1re partie, pp. 429 et 430.
(2) Les Prussiens disent 40.
(3) *La Guerre franco-allemande,* 1re partie, p. 428.

ment, l'ordre fut envoyé de Metz, au général Margueritte, d'abandonner ce point et de se replier (1) ». Les ponts de la Moselle étaient ainsi livrés intacts à l'ennemi qui va s'en servir sans perdre une minute, afin d'inquiéter notre retraite, ce qui lui permettra de nous atteindre à Rezonville et à Saint-Privat. Quelle faute de notre état-major ! Quelle négligence de la part du quartier impérial (2)!

Le 12 août, une mesure capitale est prise : Bazaine est nommé commandant en chef. Grâce à des intrigues de toutes sortes, intrigues dans lesquelles il ne craignait pas de faire intervenir sa jeune femme (3), il finit par atteindre son but : le voilà à la tête de l'armée. Il se défend bien d'avoir rien fait pour cela, il ne manque pas l'occasion d'insulter un de ses camarades et justement celui qui l'a toujours soutenu, même de sa *bourse*, même après qu'il l'avait lâchement abandonné à Saint-Privat, même après la condamnation du conseil de guerre de Trianon. Il écrit, en effet, dans son dernier plaidoyer : « Je fis observer à Sa Majesté que les maréchaux Certain Canrobert et de Mac-Mahon étaient plus anciens et plus aptes que moi pour exercer ce

(1) Le Faure, t. Iᵉʳ, p. 143.
(2) « Ce fut un impardonnable oubli du maréchal Le Bœuf, alors encore major général. » (Général Brackenbury, p. 83).
(3) « *M. le comte de Kératry* : M. Jules Favre, M. Picard et moi, délégués par la gauche, sommes allés dire au ministre de la Guerre que le maréchal Bazaine nous avait fait savoir qu'il entendait ne plus obéir à l'empereur.
« *M. le Président* : Quelle est la date de cette visite ?
« *M. le comte de Kératry* : Dix-huit à vingt jours à peu près avant la révolution. Le maréchal m'avait fait déclarer par la maréchale, qui m'avait rendu visite le matin, que la présence de l'empereur compromettait les opérations militaires, qu'il n'en acceptait plus la responsabilité et qu'il désirait se retirer..... Le ministre répondit que, conformément au désir de la Chambre, le maréchal allait être investi du commandement suprême. » (*Enquête parlementaire sur les actes du Gouvernement de la Défense nationale*, déposition de M. de Kératry, déposition des témoins, t. Iᵉʳ, p. 656).

commandement dans les conditions difficiles où se trouvait l'armée... Le maréchal Certain Canrobert, ne faisant aucune objection à mon observation, *sembla* décliner la responsabilité du commandement dans une telle situation, *comme il l'avait fait, du reste, en Crimée, lorsqu'il remit le commandement au maréchal (sic) Pélissier ; ses amis appellent cette conduite du désintéressement ; c'est plutôt, comme on le dit vulgairement, tirer son épingle du jeu* (1). » C'est odieux et le dégoût s'empare de nous à la lecture de pareilles insinuations.

Enfin, il s'agissait, pour Bazaine et la gauche « de faire tomber le commandement des mains du major général et de l'empereur lui-même, aux mains du maréchal, proposé par l'opposition, poussé par l'opinion, désiré aussi par l'armée, qui se lassait de tergiversations. La faveur publique, par une de ces inexplicables révolutions de la popularité, se déclarait tout à coup pour l'ancien commandant de la désastreuse expédition du Mexique, pour le chef du 3ᵉ corps de l'armée du Rhin, qui, après tout, n'avait pas fait plus que d'autres, qui, le jour de la bataille de Forbach, n'avait point, certes, montré tout le zèle possible. L'opinion ne laissait même pas la liberté du choix, au souverain, au gouvernement..... C'est ainsi que le maréchal Bazaine devenait le commandant en chef de l'armée du Rhin par la toute-puissance d'une opinion mobile et inquiète (2). »

---

(1) *Épisodes de la Guerre de 1870 et le Blocus de Metz*, par l'ex-maréchal Bazaine, Madrid, Gaspar, 1883, p. 49.

(2) Charles de Mazade, t Iᵉʳ, p. 135. — « L'appui de l'opposition imposa à l'empire le choix de ce maréchal de l'empire pour commander l'armée de Metz. » (*Le Péril national*, par Raoul Frary, Paris, Léopold Cerf, 1884, p. 196). — « Le commandement de l'armée avait été remis au maréchal Bazaine, que désignait une opinion bruyante et peu compétente en pareille matière. » (Colonel Fabre, p. 81). — « L'empereur céda à cette pression. » (*Le Maréchal*

Si jamais deux hommes furent, en effet, imposés par le cri populaire, ce sont bien Bazaine et Trochu. Il semblait, à entendre M. Jules Favre (1), qu'il n'y eût qu'à remettre la direction des opérations à l'homme du Mexique pour que la victoire se fixât de nouveau dans nos rangs. Quant au général Trochu, la masse avait été pipée par l'assurance imperturbable de ses néfastes écrits, par le vernis frondeur sous lequel il cachait une médiocrité dont il n'a donné depuis que trop de preuves. Le parti républicain d'alors, et Paris, à sa tête, en portant au commandement en chef un traître comme Bazaine, un rhéteur comme Trochu, commirent ce jour-là une lourde faute; mais nous n'ignorons pas que ce n'est guère la clairvoyance que l'on peut remarquer chez les Jules Simon et les Jules Favre; leurs bonnes intentions ne sauraient les absoudre de mesures si désastreuses, et nous devons rappeler la détestable influence que leur sentimentalité intéressée a toujours exercé sur nos affaires militaires.

Pendant que l'empereur laissait tomber de ses mains débiles une autorité que la maladie annihilait de plus en plus; pendant que le maréchal Bazaine recueillait le fruit de ses manœuvres suspectes, la Cour cherchait à conserver un restant d'influence en imposant à Bazaine le général Jarras comme chef d'état-major général. Or, la communion de sentiments est utile, indispensable même,

---

Bazaine et l'Armée du Rhin, par J. Valfrey. Paris, librairie du *Moniteur universel*, 1873, p. 12). — « Pauvre nation ! qui osera donc lui rappeler, lorsque, de sa voix éclatante, elle couvrira *le traître* de malédictions et d'exécrations, que c'est elle qui a réclamé et acclamé sa nomination au commandement suprême ? » (Général Brackenbury, p. 245). C'est plutôt l'opposition, que la nation. « D'après M. de Kératry, il commença une correspondance directe avec les membres de l'opposition, afin d'obtenir que l'on retirât à l'empereur le commandement en chef pour le lui donner à sa place. » (*Ibid.*, p. 243).

(1) *Journal officiel*, n° du 10 août 1870.

entre le général en chef et son bras droit, le chef
d'état-major : eh bien ! Bazaine détestait Jarras, et ce
dernier le lui rendait au centuple. De là, des tiraille-
ments, des froissements, une absence d'échanges
de vues, des retards et des non-exécutions d'ordres
reçus. Tout cela n'aurait pas existé si le maréchal
avait été libre de choisir son chef d'état-major (1).
Hélas ! ne nous leurrons-nous pas en disant qu'avec
un autre chef d'état-major, cet homme n'aurait pas
mal tourné ? Ne subissons-nous pas l'influence
des idées reçues ? Voici ce que le général Deligny
pensait de Bazaine : « Nous n'hésitons pas à dire
que la tâche, qui incombait ainsi au maréchal,
dépassait de beaucoup ses moyens et ses forces et
qu'il n'était à sa hauteur, ni par son activité phy-
sique, ni par ses talents, ni par son énergie morale.
Pour une aussi grande mission, il eût fallu mettre
en jeu tous les ressorts d'une grande âme, toute
l'énergie d'un grand caractère ; il eût fallu des éclairs

---

(1) « Le maréchal Bazaine céda à la pression qui fut exercée et
accepta le général Jarras ; cette faiblesse fut un malheur pour lui et
pour l'armée. S'il avait eu près de sa personne l'officier général qu'il
désirait, il eût certainement été arrêté dans la voie où il entra plus
tard ; éclairé sur les dangers qu'il devait y rencontrer, il eût, du
moins, reçu d'utiles conseils qui l'eussent peut-être sauvé de l'abîme
dans lequel il nous a tous précipités. » (Général d'Andlau, p. 55).
— « L'antagonisme du maréchal Bazaine et du général Jarras « con-
tribua certainement à l'anéantissement de l'armée ». (Commandant
von der Goltz, *La Nation armée*, p. 83). — Je demandai à l'empereur,
« au nom du maréchal Bazaine, l'autorisation de faire des mutations
dans le haut personnel de l'armée, notamment de remplacer le général Jarras par le général de Cissey, envers lequel M. le maréchal
avait pris des engagements, *même avant son départ de Paris.* »
(*Procès Bazaine*, déposition de M. Magnan, p. 324). Bazaine espérait
donc déjà que l'empereur et Le Bœuf ne pourraient conserver la
direction de l'armée et qu'elle lui serait donnée ? — « Dès les premiers moments, M. le maréchal Bazaine m'a tenu complètement à
l'écart. » (*Ibid.*, déposition du général Jarras, p. 212). — « Nos deux
caractères ne sympathisaient pas toujours. » (*Ibid.*, observation du
maréchal, p. 216). — Cependant, il est bon de faire remarquer que
Bazaine prétend « n'avoir fait aucune objection à la nomination de
Jarras ». (*Ibid.*, Interrogatoire, p. 159).

de génie peut-être !... Le maréchal, lui, n'appela à
son aide qu'une somnolence égoïste, une sorte
d'indifférence pour les intérêts généraux, un petit
esprit et de petits moyens (1). »

Quoi qu'il en soit, le voici parvenu à ses fins, le
voici à la tête de l'armée. Quelle en était la composition à cette date du 12 août; quelle en était la
force ? Elle se composait du 2º corps, général Frossard ; du 3º, général Decaen ; du 4º, général de
Ladmirault ; d'une brigade du 5º, général Lapasset ;
du 6º, maréchal Canrobert (2) ; de la Garde impériale,
général Bourbaki ; de la réserve de cavalerie,
généraux du Barail et de Forton ; de la réserve
d'artillerie, général Canu ; de la réserve du génie.

D'après Bazaine, l'armée comptait alors 170,000
rationnaires, dont 122,000 pour l'infanterie, 13,000
pour la cavalerie, 10,000 pour l'artillerie, 25,000
pour les autres services, avec 456 canons et 84 mitrailleuses (3). Le commandant Canonge estime les
mêmes forces à 178,688 hommes et 39,502 chevaux (4).

Toutes ces troupes, à ce moment, étaient cam-
pées : « Le 2º corps, vers Mercy ; le 3º, derrière le
ravin de Colombey ; le 4º, à l'est du fort Saint-Jul-
lien (5) ; le 6º près du fort Saint-Quentin. La Garde
était en réserve.

Le 7º corps était toujours à Belfort ; les 1ᵉʳ et 5º,
plus la division Conseil-Dumesnil du 7º, battaient

<hr>

(1) *Armée de Metz*, 1870, par le général Deligny. Paris, A. Lacroix,
Verboeckoven et Cⁱᵉ, 1871, pp. 5 et 6.

(2) Le 6º cops n'était pas au complet, la fin des trains qui arrivaient
de Mourmelon, ayant été arrêtée, sur l'embranchement de Frouard à
Metz, par la cavalerie allemande. M. Durbach, représentant de la Compagnie de l'Est à Metz, avait prévu l'accident et demandé instamment
qu'on gardât Pont-à-Mousson, objectif certain de l'ennemi. « On
n'eut pas égard à cette demande. » (Baron Ernouf, p. 25).

(3) Maréchal Bazaine, *L'Armée du Rhin*, p. 46.

(4) Commandant Canonge, t. Iᵉʳ, p. 94.

(5) *Ibid.*, p. 95.

en retraite, échelonnés de Mirecourt à Neufchâteau. Le 12e corps était en formation au camp de Châlons. Strasbourg, Bitche, Phalsbourg résistaient à la division badoise et à quelques fractions de la IIIe armée

Disons, enfin, que, le même jour, les ponts que l'empereur avait commandés au général Coffinières étaient achevés et facilitaient le passage rapide de la Seille et de la Moselle. Malheureusement, ces ponts étaient construits avec une telle inhabileté que la moindre crue devait les submerger. C'est ce qui arriva dans la nuit du 12 au 13, et ce ne fut que le 14 qu'ils furent réparés et en état de supporter hommes et chevaux. Le général Coffinières commençait à donner la mesure de sa louche incapacité : le gouverneur de Metz pourra être mis à la mesure du gouverneur de Paris, même bien au-dessous.

A l'heure où le maréchal Bazaine saisissait les rênes du commandement, le 13, au matin, les Allemands s'approchaient à marches forcées de la Moselle. La Ire et la IIe armée s'étendent, en masses compactes, de Condé à Château-Salins. La IIIe armée les suit un peu en arrière, au sud-est de Fenestrange, à Blamont (1). Il n'y a encore qu'une division d'infanterie et 3 brigades de cavalerie sur la rive gauche de la Seille ; la Moselle n'est franchie que par des patrouilles insignifiantes (2), que nos escadrons disperseraient rien qu'en se montrant.

Depuis la veille, la retraite sur Verdun a été décidée par les Français, et la division de Laveaucoupet va être chargée de défendre la place de Metz. L'empereur a un éclair d'intelligence et s'effraie à

(1) *Campagne de France de* 1870-1871, étude d'ensemble par Léonce Patry, capitaine adjudant-major au 67e d'infanterie, Soissons, L. Couturier, 1879 ; journée du 13 août.

(2) *La Guerre franco-allemande*, 1re partie, p. 432.

la pensée de voir l'armée bloquée dans Metz. Le 13,
il écrit à Bazaine : « Il n'y a pas un moment à
perdre pour faire le mouvement arrêté (1). » Le
maréchal résiste et répond « qu'il est préférable, soit
d'attendre l'ennemi dans nos lignes, soit d'aller à lui
par un mouvement général d'offensive (2) ». L'empereur tient bon, de son côté, et réplique : « La
dépêche que je vous envoie de l'impératrice montre
bien l'importance que l'ennemi attache à ce que
nous ne passions pas sur la rive gauche ; il faut donc
tout faire pour cela. — Si vous croyez devoir faire
un mouvement offensif, qu'il ne nous entraîne pas de
manière à ne pas pouvoir opérer notre passage (3). »

Le maréchal se décide seulement alors à traverser
la Moselle, et donne des ordres en ce sens. On comprend, de reste, pourquoi, le lendemain, la retraite
commencera si tard et pourquoi elle se fera si confusément. C'est depuis la veille que l'opératon auraitdû
être préparée : on ne fait pas mouvoir instantané-
ment 100,000 hommes ; en pareils cas, des à-coups
sont toujours à prévoir. Bazaine s'était rallié avec
trop de mauvaise volonté aux dernières résolutions
de l'empereur ; de cette sorte, il fit échouer et son
propre plan et celui de son souverain.

Quant aux troupes, elles ne comprennent pas ces
marches et ces contremarches, ces retards et ces
hésitations. La nullité des généraux engendre la
méfiance, avant-coureur du découragement et de
l'insubordination. « Nous ne bougeons pas ; le beau
temps revient et nous sèche un peu. Nous repro-
chons à Bazaine de ne pas attaquer. L'armée est

(1) Maréchal Bazaine, *L'Armée du Rhin*, p. 50. — *Procès Bazaine* ;
audience du 20 octobre ; explication du maréchal, p. 211.
(2) Maréchal Bazaine, *L'Armée du Rhin*, p. 50.
(3) *Ibid.*, p. 52. — Dans cette dépêche, l'impératrice annonçait
que Frédéric-Charles et Steinmetz se dirigeaient sur Verdun! (*Ibid.*)

belle ; elle attend la victoire avec impatience. Les grands chefs désespèrent seuls. Les états-majors sont dans le marasme (1). » Le brillant et jeune officier qui écrivait ces lignes, dans la soirée du 13 août, rendait, d'instinct, un jugement que l'histoire confirmera. Les chefs de corps et les états-majors sont responsables des désastres de 1870, et rien ne saura innocenter les Le Bœuf, les Bazaine, les Mac-Mahon et leurs aides de camp des bévues inconcevables qu'ils ont faites et que la France expie encore si cruellement.

(1) *Journal inédit d'un capitaine d'artillerie de l'armée du Rhin; 13 août.*

DESCRIPTION DE METZ

Metz, appelée autrefois Metz-la-Pucelle, car, jusqu'en 1870, jamais l'ennemi n'avait pu s'en emparer, est bâtie sur la Moselle, au confluent de la Seille, à l'endroit où les dernières élévations des Vosges viennent se fondre dans la plaine. « Sur la rive droite, où est sise la plus grande partie de la ville, aucune sommité ne se trouve très rapprochée de la rivière. Les hauteurs du Sablon, de Queuleu, de Saint-Julien ne sont que des coteaux entièrement cultivés. Sur la rive gauche, il en est autrement, et le mont Saint-Quentin dresse sa tête chauve à 3 kilomètres environ des remparts. A proprement parler, les hauteurs de la rive gauche ne sont pas des collines, mais de vastes plateaux, séparés de la vallée de la Moselle par des bas-fonds à parois escarpées. Ces plateaux se prolongent vers l'ouest en une succession de belles plaines ondulées et de grands bois, au milieu desquels s'élèvent de nombreux villages. Ce terrain est traversé en tous sens

par des chemins vicinaux et par trois grandes
routes (1) » qui mènent à Verdun.

La route du nord part du fort Moselle, passe à
Woippy, Saulny, Saint-Privat-la-Montagne, Sainte-
Marie-aux-Chênes, Auboué, Moutiers, Briey et
Étain. Celles du centre et du sud ont un tronçon
commun, de Metz à Gravelotte, commençant au fort
Moselle, et traversant Longeville-les-Metz, Mou-
lin-les-Metz et Rozérieulles. A Gravelotte, elles se
séparent: la première gagne Doncourt-en-Jarnisy,
Jarny, Conflans-en-Jarnisy, Jeandelize et Étain. La
dernière, celle du sud, va de Gravelotte à Verdun
par Rezonville, Vionville, Mars-la-Tour et Hannonville-au-Passage.

Il y a 14 kilomètres de Metz à Gravelotte, 3 de
Gravelotte à Rezonville, autant de Rezonville à
Vionville, 5 de Vionville à Mars-la-Tour, 8 de Gra-
velotte à Doncourt, une demi-lieue de Metz à
Woippy, 8 kilomètres de Woippy à Saint-Privat-la
Montagne.

Nous en aurons fini avec les routes de la rive
gauche quand nous aurons parlé de la route de Metz
à Thionville, qui descend la Moselle par Maizières-
les-Metz et Richemont, et de la route de Metz à
Frouard qui remonte la rivière par Ars-sur-Moselle,
Novéant, Arnaville, Pagny, Pont-à-Mousson et Dieulouard. Mentionnons également le chemin de fer
de Metz à Thionville, le long de la route, et le chemin de fer de Metz à Verdun, par Longeville, Châtel-Saint-Germain, Amanvillers et Conflans.

Sur la rive droite, on ne compte pas moins de dix
routes: celle de Thionville, par Argency ; celle de
Bouzonville, par Antilly, Bettlainville, Hombourg
et Chemeny ; une autre vers Bouzonville, par Sainte-
Barbe et Piblange ; la route de Sarrelouis, par

---

(1) Colonel Lecomte, t. II, pp. 52 et 53.

Boulay ; la grande route de Sarrebrück, qui part du fort Bellecroix et passe à Montoy, Courcelles-Chaussy, Saint-Avold ; la route de Rémilly, par Courcelles-sur-Nied ; la grande route de Strasbourg, par Peltre, Château-Salins ; la route de Noména, par Magny-sur-Seille, Pouilly ; un bon chemin qui s'en va à Fey et à Coin-sur-Seille, par le château de la Grange-aux-Ormes ; enfin la grande route de Nancy, qui remonte la Moselle par Corny et Pont-à-Mousson.

Le chemin de fer de Metz à Sarrebrück contournait le Sablon et desservait Peltre, Courcelles-sur-Nied, Remilly, Faulquemont, Saint-Avold et Forbach. Le chemin de fer de Metz à Nancy sortait de la ville à Montigny, traversait le canal non loin du château de Frescaty et la Moselle à Ars, remontant ensuite la rivière jusqu'à Frouard, par Novéant, Pont-à-Mousson et Dieulouard.

« De tous les environs de Metz, à plusieurs lieues de distance, on voit la belle nef gothique de la cathédrale surgir au-dessus des parapets et des maisons comme un vaisseau à trois ponts au milieu d'une flottille de bâtiments marchands. Elle sert de phare à qui s'égare dans les nombreux chemins de la plaine, et elle jouait le rôle de repère central dans les simulacres de siège, auxquels s'exerçaient l'artillerie et le génie de la garnison.

« Le lit de la Moselle est large et peu encaissé. Il se partage en bras nombreux ; des îles qu'il enserre, les unes, plates et basses, sont dans la zone des fortifications et sujettes à être recouvertes par les inondations en cas de siège, les autres appartiennent à la cité même, entièrement bâties et unies aux deux rives par des ponts. Deux ponts fort longs joignent les îles à la rive gauche. Cinq ponts assez courts, dont plusieurs sont éclusés, les rattachent à la rive droite.

ENVIRONS DE METZ.

METZ

« La population civile de Metz était évaluée à 60 ou 70,000 habitants. Sa garnison, en temps de paix, était de 2 ou 3 régiments d'infanterie, 2 d'artillerie et 1 du génie ; plus l'état-major de la place et de la division, celui de l'artillerie avec un arsenal, celui du génie administrant une des directions des plus importantes de France ; enfin l'Ecole d'application de ces deux dernières armes renfermant environ 150 officiers-élèves et un état-major de chefs et de professeurs. On évaluait cette garnison à une douzaine de mille hommes ; quatre généraux y résidaient en permanence. Il y avait donc là, des casernes, des magasins et des écuries à l'avenant. L'arsenal d'artillerie, la batterie de pyrotechnie, la compagnie des ouvriers du génie, la poudrière établie dans l'île Saulcy, y fabriquaient toutes sortes de munitions et d'engins de guerre avec une très grande activité (1). »

Un mot, maintenant, sur les fortifications. « L'espace, qui se trouve dans l'angle de la Seille et de la Moselle, renferme, en dehors des murs, la gare et les ateliers de Montigny; cet espace n'est défendu que par de vieux ouvrages, tels que la citadelle, qui couvre la porte Serpenoise, la lunette d'Arçon, qui surveille la Moselle, la redoute carrée du Pâté, qui surveille la Seille et couvre la porte Saint-Thiébault; enfin une autre petite lunette inutile. En 1867, quand on retoucha les fortifications, on éleva, au-dessus de la voûte qui surmonte la porte Serpenoise, un cavalier, muni de pièces de 24, ayant des vues au delà des ouvrages extérieurs. En avant de Montigny, à Saint-Privat (2), à 3 kilomètres du corps de place, on avait commencé d'établir

____

(1) *Revue militaire suisse*, n° 15 de 1871, pp. 370 et 371.
(2) Ne pas confondre avec Saint-Privat-la-Montagne qui se trouve, du côté opposé, au nord-ouest de Metz.

un fort; c'est le premier des cinq forts qui devaient défendre au loin l'approche de Metz. Il était à peine ébauché au mois d'août ; la difficulté de faire tenir le parapet dans un terrain sablonneux força les ingénieurs d'achever à la hâte une forte lunette qui servit de point d'appui au retranchement exécuté par le 2ᵉ corps. Ce côté de la ville, par l'absence du fort inachevé, était le plus exposé à une attaque qui pouvait permettre à l'ennemi de lancer des obus derrière le rempart.

« A partir de la rive droite de la Seille, le terrain se relève brusquement, une partie de la ville se trouve construite sur des pentes défendues par le fort Gisors, sorte de lunette qui a vue sur la Seille et le ruisseau de Chenau, couvre la porte Mazelle, ainsi que par le fort Bellecroix, qui défend la porte des Allemands et surveille le ravin de Vallières. Ces ouvrages extérieurs ne pouvaient, en somme, avoir que des vues très restreintes sur le terrain qui domine immédiatement la ville, et n'avaient aucune action sur les replis plus lointains.

« Pour surveiller ce terrain ondulé, deux forts ont été construits aux points dominants de la contrée. Le fort de *Queuleu* commande la rive droite de la Seille et découvre le pays que traversent les routes de Strasbourg et de Rémilly. Le fort *Saint-Julien* domine la rive droite de la Moselle, tient l'entrée du ravin de Vallières et la route de Sarrelouis. Entre cette route et celle de Strasbourg se trouve un espace mal vu par ces deux forts; on y construira, pendant le blocus, le fortin des *Bordes*.

« La berge gauche de la vallée de la Moselle ne ressemble pas à la berge droite; elle est, au contraire, escarpée et élevée de 190 mètres au-dessus de la rivière; le bord de cette berge est irrégulier et donne une pointe avancée qui domine Metz; c'est le mont Saint-Quentin sur lequel est établi un fort;

un peu plus loin se trouve le fort des Carrières
(Plappeville). Ces deux derniers forts sont très
voisins; ils occupent des positions formidables qui
découvrent toute la vallée autant que la vue peut
s'étendre; du haut de leurs parapets, on distingue
tout ce qui se passe dans Metz.

« Jusqu'en 1867, la place n'était défendue de
ce côté que par la lunette du Saulcy, qui n'existait
plus que sur le papier, par de faibles ouvrages en
avant de la poudrerie et par le fort Moselle qui défend les portes de France et de Thionville; ce dernier ouvrage a, de plus, des vues sur le flanc du
Saint-Quentin et sur toute la plaine que borde la
rive gauche de la Moselle, en aval de la ville.
Avant la construction des forts détachés, le génie
avait construit à la branche droite de cette double
couronne, un cavalier muni de parapets très élevés
et de casernes voûtées comme en possédèrent plus
tard les forts détachés. Ces ouvrages n'eurent dès
lors aucune utilité ; mais, dans l'ancien système,
ils protégeaient l'île Chambière insuffisamment
défendue par une médiocre lunette (1). »

(1) *Les Vaincus de Metz*, pp. 142 à 144.

BATAILLE DE BORNY

(14 août)

Les résolutions paraissaient définitives ; Napoléon III s'était enfin arrêté à un plan et semblait vouloir l'exécuter; la retraite sur Verdun était ordonnée et les troupes devaient se mettre en marche le jour même qui se trouvait être la veille de la fête de l'empereur, jour autrefois si brillant, si joyeux, si bruyant et qui, maintenant, allait disparaître au milieu des angoisses de tous.

Le 14, au matin, les Allemands sont ainsi placés : le Ier corps est à Courcelles-Chaussy et les Étangs; le VIIe est à Pange et Domangeville; le VIIIe est près de Varize; la IIIe division de cavalerie dépasse Avancy. Le IIIe corps campe à Louvigny et à Vigny; le IXe à Buchy, Luppy et Béchy; le XIIe à Solgne, et le IIe à Faulquemont. La Ve division de cavalerie avait déjà atteint Thiaucourt et Bency; le Xe corps est à Pont-à-Mousson; le IVe gagne Manhoué. La VIe division de cavalerie occupe Verny, la Ire se tient entre Pontoy et Orny (1).

(1) Commandant Canonge, t. II, p. 101.

L'armée française se décide à quitter la ligne, Queuleu-Colombey-Nouilly-Mey-Saint-Julien. Mais les ordres sont donnés avec une telle intelligence que la mise en marche éprouve les plus grands retards et que la confusion ne tarde pas à régner de tous côtés (1). A deux heures, à quatre heures de l'après-midi, des divisions n'ont pas encore levé le camp et si, à ce moment, les 2e et 6e corps, le 4e, moins la division Grenier, étaient sur la rive gauche de la Moselle, le restant de l'armée n'avait pas bougé ou se bousculait sur les routes encombrées (2). Et pourquoi ce désordre, pourquoi ces à-coups, pourquoi cette lenteur? N'était-il pas facile de faire commencer le mouvement au point du jour, après avoir couvert la retraite par un rideau de cavalerie et quelques bataillons d'infanterie qui auraient tenu en respect les quelques ennemis qui approchaient en éclaireurs (3). De plus, est-ce que les chemins,

(1) « Cette opération s'exécutait avec les lenteurs qu'entraîne l'absence de direction. » (Comte de la Tour-du-Pin Chambly, p. 14). — « Rien n'avait été prévu pour éviter cet encombrement : les routes à suivre par chaque corps d'armée n'avaient été ni reconnues ni indiquées. » (Conseil d'enquête sur les capitulations : avis motivé sur la capitulation de Metz, *Procès Bazaine*, p. 4).

(2) « Aux approches de la ville règne un désordre épouvantable. On démolit à la hâte toutes les petites maisons de campagne ; les arbres de la route sont coupés et tout cela au milieu d'un va-et-vient de troupes, de convois, d'artillerie : c'est un gâchis affreux. » (Journal inédit du colonel Dally, 14 août).

(3) « Les reconnaissances de la cavalerie française, dans la matinée du 14, n'avaient signalé rien de nouveau et la Ire armée était à moins de 8 kilomètres..... C'est une nouvelle preuve de la négligence et de l'insuffisance de cette cavalerie dans ce genre de service. Il aurait été, au contraire, doublement nécessaire, ce jour-là, pour les Français, de pousser de fortes reconnaissances sur les routes principales de Sarrelouis et de Sarrebrück *pour détourner, d'une part, l'attention de l'adversaire du mouvement que l'armée commençait vers la rive gauche de la Moselle, et, d'autre part,* afin de pouvoir régler, d'après la force et la position de l'ennemi, *les mesures à prendre pour couvrir cette retraite, sans maintenir constamment les troupes sous les armes.* Mais on ne fit rien de tout cela. » (Colonel Borbstaedt, pp. 393 et 394).

les ponts n'étaient pas en nombre suffisant pour
assurer la régularité de cette retraite? Est-ce que la
route de Grigy à Metz n'aurait pas pu être affectée
au 2ᵉ corps et à la Garde; celles de Colombey à Metz
et de Bellecroix à Metz au 3ᵉ corps, en évitant l'encombrement au fort Gisors; celles de Nouilly à
Metz, par Vallières, de Mey à Saint-Julien et de Grimont à l'île Chambière, toujours par Saint-Julien, au
4ᵉ corps? Avec tous ces moyens le passage de l'armée ne devait-il pas s'effectuer facilement, alors que
ce passage était protégé par les canons de l'enceinte et des forts? Si routes et ponts se prêtaient à
cette opération, il ne fallait pas donner des ordres
confus, partir dans l'après-midi et s'étouffer au
sortir des ponts, sur la *seule route de Metz à Gravelotte qui avait été assignée pour le défilé de toutes
les troupes* (1)! Il fallait se servir de tous les chemins
allant de l'est à l'ouest, et surtout de la route de

---

(1) Capitaine Bonnet, t. 1ᵉʳ, p. 83 et 89. — Bazaine prétend qu'il
avait indiqué les routes de Conflans et de Gravelotte. (Bazaine,
Épisodes, p. 67.) C'est jouer sur les mots. Il serait plus exact de
dire qu'il avait assigné les routes de Gravelotte à Verdun par Mars-la-
Tour et Etain. Est-ce que l'ordre de marche ne désignait pas la
seule route de Metz à Gravelotte? Qu'importe si, 15 kilomètres plus
loin, deux routes allaient servir à la retraite; l'encombrement n'en
subsistait pas moins au sortir de Metz. — « L'ordre de mouvement
du 14, *dicté par le maréchal*, n'indique qu'une seule route à suivre
à la sortie de Metz, alors qu'il en existait trois autres. » (*Procès
Bazaine*, Rapport, p. 15). — « Ordre fut donné à *l'armée entière*
d'opérer son mouvement rétrograde, le 14 août 1870, par une
seule route..... (A partir de Gravelotte, l'armée se divisait en deux
colonnes dont celle du sud comptait 99,252 hommes). Cet effectif
énorme dépassait déjà tout ce que Napoléon 1ᵉʳ avait cru pouvoir se
permettre de plus considérable en ce genre, et, cependant, on avait
encore poussé plus loin l'accumulation, car, *durant la première
partie de leur trajet, de Metz à Gravelotte, les deux colonnes
(152,587 hommes) effectueraient leur mouvement par la même route.*
Beaucoup de gens se refuseront certainement à croire un pareil fait
bien qu'il soit authentique et prouvé par l'ordre même du commandant en chef. *Les observations les plus motivées lui furent soumises
au sujet de l'impossibilité matérielle du mouvement ordonné. Il per-
sista dans son dessein d'engager toute l'armée dans le défilé qui
enserre la route de Metz à Gravelotte par Moulins. »* (*Études de*

Metz à Conflans-en-Jarnisy, par Verneville. Au besoin, l'infanterie aurait suivi la voie ferrée. De cette façon, la retraite se serait effectuée sur trois ou quatre routes, tous les corps marchant en une ligne de moins de 10 kilomètres, et prêts, par conséquent, à se soutenir mutuellement (1). Mais ordonner que la retraite commencerait à midi (2), affecter la seule direction de Gravelotte pour toute l'armée et laisser déserts les autres passages, c'était vouloir, de propos délibéré, l'encombrement, les retards, et, déjà, se dessinait, chez Bazaine, le plan fatal qui consistait à rester quand même à Metz, après le départ de l'empereur, que chacun sentait bien être prochain (3).

On a essayé de justifier Bazaine en disant qu'il n'avait pas indiqué les routes du nord par crainte d'une attaque des Prussiens du côté de Thionville.

guerre par le général Lewal, *Tactique de marche*, Paris, Dumaine, 1876, pp. 206, 207 et 208). — « Une armée de 150,000 hommes, accompagnée de ses bagages, devait se mouvoir sur une *route unique, au moins jusqu'à Gravelotte*. Il n'est pas nécessaire de démontrer l'impossibilité pratique d'un mouvement ainsi préparé. » (Général Brackenbury, p. 94). — Voir aussi : Général Frossard, p. 79.

(1) « Plusieurs routes conduisaient sur les plateaux de la rive gauche. La première, celle de Verdun, par Longeville et Moulins, se bifurquait, à Gravelotte, suivant deux directions aboutissant toutes deux à Verdun, l'une par Rezonville et Mars-la-Tour, la seconde par Doncourt et Etain. (Une autre route était celle de Plappeville par le col de Lessy, Châtel, le vallon de Monvaux et Amanvillers). A ce dernier point aboutissait aussi un très-beau chemin passant par Lorry..... Enfin, on pouvait utiliser la grande route de Metz à Briey par Woippy, Saulny et Saint-Privat-la-Montagne. » (*Procès Bazaine*, Rapport p. 14). — « Bazaine avait lui-même donné l'ordre du départ et indiqué la direction par Mars-la-Tour et Etain. Il arriva que l'armée tout entière, *qui eut pu fort commodément suivre quatre routes*, se vit entassée, avec tout son train si compliqué, sur l'unique route de Gravelotte. » (Commandant von der Goltz, *La Nation armée*, p. 83).

(2) « Le 14, le mouvement commença à midi, comme cela avait été *indiqué et prescrit.* » (*Ibid.*, déposition du général de Ladmirault, p. 230).

(3) Général d'Andlau pp. 58 et 59.

Il a avoué lui-même que cette crainte ne l'avait jamais préoccupé, et quand le président du conseil de guerre de Trianon lui posait la question relative à ces appréhensions, il répondait catégoriquement : « Non (1). »

Commençons maintenant la description rapide des environs de Borny et le récit de l'affaire à laquelle on a donné le nom de ce petit bourg.

Le plateau où la bataille allait s'engager, et où se trouvaient le 3ᵉ corps et partie du 4ᵉ offrait une position facile à défendre. Les villages de Grigy, Colombey, Vantoux et Mey formaient un demi-cercle flanqué, à droite, du fort de Queuleu, à gauche, du fort Saint-Julien, et protégé, en partie, par un ravin encaissé, au fond duquel coule le ruisseau de Vallières, Il était donc aisé de retenir un assaillant qui n'aurait certainement pas le moyen d'amener de nombreuses forces en ligne pendant les premières heures de l'attaque. Dès que le gros de l'armée aurait passé la rivière, les troupes d'arrière-garde se seraient repliées sous le canon des forts, et les Allemands en auraient été pour leur stérile conquête de Colombey et de Mey. C'est ce que ne comprirent ni le maréchal Bazaine ni le général de Ladmirault.

En effet, à quatre heures, lorsque le général de Goltz entame, avec son unique brigade, une action que l'état-major prussien n'avait pas prévue, le commandant du 4ᵉ corps, au lieu de continuer la retraite en faisant disputer le terrain pied à pied par son arrière-garde, enjoint aux divisions de Cissey et de Lorencez de revenir sur leurs pas à l'aide de la division Grenier et du 3ᵉ corps, et rend, par cette résolution, la bataille inévitable.

Le général Decaen, de son côté, commet la

____

(1) *Procès Bazaine*, Interrogatoire, pp. 163.

BATAILLE DE BORNY

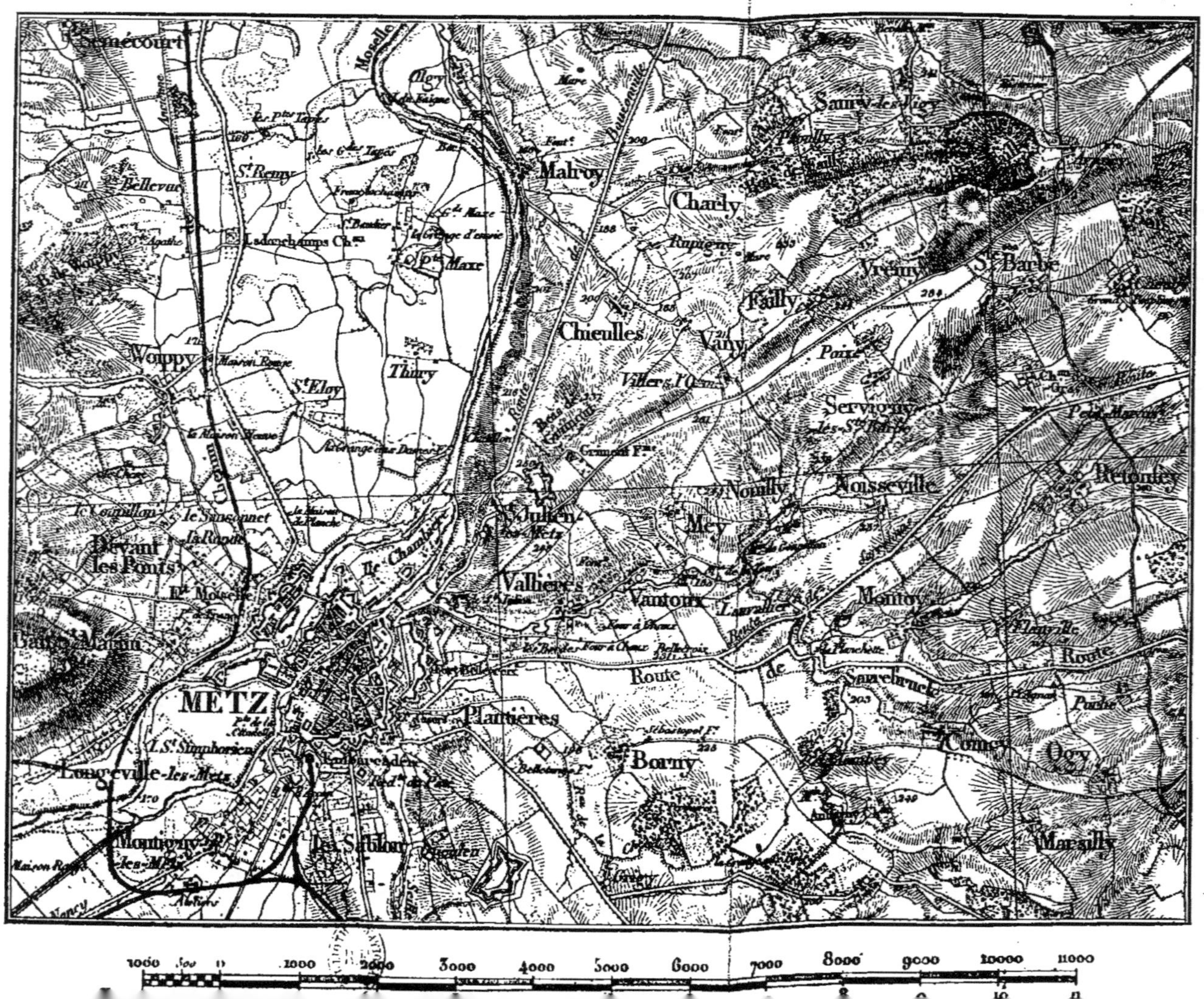

même faute ; il envoie un de ses officiers « au général Bourbaki pour lui demander d'arrêter la Garde
dans son mouvement de retraite et de l'amener
près de la route de Borny (1) ». Puis, voici le
général Grenier qui, « après avoir assisté pendant
une demi-heure, du haut des buttes qui sont
placées près du fort Saint-Julien, » à la lutte des
généraux Decaen et de Goltz, croit devoir empêcher
le mouvement tournant, que tentaient les Prussiens
su r la gauche du 3e corps, en réoccupant le village
de Mey (2).

Bientôt le maréchal Bazaine prend la direction de
l'affaire, se rend de sa personne au milieu des combattants du 3e corps, et donne, paraît-il, au général
Decaen « l'ordre formel de repousser l'attaque, mais
de ne pas se laisser entraîner au delà, voulant,
avant tout, continuer le mouvement de retraite ordonné dans la journée (3). » Quoiqu'il se défende
d'avoir donné au général de Ladmirault l'ordre de
revenir au secours de la division Grenier, qui, du
reste, n'était point en danger, il n'a, cependant, ni
commandé de continuer la retraite, ni refusé l'appui
qu'on lui offrait (4). C'était une néfaste inspiration ;

(1) *Trois mois à l'armée de Metz*, p. 73.
(2) Général Grenier, pp. 12 et 13.
(3) *Trois mois à l'armée de Metz*, p. 75. — Il résulte pourtant de l'aveu de
Bazaine, qu'il a « prescrit au général Decaen de prendre ses dispositions de combat et de repousser vigoureusement l'attaque. » (Rapport
officiel du maréchal Bazaine sur la bataille de Borny).
(4) « Le retour offensif fait par le 4e corps, vers quatre heures de
l'après-midi, avait été une faute tactique, amenée par un excès de
zèle, c'est possible ; car lorsqu'une troupe bat en retraite laissant
derrière elle un pont ou un défilé qu'elle a traversé, elle ne doit pas
retourner en arrière sous peine de se compromettre et de perdre un
temps précieux utile à l'ensemble général des opérations de l'armée.
Le mouvement de retour offensif du 4e corps était dans ce cas et
complètement inutile, car sa 2e division, formant l'arrière-garde, aurait été protégée par les feux des pièces du fort Saint-Julien ou
par la Garde qui était en réserve entre elle et le 3e corps. »
(Bazaine, *Épisodes*, p. 74). « C'était la conséquence du retour
offensif *trop prolongé et inutile*. » (*Ibid.*, p. 69, en note). — Assu-

nous en apercevrons plus tard les résultats (1).

La brigade de Goltz a donc quitté à trois heures et demie son bivouac de Laquenexy et s'est dirigée vers le château d'Aubigny, qu'elle a enlevé facilement, à quatre heures environ. De là, elle a poussé sur Colombey. Aux premiers coups de feu, les Français, comme nous l'avons déjà vu, avaient suspendu leur retraite et « s'étaient formés rapidement en ligne. Les divisions du 3ᵉ corps étaient revenues en toute hâte ; le général de Montaudon s'était placé en avant de Grigy, appuyé à la route de Strasbourg, le général Metman s'était porté au nord de la Grange-aux-Bois et de la même route ; le général de Castagny avait pris position en arrière de Colombey, sa gauche s'étendant jusqu'à la route de Sarrelouis ; la division Aymard formait la gauche du 3ᵉ corps et occupait les crêtes du ravin (2) » où coule le ruisseau de Vallières. La division Grenier, du 4ᵉ corps, se tenait entre Mey et

rément le général de Ladmirault a eu tort, nous l'avons dit plus haut, mais Bazaine est plus répréhensible, puisqu'il n'a envoyé aucune instruction à ses chefs de corps durant le combat. Ce n'était pas le général de Ladmirault qui devait expédier ses officiers d'état-major « pour *instruire* le général en chef de ce qu'il faisait (*Ibid.*, p. 71), c'était le général en chef qui avait le devoir *d'instruire* ses lieutenants de ses projets.

(1) « En cédant à la tentation bien naturelle d'accepter la bataille, au lieu de se retirer sous la protection des ouvrages avancés de Metz, les Français avaient commis une faute qui devait avoir des suites sérieuses, car ils perdirent ainsi une journée qui fut gagnée pour leurs adversaires ; or, le combat du 14 rendit possibles les batailles des 16 et 18 août, qui eurent pour conséquence immédiate l'investissement de la principale armée française et, plus tard, sa ruine. » (Commandant Canonge, t. II, pp. 105 et 106). — « Bazaine devait laisser l'offensive des Allemands se heurter aux murs de Metz et se retirer sans aucune perte de temps. En tous cas, les colonnes, déjà sur la rive gauche de la Moselle, n'auraient pas dû être arrêtées, encore moins rappelées. Bazaine fut, le 14 août, un brave soldat, mais un piètre général. » (*Militarische-Plauderein*, par le major von der Goltz). — Voir aussi : *Les Vaincus de Metz*, pp. 94 à 97.

(2) Le Faure, t. Iᵉʳ, p. 170. — Rapport officiel du maréchal Bazaine sur la bataille de Borny.

le fort Saint-Julien ; la Garde impériale se massait
en avant de fort de Gisors.

Malgré les secours qu'il venait de demander au
Ier corps, l'attaque du général de Goltz était singulièrement hasardeuse et, bien que le succès se soit
chargé de la justifier, elle ne doit pas être citée en
exemple. « C'était la troisième fois, en huit jours,
que les généraux prussiens engageaient une affaire
sans l'assentiment des commandants en chef ;
on ne peut s'empêcher de trouver cette initiative
excessive et déplacée. On est à peu près sûr que
toute attaque tentée sur des forces considérables
amène un engagement général. On aura beau n'employer que des fractions de troupes très petites, elles
seront tout de suite repoussées; comme il sera dangereux de les replier (1), on en amènera d'autres à leur
secours et, semblable à une traînée de poudre, l'engagement se propagera autour de vous. Si le général
en chef n'a pas ses troupes concentrées, s'il a des
projets de mouvements tournants ou d'autres
manœuvres, il sera surpris et il pourra en résulter
un désastre (2). »

Enfin, le combat est engagé et nous avons laissé
la brigade de Goltz se portant sur Colombey. Gênée
par les projectiles que lui envoient nos artilleurs,
et après un très vif engagement de mousqueterie,
elle parvient à s'emparer des maisons du village, à
la faveur du feu d'une batterie établie au nord d'Aubigny (3). Nous essayons un retour offensif, mais,
exécuté mollement et avec indécision, nous ne délo-

____

(1) Quand on n'a pas à attendre la protection d'un fort.

(2) Capitaine Bonnel, t. Ier, pp. 86 et 87. — « La bataille de Colombey Nouilly n'avait pas été décidée d'avance. » (Général de Hohenlohe,
Lettres sur l'Artillerie, p. 34). — « Ce mode de batailles improvisées
est de nature à entraîner maints dangers, et, sous ce rapport, un
utile enseignement peut être tiré de la journée du 14 août. » (*La
Guerre franco-allemande*, 1re partie, p. 491).

(3) *Ibid.*, p. 452.

geons pas les Prussiens de Colombey. Ceux-ci veulent avancer encore : ils se heurtent aux nombreux régiments, qui garnissent les hauteurs entre Grigy et Bellecroix et l'ennemi est obligé de reculer, ainsi que les pièces qui nous avaient canonnés tout à l'heure et que trois de nos batteries battent de front et en écharpe (1).

Du côté de la petite ferme de la Planchette, sur la route de Sarrebrück, les Allemands refoulent encore aisément nos détachements, mais les téméraires tentatives que nos adversaires dessinent contre Bellecroix se brisent au pied du bois de sapins qui couronne la croupe des collines étagées entre Colombey et Bellecroix.

A ce moment, cinq heures, si le maréchal Bazaine avait su prendre un parti et pousser toutes ses troupes à une bataille qu'il rendait inévitable, tout en voulant ne pas paraître la rechercher, la retraite eût, assurément, été retardée, mais un échec sérieux aurait été infligé à l'armée assaillante (2). Le maréchal se contente d'engager les 3ᵉ et 4ᵉ corps et ne songe pas à broyer la faible avant-garde qui est maîtresse de Colombey. Et pourtant l'une de ces deux décisions s'impose : ou il ne fallait pas interrompre le mouvement sur Verdun, ou, si on l'interrompait, il fallait en profiter pour culbuter les imprudents qui se hasardaient à nous attaquer en

(1) *La Guerre franco-allemande*, 1ʳᵉ partie, p. 453.
(2) « La position était critique pour la brigade prussienne qui subissait de grandes pertes; toutes les compagnies avaient été successivement engagées; une seule restait encore comme réserve. » (Colonel Borbstaedt, pp. 400 et 401). — « Il est hors de doute que si, entre quatre et six heures de l'après-midi, les Français s'étaient décidés à une affaire sérieuse à Colombey, les forces très supérieures dont ils disposaient eussent écrasé, quelque vigoureuse qu'eût été la résistance, l'avant-garde prussienne, et qu'elles eussent pu ainsi entraîner dans un combat très désavantageux les renforts qui accouraient; mais ils se contentèrent de maintenir leurs positions; ils ne prirent aucune détermination énergique. » (*Ibid.*, p. 401).

si petit nombre. Bazaine ne sut ou ne voulut prendre ni l'un ni l'autre parti et perdit un jour sans racheter cette perte par un succès qui aurait prodigieusement relevé le moral de ses troupes (1).

Nous avions pourtant plus de 130,000 hommes à jeter successivement sur les 80,000 de Steinmetz. L'imprudence du général de Goltz, sévèrement blâmée par le commandant de la Ire armée et par le grand état-major prussien, nous offrait l'avantage du nombre, il était sage d'en profiter (2). Bazaine ne bougea point.

Cependant les Français avaient ébauché une offensive qui ne laissa pas d'inquiéter les Prussiens. « L'ennemi, dit la narration officielle allemande, préludait par un feu écrasant à l'attaque tournante par laquelle il projetait de déloger les faibles avant-gardes prussiennes des positions qu'elles avaient enlevées. Cette nouvelle phase de l'action n'était pas

---

(1) « Des officiers allemands ont dit que le maréchal Bazaine aurait dû, ce jour-là, en vrai homme de guerre, prendre un parti plus décisif : ou bien se jeter, avec toutes ses forces, sur les corps prussiens qu'il avait devant lui, auxquels il pouvait infliger une défaite signalée, ou bien refuser le combat et poursuivre, à tout prix, une retraite à laquelle les heures étaient si dangereusement comptées. » (Charles de Mazade, t. 1er, pp. 151 et 152). — « Si le maréchal Bazaine voulait se retirer, il ne devait pas accepter de combat sur la rive droite de la Moselle. La forte place de Metz couvrait sa retraite de la manière la plus complète..... Si, au contraire, le maréchal voulait défendre la ligne de la Moselle, il devait, dans cette journée du 14, sortir avec toutes ses troupes. Des succès lui étaient assurés au début; les Allemands auraient eu peine à réunir, avant le 15, des forces suffisantes pour le combattre. En tous cas, tout aurait été concentré dans la direction de Metz, et la Moselle n'aurait été franchie que par des détachements sans importance. Les deux armées se seraient donc trouvées en présence le 15, dans *la direction Metz-Sarrebrück*, et le voisinage de Metz aurait donné au maréchal français *la liberté de choisir entre un combat ou une tranquille retraite*. Ainsi, de son côté, le 14, il fallait ou ne pas combattre ou combattre avec toute son armée. » (*La Campagne de Metz*, par un général prussien. Bruxelles, Muquardt, 1871; pp. 14 et 15). — Dans le même sens : Colonel Lecomte, t. II, p. 49; Édouard Ruffer, pp. 51 et 52.

(2) Le Faure, t. 1er, p. 74.

sans dangers (1). » Malheureusement, le manque de cohésion et l'indécision qui présidèrent à ce retour le firent échouer piteusement et permirent aux renforts ennemis d'arriver sur le lieu de la lutte.

Aussitôt que le général de Manteuffel, commandant du Ier corps, avait été avisé de la sanglante fantaisie du général de Goltz, il avait immédiatement ordonné à ses divisions de l'appuyer vigoureusement, « mais sans se laisser entraîner dans la zone du feu des forts (2) ». Les batteries d'artillerie légère prennent le devant et l'infanterie se hâte à leur suite. Toutes ces troupes se concentrent à Montoy et Noisseville où elles sont le point de mire de nos chassepots qui les fusillent de Nouilly et de Bellecroix (3). Mais ce premier village est bientôt emporté, et deux compagnies se dirigent sur Mey qui n'a pu être fortifié, les habitants ayant abandonné leurs demeures en emportant tous les outils nécessaires pour remuer la terre (4). Les Allemands s'attendent à une résistance sérieuse : nous nous retirons sans combat, bien qu'il n'y ait aucun danger d'être tournés.

Pourquoi cette prudence? Les forces en action de ce côté exigeaient-elles une semblable reculade? Les Prussiens vont répondre à ces questions. « A l'extrême droite de la ligne de bataille, à Nouilly, 5 compagnies étaient engagées *dans une lutte iné-*

(1) *La Guerre franco-allemande,* 1re partie, p. 454.
(2) *Ibid.,* p. 455.
(3) « Toutes les batteries qui venaient de prendre position entre la vallée de Montoy et Coincy eurent, au commencement, beaucoup à souffrir du feu de l'infanterie et des mitrailleuses. » (*Les Opérations de l'artillerie allemande dans les batailles livrées aux environs de Metz,* d'après les rapports officiels de l'artillerie allemande, par le capitaine Hoffbauër, professeur aux Écoles réunies d'artillerie et de génie, traduction de G. Bodenhorst, lieutenant au 2e régiment d'artillerie belge; première partie (Borny). Bruxelles, Landsberger, 1874, p. 38).
(4) Historique du 64e de ligne.

gale contre un ennemi supérieur, posté sur la hauteur de Mey, et dont elles n'étaient séparées, en certains points, que par une distance de 250 à 300 pas au plus (1). » Nous nous étions repliés sans raison : le hasard commandait en chef cette bataille incohérente.

Au centre de l'affaire, à Montoy, l'aile gauche du Ier corps entre en ligne sur le coup de cinq heures et demie (2). Une partie du 43e régiment et 2 compagnies de chasseurs s'avancent péniblement vers Lauvallier et la Planchette; ces soldats ne peuvent gravir les pentes qui s'élèvent du ruisseau de Vallières à Bellecroix, balayées qu'elles sont par le feu des divisions Aymard et Metman. D'autres régiments arrivent à la rescousse et se déploient de chaque côté de la route de Sarrelouis à Bellecroix; notre artillerie les canonne heureusement et notre infanterie les rejette brillamment dans le ravin de Lauvallier où ils sont recueillis par le restant du 43e régiment.

Pendant ce temps, l'artillerie ennemie se multipliait pour soutenir les faibles contingents d'infanterie qui se battaient. Le nombre des batteries croissait de minute en minute et chacune d'elles se mettait immédiatement à tirer. Grâce à cette canonnade, les Allemands conservent leurs positions, mais au prix de quels sacrifices ! En effet, la hardiesse de leurs artilleurs ne leur réussit pas toujours. Ainsi, une batterie lourde de la XIIIe division s'était portée au delà du ravin de Colombey. « Les pièces étaient à peine en position dans une petite prairie,

____

(1) *La Guerre franco-allemande*, 1re partie, pp. 456 et 457.

(2) Nous pensons, contrairement au récit officiel prussien, qu'il était plus tard quand les premières troupes du Ier corps apparurent. « Il était *six heures* quand l'artillerie de la XIIIe division d'infanterie apporte enfin le *premier secours* à la brigade de Goltz. » (Colonel Borbstaedt, p. 403.

tout contre l'angle est du parc, que déjà elles se trouvaient à la fois en butte au feu des tirailleurs français, déployés circulairement à 900 pas au plus, ainsi qu'à celui des mitrailleuses et d'une autre batterie tirant des obus à balles. Les pertes sont telles que, dès le principe, il devient impossible de servir régulièrement les pièces ; le commandant de la batterie, *tous les officiers*, un grand nombre de sous-officiers, d'hommes et de chevaux sont blessés. Après être parvenu, avec des peines inouïes, à lancer 28 obus, un lieutenant, qui n'était atteint que légèrement, vient, avec l'aide de l'infanterie, abriter la batterie complètement désorganisée derrière les métairies de Colombey (1). » Malgré cet échec partiel, à six heures du soir, 60 bouches à feu sont en action de Coincy à la Brasserie et ripostent à l'artillerie des 3e et 4e corps qu'elles tiennent en respect.

Mais voici que la XXVe brigade d'infanterie, du VIIe corps, apparaît à la gauche de l'ennemi. Le général de Zastrow, bien que « regardant comme peu conforme à l'esprit des dispositions du commandant en chef de la Ire armée d'entreprendre une attaque sérieuse dans la direction de Metz (2) », ne croit pas possible de laisser le général de Goltz dans l'impasse sanglante où il se débat et donne l'ordre à son corps d'armée, campé à Pange et à Domangeville, d'aller au secours de l'étourdi. Une portion de ces nouveaux agresseurs nous repousse sur l'avenue de peupliers qui va de Colombey à la route de Sarrebrück, et gagne le petit bois de sapins occupé par la division Metman. A la suite d'une « action furieuse », les Prussiens s'emparent de ce bois mais ne peuvent s'y maintenir. « Battues de trois côtés par le feu des Français, les compagnies qui ont emporté la sapi-

(1) *La Guerre franco-allemande*, 1re partie, p. 461.
(2) *Ibid.*, p. 462.

nière sont refoulées avec de grandes pertes et viennent se heurter, *dans leur retraite précipitée*, au
bataillon qui les suivait et dont elles arrêtent du
même coup le mouvement (1). » En d'autres termes,
Metman avait mis les assaillants en déroute, et leurs
troupes de soutien avaient été entraînées dans la
débandade.

Nous ne profitons pas de cet avantage, nous ne
poursuivons pas les fuyards, et le général d'Osten-
Sacken rallie ses soldats le long du ravin de Colombey. Bientôt, réconforté par de nouveaux arrivants,
l'ennemi revient à l'attaque du bois de sapins en
suivant l'avenue de peupliers. Jusqu'à sept heures
moins le quart, nos soldats défendent la position
avec une « extrême opiniâtreté » et se retirent lentement sur Borny, en exécution des ordres du maréchal Bazaine (2). Quant aux Prussiens, ils se tenaient
« embusqués dans tous les bois où ils avaient pu
pénétrer et étaient tellement invisibles que nul ne
pourrait affirmer en avoir vu une seule fraction
constituée (3) ».

Du côté de Nouilly « l'aile droite du Ier corps se
trouvait, pour le moment, dans une situation qui
n'était pas sans gravité (4) ». Les légers succès que
les Prussiens avaient d'abord obtenus sur les fractions de la division Grenier sont arrêtés net lors de
l'entrée en scène des généraux de Lorencez, de Cissey
et de la réserve d'artillerie que le général de Ladmirault a fait rétrograder pour soutenir Grenier qui
n'en avait pas besoin. Le général de Cissey se

(1) *La Guerre franco-allemande*, 1ʳᵉ partie, p. 464.
(2) « On s'explique avec peine comment les Français n'ont pas
repoussé à l'instant, par un vigoureux effort, les tentatives successives
de leurs adversaires. » (*Ibid.*, à la suite de la 5ᵉ livraison, bataille de
Rezonville). C'est parce que Bazaine les retenait d'abord, les rappelait
ensuite.
(3) Rapport du général Metman sur la bataille de Borny.
(4) *La Guerre franco-allemande*, 1ʳᵉ partie, p. 465.

portait directement vers Mey ; le général de Lorencez allait tourner l'aile droite prussienne par Grimont et Villers-l'Orme. A la vue de cette formidable démonstration, les Allemands n'hésitent point à se replier sur Nouilly et tâchent de contenir la division de Lorencez en battant la route de Bouzonville au moyen de plusieurs batteries qui sont installées en avant de Servigny et entre le chemin et le hameau de Poix. A sept heures et demie, toute l'artillerie du 1er corps tonnait contre les Français ; c'étaient 90 bouches à feu, espacées de Lauvallier à Poix (1), qui soutenaient ce duel retentissant et nous disputaient les positions perdues. L'hésitation règne toujours chez nous ; le maréchal reste impénétrable ; les chefs de corps n'osent prendre une décision, et notre élan ne se ressent que trop d'une situation si rare à la guerre. Nous aurions pu cependant écraser bien facilement les Prussiens à cause de la supériorité de notre infanterie, surtout jusqu'à sept heures du soir : encore une fois, Bazaine ne jugea point à propos de le tenter (2).

Or, à cette heure-là, voici que la brigade de Woyna, du VIIe corps, entre à son tour en ligne. Laissant Colombey sur sa droite, elle pousse dans la direction de Grigy. Mais la division de Montaudon s'est retranchée sous l'abri du bois qui couvre les pentes entre Borny et Grigy ; elle reçoit l'ennemi à coups de fusil et conserve ses positions. Pourtant les Prussiens voient leur nombre augmenter rapidement. A sept heures, la XVIIIe division d'infanterie, du IXe corps, et la 1re division de cavalerie, accompagnées

____

(1) *La Guerre franco-allemande*, 1re partie, p. 469.

(2) « Ces deux brigades (prussiennes) ne pouvaient pas, à elles seules, gagner du terrain sur les Français, et elles étaient même *dans une situation critique, devant des forces supérieures*, situation que l'arrivée des premiers renforts ne modifia pas essentiellement. » (Rüstow, t. 1er, p 245).

de leur artillerie, s'approchent du champ de bataille par Peltre et Mercy-le-Haut. Ces troupes viennent se joindre à la brigade de Woyna et s'emparent avec elle de Grigy et de la Grange-aux-Bois. La Garde impériale, qui se tient à 2 kilomètres de là, devant le fort Gisors, ne s'oppose en rien à ce nouvel effort de l'ennemi, et reste en place à marquer le pas !

Les Allemands veulent s'avancer encore et établissent, à Mercy-le-Haut, des batteries qui inquiètent les réserves de notre aile droite; le colonel Merlin, commandant du fort de Queuleu, leur répond de ses pièces de gros calibre et les oblige à se retirer définitivement (1).

Si le maréchal Bazaine ne se préoccupe guère de faire appuyer les deux corps qu'il a engagés, il n'en est pas de même chez nos ennemis. A la droite allemande, tout se prépare pour conjurer le mouvement tournant du général de Lorencez. Non seulement l'artillerie nous oppose une redoutable ligne de feux, ainsi que nous l'avons vu il n'y a qu'un instant, mais toutes les troupes disponibles se jettent maintenant au plus fort de la bagarre, afin de nous arrêter le plus longtemps possible.

D'un premier élan, les Prussiens reprennent Nouilly, que nous avions reconquis, et parviennent même « jusqu'au sommet des pentes couvertes de vigne situées à l'ouest (2) » du moulin du Goupillon. La lutte s'engage alors, terrible, sous le petit bois de Mey et dans ce dernier village. L'indécision, qui préside toujours à nos mouvements, entraîne la perte de ces positions que les Allemands occupent « au milieu de l'obscurité devenue complète (3) ».

(1) Rüstow, t. I⁰ʳ, p. 246, en note.
(2) *La Guerre franco-allemande*, 1ʳᵉ partie, p. 481.
(3) *Ibid.* — Bien loin d'exciter ses soldats, Bazaine les retenait et semblait ne pas vouloir remporter un avantage décisif. « J'étais sur le champ de bataille et je remarquai que le maréchal était un peu

Au moment où nos ennemis remportaient ce succès, leurs assauts se brisaient contre le hameau qui leur résistait depuis le commencement de la bataille : Bellecroix restait inabordable, et toutes leurs tentatives pour s'en emparer étaient suivies de sanglants échecs et de retraites désordonnées. A la chute du jour, les 3e et 4e corps restaient maîtres du bois de Borny, de Bellecroix et de Vantoux ; les conquêtes des Prussiens se bornaient à Colombey et au village de Mey, si l'on peut appeler conquêtes la prise de possession de positions évacuées volontairement par leurs défenseurs, en execution des ordres du général en chef, afin de continuer une retraite décidée depuis la veille. Le général de Ladmirault reprenait même l'offensive à dix heures du soir, poussait les Allemands, la baïonnette aux reins, pendant près de 2 kilomètres, et ne s'arrêtait que sur l'ordre formel du maréchal Bazaine, lui enjoignant de traverser immédiatement la Moselle (1).

Telle a été cette bataille, engagée à l'aventure, poursuivie au hasard, et où le seul mérite des généraux prussiens fut, comme à Forbach, de montrer

irascible ; il me dit : *C'est insensé de faire un feu comme cela ! Vous n'y songez pas ! Brûler autant de cartouches !* » (*Procès Bazaine*, déposition du général de Castagny, p. 288). Or, à cette bataille, les Français ne consommèrent que peu de munitions, eu égard à leurs ressources. — « Moi, qui commandais 10,500 hommes, j'ai toujours combattu droit devant moi, *sans jamais connaître l'objectif*. Cette façon d'agir me parut tellement excentrique qu'au rapport du 19, je m'en plaignis à mes chefs. Il me fut répondu que *personne n'en savait plus long que moi* et que jamais le maréchal Bazaine ne communiquait ses plans !! » (Général Grenier, p. 12). — « Les instructions du maréchal Bazaine prescrivent de reculer pied à pied, de façon à ramener le corps d'armée dans la direction de Borny. C'est en vertu de cet ordre que les Français avaient abandonné le chemin de Colombey. » (Le Faure, t. 1er, p. 171). — Ainsi, absence d'ordres ou ordres de ne pas tirer et de se replier tout en combattant. C'était le chaos.

(1) *Procès Bazaine*, déposition du général de Ladmirault, p. 230.

une grande ténacité, et de se précipiter tous, sans récriminations, au bruit du canon (1).

« Le Ier corps d'armée se trouva, à un moment donné, dans une position des plus critiques. L'ennemi (les Français) ne cessait de prolonger son aile gauche, grâce à sa supériorité numérique, et menaçait d'envelopper les troupes allemandes (2). » C'était, pour Bazaine, le moment, ou jamais, de prescrire le mouvement tournant, cette manœuvre élémentaire de la part du chef qui a la supériorité du nombre, mais qu'il « ne faut pas exalter comme le plus brillant trait du génie (3) », ainsi que nos adversaires se sont plu à le faire, à propos de Frœschwiller, de Forbach et de Saint-Privat (4). Bazaine ne connaissait pas cet *a b c* de la guerre, et retint ses soldats bien loin de les exciter.

« Les Allemands avaient porté en ligne deux corps d'armée entiers et quelques fractions d'un troisième corps. Ce combat, auquel une direction supérieure générale fit défaut de part et d'autre, cessa sans que les Français eussent pris l'offensive, en mettant à profit le décousu des efforts tentés par l'ennemi. Lorsqu'il eut contribué à dégager la divi-

---

(1) Le fait est que l'engagement du 14 fut amené par le seul hasard, secondé par les ardentes impatiences de la brigade von der Goltz et de la bravoure, un peu trop tenace, en la circonstance, peut-être, des généraux Decaen et Ladmirault. » (Colonel Lecomte, t. IIe, p. 20). — « C'est aller trop loin que de vouloir donner cette bagarre comme un modèle de grandes et savantes opérations. Soit dans l'ensemble, soit dans maints détails importants, elle n'a rien d'un tel caractère et *laissa beaucoup à désirer, au contraire, quant aux fonctions principales de l'état-major*, dont les ordres, à l'imitation de ceux du 3 août déjà, de Mayence, s'entrecroisèrent sans cesse par défaut de précautions nécessaires. Son heureuse issue (retard apporté à notre retraite) *fut due, moins à de justes combinaisons qu'au simple hasard, se jouant de la hiérarchie et aux fatales chances qui pesèrent sur les Français.* » (*Ibid.*, p. 48).

(2) Major Hoffbauër (Borny) p. 75. — Colonel Fabre, p. 73,

(3) Général de Clausewitz, *Théorie de la grande Guerre*, traduction du colonel de Vatry. Paris, Baudoin, 1886, t. Ier, p. 5.

(4) Colonel Derrécagaix, pp. 240 et 241.

sion Grenier (1), le général 'de Ladmirault attendit
en vain des ordres pour prolonger son mouvement
offensif; ils ne vinrent pas : le maréchal Bazaine
s'était retiré après avoir été fortement contusionné
dans les rangs du 3ᵉ corps. En somme, le succès
restait plus que douteux, au point de vue tactique,
pour les Allemands, malgré la persistance que mit
le général Steinmetz à passer la nuit sur le champ
de bataille. En effet, s'ils étaient maîtres de Mey et
de Grigy, le centre français, marqué par le points de
Borny et de Bellecroix, restait intact; en un mot, les
positions vraies n'avaient point été entamées (2).

« Quoi qu'il en soit, la désobéissance du général
de Goltz avait réparé l'erreur de l'état-major prussien et, bien que l'ennemi ait eu 2,000 tués et blessés de plus que nous, bien que, à ce point de vue, et
aussi par la belle attitude des troupes, la journée
de Borny puisse être considérée comme une victoire,
cependant nous la regardons comme une défaite,
car, en retardant notre mouvement de retraite, les
Allemands avaient obtenu le résultat qu'ils cherchaient; ils gagnaient le jour que nous per-
dions (3). »

Les Prussiens comptaient 5,000 hommes hors de
combat, dont 222 officiers. Les Français 3,408,
dont 200 officiers. Le général Decaen, commandant
du 3ᵉ corps, avait été mortellement blessé (4). Les
généraux de Castagny, de Clérembault et Duplessis
avaient également reçu des blessures au cours de
cette déplorable affaire.

(1) Qui, du reste, n'était pas en péril.
(2) Commandant Canonge, t. II, p. 104.
(3) *Nouvelle Revue*, nᵒ du 1ᵉʳ mai 1882, p. 30. — « Quoique
repoussés, les Allemands atteignirent en partie leur but qui était de
retarder le mouvement des Français. » (Général Ulloa, p. 105).— « Les
Prussiens avaient atteint leur but. » (J. Valfrey, p. 15).
(4) *La Guerre franco-allemande*, 1ʳᵉ partie, p. 489.

Le même jour, à midi, un escadron de guides, les cent-gardes et les voitures impériales s'étaient alignés sur la place de la Préfecture, à Metz. C'était le départ, pour Longeville, de Napoléon III et du prince impérial, le départ lugubre, devant la population triste et silencieuse (1). Pas un cri, pas un geste d'affection, et le cœur se serrait au spectacle d'une pareille chute, d'une semblable humiliation. C'en était fait de Paris, de Saint-Cloud, des Tuileries, du trône de France. L'expiation de tant d'incapacité, de tant de présomption s'appesantissait, implacable, sur le père et l'enfant : elle devait les poursuivre jusqu'au lit de mort de Chislehurst, jusqu'aux fourrés sanglants du pays des Zoulous.

(1) Général Fay, p. 67.

LE QUINZE AOUT

A minuit, le général de Ladmirault, n'ayant aucune nouvelle du champ de bataille, crut pouvoir exécuter l'ordre qu'il avait reçu de passer sur la rive gauche. Toute la nuit fut employée à ce passage, qui était terminé à huit heures. Il était impossible de gagner la route de Gravelotte, indiquée par l'ordre de marche de la veille : les chemins étaient tellement encombrés des troupes, des équipages, des bagages *de tous les corps*, que se commettre dans un pareil fouillis, n'aurait eu d'autre résultat que de l'aggraver encore. Le général se dirigea alors sur Woippy où il reçut l'injonction d'atteindre Doncourt-en-Jarnisy *par Lessy et Longeau!!* A deux heures du soir, la division de Lorencez tenta l'aventure. Il fallut y renoncer. La route était couverte « des équipages de ponts, de troupes de toute nature, de cavalerie (1) ». Le maréchal suivait, avec une infernale persévérance, son exécrable plan ; il tenait, le 15, à ce que la chaussée de Gravelotte fût

<hr>

(1) *Procès Bazaine*, déposition du général de Ladmirault, p. 230.

la seule employée à la retraite, et, au lieu de faire filer le 4e corps sur Doncourt par Amanvillers ou Saint-Privat-la-Montagne, qui étaient libres, il lui prescrivait de traverser Longeau et Rozérieulles, qui étaient bondés d'hommes, de chevaux et de voitures, afin d'augmenter la confusion et de retarder d'autant le mouvement de retraite. Aussi, le général de Ladmirault ne put-il faire un pas dans la journée du 15, et s'il participa, le 16, à la bataille de Rezonville, c'est qu'il désobéit au maréchal et passa par Saint-Privat, au lieu de s'obstiner à gagner Rozérieulles (1).

Le 2e corps n'avait pas dépassé ce dernier village le soir du 14 ; la marche avait été « pénible et lente, et ce n'est qu'à onze heures du soir que la brigade Lapasset put établir son camp au-dessus de Rozérieulles (2) ». Le lendemain, 15, le 2e corps « continue son mouvement. Il devait d'abord, ce jour-là, aller à Mars-la-Tour en suivant, avec le 6e corps, *la voie sud à partir de Gravelotte, tandis que les 3e et 4e devaient, en ce point, prendre la voie nord, celle de Conflans.* Rien ne s'opposait à ce que le 2e corps atteignît Mars-la-Tour ; il eût été avantageux même, comme les faits l'ont prouvé, qu'il se portât jusque-là, le 15. Mais, par suite du retard éprouvé dans la marche des autres corps d'armée, le général Frossard *reçoit ordre du commandant en chef de s'arrêter à Rezonville,* où doit bivouaquer aussi le 6e corps (3) » !

Le maréchal Canrobert, qui se trouvait le 14, au

(1) *Procès Bazaine,* déposition du général de Ladmirault, p. 231. — « Cette marche avait été tellement peu étudiée et mal tracée, que si l'aile droite de l'armée se fût conformée à l'ordre général de mouvement, elle n'eût jamais pu déboucher et prendre part à la bataille du lendemain. » (Comte de la Tour-du-Pin Chambly, pp. 16 et 17).
(2) Général Frossard, pp. 79 et 80.
(3) *Ibid.,* pp. 80 et 81. — Il ne fallait pas que le 2e corps s'éloignât trop de Metz, car il aurait eu alors la liberté de gagner Verdun ; or, l'on sait que Bazaine ne tient à rien tant qu'à être bloqué.

soir, entre Moulins et Longeville, était parvenu, à grand'peine, à gagner Rezonville, couvert, du côté de Mars-la-Tour, par la cavalerie des généraux de Forton, du Barail et de Valabrègue, qui avait, à Puxieux, un engagement avec l'ennemi. Ces généraux y donnaient une nouvelle preuve de leur insuffisance. Leurs 5,000 sabres se laissaient berner par quelques escadrons de hussards (1) et, après une canonnade insignifiante, puisque personne ne fut tué, le général de Forton se replia sur Vionville, avec la division Valabrègue, laissant aussi aux uhlans, toute liberté de surveiller nos mouvements (2).

Ici, l'on ne peut s'empêcher de remarquer le mauvais emploi que fait Bazaine de sa cavalerie. A l'exemple de Mac-Mahon, qui, dans sa marche de Reims vers Montmédy, avait placé ses cuirassiers à sa gauche, c'est-à-dire, du seul côté non menacé, Bazaine jette tous ses escadrons à la tête de l'armée et laisse ainsi son flanc gauche exposé aux entreprises de la cavalerie allemande! Et de pareils hommes ne craignent pas d'assumer les responsabilités de général en chef! Nous demandons si de simples civils, à leur place, commettraient de semblables fautes (3)? Et puis, pourquoi les cavaliers ennemis nous serraient-ils de si près! Pourquoi

(1) Il n'y avait que la brigade de Redern. (Colonel Borbstaedt, p. 417). — « Forton pouvait, maintenant, légèrement sourire quand il lui arrivait de se rappeler qu'avec trois divisions de cavalerie il se laissa arrêter, le 15 août, dans son mouvement, par une poignée de uhlans. » (*Défense de Bazaine*, par Archibald Forbes, traduit de l'anglais de *The Fortnightly Review*, n° du 1er novembre 1883, London, p. 5).

(2) « Cette opération, mollement conduite, fut la cause du blocus de Metz. » (Bazaine, *Episodes*, p. 76). — « Forton n'accomplissait pas sa mission. » (Général Brackenbury, p. 105). — « La division de Forton se replia sur Vionville sans combat sérieux. » (Colonel Borbstœdt, p. 418).

(3) « Ce qu'il y a d'étrange c'est qu'au lieu de placer la cavalerie

l'infanterie allait-elle, à son tour, tomber sur la gauche de nos corps en retraite ! Parce que Bazaine n'avait pas voulu faire sauter les ponts de la Seille et de la Moselle. Voici ce qui s'était passé :

Pendant toutes les tergiversations qui avaient suivi Forbach, on comprend, de reste, que l'empereur n'ait pas détruit les ponts qu'il avait derrière lui. Il fallait, au contraire, les conserver pour la facilité des mouvements offensifs ou les besoins de la retraite quand elle serait décidée. Mais dès le jour où la résolution de se replier était prise, dès le jour, surtout, où ce recul devait s'exécuter par les seuls ponts de Metz, le premier soin du général en chef aurait dû être de rompre toutes les communications entre les rives de la Haute-Moselle. Le maréchal Le Bœuf ne s'en était point préoccupé. Le maréchal Bazaine, sur qui retombait, depuis le 13, la responsabilité des mesures à prendre, ne s'en émut pas davantage et ne prescrivit aucune destruction de ponts, si ce n'est celle de l'arche de Longeville qui se trouvait sous le feu du fort Saint-Quentin et ne pouvait, par conséquent, servir à l'ennemi.

« En prévision des événements qui se déroulaient, des dispositifs de mine avaient été ménagés dans les ponts de Magny et de Marly, sur la Seille, dans les deux ponts d'Ars et dans celui de Pont-à-Mousson, sur la Moselle ; enfin, à Novéant, existait un pont suspendu qui pouvait être détruit en quelques minutes. Des demandes réitérées furent adressées au général en chef, *dans la journée du 13 et* dans *la matinée du 14*, par les habitants de Novéant et d'Ars, pour que l'autorisation fût donnée de renverser les

sur les flancs de l'armée, Bazaine l'a fait marcher à la tête des troupes. » (Edouard Ruffer, p. 55). Il fallait des reconnaissances en avant des troupes en marche, mais c'était surtout leur flanc gauche qui avait besoin d'être protégé.

ponts. Aux deux premières dépêches, on répondit : *Attendez*. Une troisième resta sans réponse. De son côté, le service local du génie faisait auprès du général Coffinières une démarche semblable pour la destruction du pont d'Ars, démarche qui n'aboutit qu'à un *refus* (1) ! »

Les explications embarrassées de Bazaine et du général Coffinières ne les justifient point de leur criminelle inaction. Ils rejettent la responsabilité sur les uns et les autres, et oublient qu'eux seuls ont à rendre compte de la non-destruction des passages. Le premier est coupable ; car, en sa qualité de commandant en chef, il avait le devoir d'*ordonner* la rupture des communications entre les deux rives ; le second est également coupable, car, en sa qualité de chef du génie, gouverneur de la place de Metz, il devait *provoquer* la destruction de ces ponts (2). Mais cette aberration apparente s'explique quand on songe que, les passages coupés, Bazaine avait le chemin libre sur Verdun ; or, n'oublions pas qu'il entendait être tourné, ainsi que nous nous en convaincrons de nouveau au récit des batailles de Rezonville et de Saint-Privat.

En effet, il n'y a pas à soutenir que l'existence ou la non-existence des passages en amont avaient peu d'importance, que les Allemands n'auraient pas manqué de rétablir les communications. Si l'on plaidait de semblables circonstances atténuantes, il serait facile de répondre que « les équipages de ponts des Prussiens n'étant pas encore arrivés, ils

***

(1) *Procès Bazaine*, Rapport, p. 15. — *Ibid.*, dépositions de MM. Jaunez, Renault, Mathieu, pp. 246, 247, 248 ; Boyenval, pp. 250 et 251 ; Fournier, p. 609.

(2) « On détruisit le pont du chemin de fer de Longeville (qui nous était utile) et l'on conserva précieusement les ponts de la Moselle qui pouvaient et devaient servir à l'ennemi. » (*L'Armée de Metz et le maréchal Bazaine*, par un officier d'état-major (aujourd'hui général Iung). Paris, Lacroix, Verbœckhoven et Cie, 1871, p. 9).

ne pouvaient disposer, pour franchir la Moselle, que des trois ponts de Pont-à-Mousson, de Novéant et d'Ars. Il eût suffi de détruire ces moyens de passage pour retarder de deux ou trois jours le mouvement de l'ennemi (1) ». Quelques escadrons de cavalerie et quelques détachements d'infanterie auraient permis de garder la rive gauche de la Moselle, de Metz à Frouard (2). Seulement, si « cette idée était trop simple pour ne pas s'être présentée à l'esprit du général en chef (3) », il s'empressa de la repousser, attendu qu'elle contrariait ses détestables desseins, et nos ennemis ne manquèrent pas de profiter de calculs si misérables pour nous barrer la route de Verdun en nous attaquant le 16 et le 18 (4).

(1) *Procès Bazaine*, Réquisitoire, p. 697.

(2) « La garde de ce terrain est des plus faciles. » (*Les Vaincus de Metz*, p. 92). — « On est en droit de se demander si, le 18, nos succès eussent été aussi décisifs qu'ils le furent, si notre cavalerie avait laissé à l'ennemi le temps de détruire tous les ponts de la Moselle, entre Nancy et Metz, et de nous tenir tête partout avec de l'infanterie et de l'artillerie du haut de la rive gauche dominante de la Moselle. » (*Lettres sur la Cavalerie*, par le général de Hohenlohe, traduction de M. Ernest Jaeglé, professeur à l'École militaire de Saint-Cyr, Paris, Hinrichsen, 1885, p. 15). Le temps n'avait pas manqué, mais la volonté, car, du 6 au 14 août, il était facile de faire sauter tous les passages. — « Si le pont d'Ars n'avait pas existé, l'ennemi n'aurait pas pu arriver à la bataille du 18. » (*Procès Bazaine*, déposition de M. Fournier. p. 609).

(3) *Ibid.*, Réquisitoire, p. 697.

(4) « Il n'existait que quatre ponts pouvant servir à l'armée prussienne, savoir : le pont suspendu de Corny (Novéant) et les ponts en pierre de Pont-à-Mousson, Dieulouard et Marbache ; ces ponts, *laissés intacts par l'ennemi (les Français), n'étaient ni défendus ni même surveillés, et ils nous furent de la plus grande utilité.* Il est hors de doute que le pont de Pont-à-Mousson, et surtout le pont suspendu de Corny, *dont la destruction n'eût demandé que peu de temps,* nous ont rendu de très grands services et que *nous devons en partie à leur conservation le succès de la journée du 16 août.* » (*Opérations du corps du génie allemand,* travail rédigé, par ordre supérieur et d'après les documents officiels, par Adolphe Gœtze, capitaine du génie prussien, attaché au comité du génie et professeur à l'Académie de guerre, traduit de l'allemand par MM. Grillon et Fritsch, capitaines du génie au dépôt des fortifications. Paris, Dumaine, 1873,

Tous les passages ont donc été précieusement conservés aux Allemands ; nos chefs ont fait preuve d'une ineptie rare ou d'une traîtrise infâme (1). Mais continuons l'examen de la journée du 15. Bazaine s'était rendu auprès de l'empereur, à Longeville. C'était au plus noir de la nuit, vers une heure du matin. Voici comment il raconte cette en-

t. Ier, pp. 20 et 21). — « On n'a même pas cru devoir faire sauter les ponts entre Metz et Pont-à-Mousson ; pas un seul homme n'a été posté, entre ces deux endroits, pour défendre les passages de la Moselle. Et toute l'Europe s'étonne des succès obtenus par les Allemands ! Il est certain qu'il suffisait de faire sauter les ponts plus haut mentionnés et de poster un seul corps d'armée entre Gorze et Pont-à-Mousson pour empêcher les Prussiens de recueillir le fruit des manœuvres qu'ils ont tentées, avec autant de promptitude que de ténacité, du 13 au 16 août. » (Edouard Ruffer, p. 52). — « Toute la cavalerie française, répandue sur la rive gauche de la Moselle, dépourvue de tous ses ponts au sud de Metz, se serait jetée sur les partis que l'ennemi aurait pu y aventurer. Cette cavalerie pouvait être utilement appuyée par les francs-tireurs. » (*Militarische-Plauderein*, par le major von der Goltz). — « Dans l'ordre donné à l'armée française pour la journée du 15 août 1870, quand elle devait commencer son mouvement de Metz sur Verdun en face de l'armée allemande, on voit le maréchal de France, qui commandait en chef, assigner à ses quatre corps d'armée en retraite une seule route, dans le même défilé, depuis Metz jusqu'à Gravelotte, ne pas couvrir la marche sur le flanc gauche, du côté où arrivait l'armée allemande, par un seul homme, et laisser à l'ennemi tous les ponts de la Moselle intacts !... Avec des généraux ignorants, la catastrophe est inévitable tôt ou tard. » (Un colonel de l'état-major autrichien, cité par le général Pierron ; *Les Méthodes de guerre actuelles et vers la fin du xixe siècle,* 2e édition. Paris, Baudoin et Cie, 1886, t. Ier, p. 19).

(1) « Il suffisait au maréchal Bazaine d'exprimer une volonté ; mais soit par ignorance des préparatifs faits, soit par toute autre cause, il ne donna pas d'ordres, et ces ponts furent utilisés par l'ennemi les 15 et 16 août. » (Conseil d'enquête sur les capitulations, avis motivé sur la capitulation de Metz. *Procès Bazaine*, p. 4). — « Le plus simple bon sens indiquait qu'il fallait faire sauter les ponts sur la Moselle en amont et en aval de Metz. N'eût-on fait cette opération que de Pont-à-Mousson jusqu'à Thionville, elle eût suffi pour arrêter longtemps l'ennemi et nous permettre de prendre, en arrière du fleuve, de bonnes positions défensives. Le maréchal avait deux jours pour faire sauter les ponts, mais il se garda bien de les détruire. De même qu'il avait laissé aux Prussiens le chemin de fer intact, de même il leur laissa tous les ponts sur la Moselle, pour qu'ils pussent la franchir quand ils le voudraient. » (*La Trahison du maréchal Bazaine*, p. 9).

trevue. «Quoique Sa Majesté fût souffrante et au lit, je fus immédiatement introduit dans sa chambre; l'empereur m'accueillit avec son affabilité habituelle. Je lui racontai ce qui s'était passé et je lui exprimai mes inquiétudes pour les journées suivantes, les Allemands ayant trouvé libres les routes qu'ils avaient à suivre pour prendre position entre Meuse et Moselle et, par conséquent, sur notre ligne de retraite (1). Je fis part à l'empereur de la souffrance que j'éprouvais et j'ajoutai que, craignant de ne pouvoir supporter les allures du cheval, je le priais de me faire remplacer (2). Sa Majesté, me touchant l'épaule et la partie brisée de l'épaulette, me répondit avec cette bonté qui charmait ceux qui pouvaient l'approcher : «« Ça ne sera rien, c'est l'affaire de quelques jours, et vous venez de briser le charme. »» L'empereur ajouta : «« J'attends une réponse de l'empereur d'Autriche et du roi d'Italie; ne compromettons rien par trop de précipitation et évitons, avant tout, de nouveaux revers (3). »»

Mais le service de la cavalerie est si bien compris, les avant-postes sont si bien disposés que, sur le coup de six heures du matin, « une batterie prussienne, qui s'était placée en avant du château de Frescaty, envoie quelques projectiles au milieu des nombreuses troupes qui encombraient la route de Moulins ; des éclats d'obus atteignent le colonel Ardent du Pic, du 10ᵉ régiment de ligne, et le blessent mortellement, ainsi que plusieurs officiers (4). »

Le quartier impérial, à Longeville, est également

---

(1) Qui en est responsable si ce n'est le maréchal Le Bœuf d'abord et Bazaine lui-même ensuite?

(2) *Fugit ad salices.*

(3) Bazaine, *Épisodes*, pp. 70 et 71.

(4) *Description des Plans des Batailles de Borny, Rezonville, Gravelotte, Saint-Privat, et du Blocus de Metz*, par Hédin, 2ᵉ édition, Briey, Blanchard, p. 12.

bombardé par la même batterie. Le fort Saint-Quentin n'a pas de peine à la faire décamper, mais elle nous avait tué un de nos plus intelligents colonels, un des rares officiers supérieurs qui connaissaient la science de la guerre. L'empereur et son fils étaient obligés de déguerpir au plus vite par des sentiers abrités, et se réfugiaient à Gravelotte où Bazaine les rejoignait à une heure de l'après-midi (1). En arrivant, dit le maréchal, « je trouvai l'empereur se promenant dans son quartier; je lui souhaitai sa fête en lui offrant un petit bouquet cueilli dans le jardin de mon logement. Après m'avoir remercié, l'empereur me demanda à haute voix : «« Faut-il partir? »» Surpris d'une telle question, je répondis *que je ne savais rien sur ce qui se passait devant nous!* et j'engageai Sa Majesté à attendre. Cette réponse parut lui plaire, et, se tournant vers les officiers de sa maison, il leur dit, de façon à être entendu de tous : «« Messieurs, nous restons, mais que les bagages restent (*sic*) chargés. »» Les troupes, tristes et abattues, continuaient à défiler sur la route devant l'auberge; pas une acclamation, pas un vivat ne fut proféré à la vue du souverain et de son fils (2). »

Le soleil s'était couché sur ce dernier jour de fête impériale. Durant la nuit, il se passa un fait bien significatif qui montre, une fois de plus, la ferme résolution où se tenait Bazaine de ne pas s'éloigner des remparts messins. Lui-même raconte qu'il reçut « la visite de l'intendant général Wolf qui venait, en son nom, pour connaître la direction qu'allait prendre l'armée. Je répondis : «« Elle ne sera définitivement fixée que ce matin quand nous saurons les intentions de l'ennemi que l'on signale

(1) Bazaine, *Episodes*, p. 72.
(2) *Ibid.*, pp. 72 et 73.

sur notre flanc gauche ; si j'avais tout mon monde réuni, je serais disposé à me jeter sur lui pour le refouler vers Pont-à-Mousson (1). »» Il était au moins extraordinaire de ne pas dire franchement : « Nous allons sur Verdun, » de ne pas donner la retraite comme positive alors qu'elle était décidée depuis plusieurs jours. Non, le commandant en chef veut le vague, cherche les futurs, se prépare une reculade, et, s'il n'ose pas déclarer clairement qu'il entend pouvoir toujours « rester prêt à donner la main à Metz (2) », il le laisse pressentir et va manœuvrer en conséquence le lendemain 16 à Rezonville, et le 18 à Saint-Privat.

Quant aux Allemands, ils exécutent une série de mouvements. Pendant que la Ire armée reçoit l'ordre de « se maintenir sur le terrain conquis dans l'affaire de Borny (3) », un premier télégramme de M. de Moltke fait connaître ce combat au prince Frédéric-Charles et lui enjoint de pousser vers la route Metz-Verdun, tout en laissant le IXe corps du côté de Borny, se réservant l'emploi du IIIe corps (4). Mais dès que M. de Moltke est sûr de notre retraite, il met immédiatement, à onze heures du matin, les IIIe, IXe et XIIe corps à la disposition du commandant en chef de la IIe armée (5). « Utilisant le pont

---

(1) Bazaine. *Épisodes*, p. 77. — « Cette parole dénote évidemment chez le maréchal la pensée de ne pas poursuivre immédiatement sa marche sur Verdun. » (*Procès Bazaine*, Rapport, p. 16). — « M. le maréchal me parla, le 15, des embarras que causait l'indécision de l'empereur, des ordres et des contre-ordres qui en étaient la conséquence et il m'en donna pour preuve l'ordre de faire partir un équipage de pont de bateaux pour passer la Meuse. *Il blâmait vivement cette opération, ajoutant que, s'il était libre, il ne passerait pas la Meuse.* » (*Procès Bazaine*, déposition du commandant Sers, p. 255). Dans son interrogatoire, le maréchal ne nie pas avoir tenu ces propos à l'intendant général Wolf et au commandant Sers. (*Ibid.*, p. 164).

(2) Bazaine, *Épisodes*, p. 77.

(3) *La Guerre franco-allemande*, Ire partie, p. 496.

(4) *Ibid.*, p. 501.

(5) *Ibid.*, p. 502.

de Novéant, laissé intact par les Français (1) », le IIIe corps traverse la Moselle sur ce pont et en amont, à Champey. L'artillerie et tous les trains sont obligés de gagner Pont-à-Mousson. « Il était près d'une heure du matin quand les dernières troupes atteignaient leurs bivouacs de Pagny et d'Arnaville, après une marche des plus pénibles (2).

Le même jour, les Allemands tentaient un coup de main sur Thionville. Quatre bataillons, un escadron et une batterie s'étaient mis en marche, la veille, sous la conduite d'un réserviste prussien qui avait été délivré dans une reconnaissance. Cet homme avait travaillé aux fortifications de la place et se faisait fort d'indiquer un gué qui conduirait les assaillants sur la rive gauche de la Moselle, en face de la partie de l'enceinte qu'il considérait comme étant la moins fortifiée.

Mais le commandant de l'artillerie veillait (3), et quand l'ennemi traversait, vers minuit, par un beau clair de lune, la forêt de Stuckange, nos patrouilles interpellaient les Prussiens et se retiraient petit à petit devant eux. A une heure du matin, les Allemands se trouvaient dans les abords de la place et campaient sous le bois d'Yutz. « Là encore, des cavaliers français venaient maintes fois jusque sur le bois dans lequel étaient cachés les avant-postes allemands ; l'adversaire était sur ses gardes, on n'en pouvait plus douter (4). »

Les Prussiens, encouragés par leurs audaces précédentes, voulurent néanmoins risquer l'entreprise et, à trois heures du matin, ils se portaient contre Thionville. La Moselle avait grossi, le gué n'était plus praticable. Toute la garnison était sur pied ;

(1) *La Guerre franco-allemande*, 1re partie, p. 502.
(2) *Ibid.*, pp. 502 et 503.
(3) *Procès Bazaine*, déposition du colonel Turnier, p. 342.
(4) *La Guerre franco-allemande*, 1re partie, p. 511.

on entendait la voix des chefs qui donnaient des ordres, et la canonnade commença brusquement dès que les défenseurs distinguèrent les mouvements de l'ennemi. Celui-ci ne pouvait plus songer à l'assaut et il se hâta de battre en retraite n'ayant perdu, dit-il, que 4 blessés (1).

En terminant l'exposé de cette journée du 15, nous allons préciser les positions des belligérants dans la soirée, afin de comprendre plus facilement les fautes commises par les deux états-majors français et allemand.

L'armée de Mac-Mahon fuit à tire-d'aile devant le prince royal et est disséminée sur un grand espace de terrain : à Belfort, à Bourbonne-les-Bains, à Vassy. Le 12° corps se forme au camp de Châlons. Toute l'armée de Bazaine, c'est-à-dire la Garde impériale, y compris la cavalerie et l'artillerie, les 2°, 3°, 4° et 6° corps et les deux divisions de cavalerie du Barail et de Forton, se trouve concentrée dans un trapèze dont le plus grand côté n'a pas 15 kilomètres et dont les angles étaient Jarny, Woippy, Metz et Anconville, près de Gorze. De ces troupes, les 3° et 6° corps, la Garde et les deux divisions de cavalerie sont groupés autour de Rezonville, à une heure les uns des autres. Seuls, le 3° corps et la division de Laveaucoupet, du 2° corps, sont à Moulins, Woippy et Metz, à deux et trois heures de Rezonville. La concentration est donc parfaite et permet au général en chef toutes les combinaisons d'attaque ou de défense (2).

Du côté des Allemands, la III° armée se tient de

<hr>

(1) *La Guerre franco-allemande*, 1re partie, pp. 511 et 512.
(2) « L'armée française était presque entièrement concentrée ; une puissante attaque, poussée à fond contre ces premiers adversaires (partie de la II° armée) eût été certainement le meilleur moyen d'assurer sa retraite derrière la Meuse. » (*Ibid.*, p. 520).

Moncel à Bayon, à plusieurs journées de marche de Rezonville ; aucune coopération ne peut être fournie par elle aux Ire et IIe armées avant trois, quatre et cinq jours de route.

Restent les troupes de Steinmetz et de Frédéric-Charles.

Le Ier corps est à Courcelles-Chaussy, le VIIe à Pange et Domangeville ; le VIIIe à Chesny et Silly-en-Saulnois. La Ire division de cavalerie occupe Courcelles-sur-Nied ; la IIIe est perdue à Avancy ; le détachement qui a manqué son coup sur Thionville revient à la hâte, mais est encore fort éloigné, à Kédange et à Dalstein. Il faudra deux jours au moins aux VIIe et VIIIe corps pour gagner Rezonville.

La IIe armée est plus éparpillée que la Ire, et si le IIIe corps a passé la Moselle et se trouve à Arnaville et à Pagny, à une vingtaine de kilomètres de Rezonville, si le Xe corps a également franchi la rivière et atteint Thiaucourt et Pont-à-Mousson, à une quarantaine de kilomètres du champ de bataille du lendemain, la Garde royale est à Dieulouard, le IVe corps à Marbache, le XIIe à Nomény et à Moncheux, le IXe à Verny, le IIe à Herny, la VIe division de cavalerie à Coin-sur-Seille. Il n'y a, par conséquent, que quelques fractions des VIIIe et IXe corps et la VIe division de cavalerie qui seront en état d'arriver, le lendemain soir, au secours des IIIe et X^e corps. La Garde, les IVe, XIIe et IIe corps ne participeront pas à la bataille du 16.

Quant à la Ve division de cavalerie, elle est aventurée près d'Hannonville, à cinq lieues de son infanterie et complètement à la discrétion des divisions de Forton, du Barail, de Valabrègue, de Clérembault et de la cavalerie de la Garde. Et nous ne parlons pas de la division Legrand, qui campait pourtant à moins de 20 kilomètres au delà, et

nous ne disons pas que toute l'armée française se
tenait derrière ces six divisions de cavalerie (1)!

Bien loin de s'emparer de la V⁰ division ainsi
fourvoyée, le général de Forton se retire devant elle,
comme nous l'avons vu tout à l'heure, à propos de
l'escarmouche de Puxieux. Mais si les lieutenants
sont aveugles, que dire du commandant en chef?
Nos généraux de cavalerie oublient de capturer une
division prussienne, mais Bazaine laisse échapper le
moyen d'anéantir des adversaires qui lui prêtent si
témérairement le flanc !

Qu'on jette les yeux sur la carte dressée par le
grand état-major prussien pour la soirée du 15 août :
on reste confondu d'abord, frémissant d'indignation
ensuite, à la constatation de l'ineptie de nos généraux de cavalerie, de la coupable inaction du maré-
.chal Bazaine. « Cette marche de flanc, exécutée à
portée de Metz, sur une longueur de plus de 30 kilomètres, ne fut ni contrariée ni même signalée (2)! »
C'était le *summmum* de l'ahurissement militaire; la
bravoure des officiers et des soldats ne pouvait ré-

---

(1) *La Guerre franco-allemande,* 1re partie, planche 4, carte
d'ensemble pour la soirée du 15 août.

(2) Commandant Canonge, t. II, p. 109. — « Cette marche de
flanc, exécutée à la portée des Français, eût pu fournir à ceux-ci une
belle occasion de combat. Tous ces corps, disséminés sur un espace
de plus de 30 kilomètres, n'auraient guère pu se donner la main en
cas d'attaque.... Si le maréchal Bazaine avait discerné nettement les
mouvements des Prussiens, s'il eût, ensuite, agi avec vigueur et
promptitude, il n'est pas douteux qu'il eût mis les Allemands en
péril. » (Capitaine Bonnet, t. Ier, p. 93). — « Il est certain que les
Prussiens ont fait autour de Metz la marche la plus dangereuse que
jamais armée ait exécutée; ayant en face d'eux nos troupes qui con-
vergeaient sous Metz, tandis qu'il leur fallait faire un grand circuit.
Les mouvements circulaires sont toujours excessivement difficiles, et
il aurait été possible à l'armée française de tomber sur les corps
isolés et de les détruire. Après Borny, les Prussiens devaient craindre
qu'on dirigeât contre eux quelque attaque qu'ils auraient eu bien de
la peine à soutenir dans la position qu'ils occupaient alors, *mais on
ne l'a pas voulu.* » (*Procès Bazaine,* déposition du colonel de Ville-
noisy, p. 257).

parer des fautes si extraordinaires. Qu'aurait fait de pis l'homme le plus étranger aux choses de la guerre? Le dernier chef de partisans n'aurait-il pas joué des adversaires aussi médiocres? Le cœur se serre à la pensée que l'avenir de notre malheureuse France a été à la merci de semblables nullités, dans la main de si piètres personnages. Oui, certes, les généraux impériaux de 1870 ont manqué toutes les occasions, perdu les plus belles parties; ils nous ont livrés, pieds et poings liés, à l'Allemagne : nous n'oublierons jamais leurs noms!

BATAILLE DE REZONVILLE (1)

(16 août)

Voici un jour glorieux et sanglant qui se lève pour les deux armées dont les soldats vont faire des prodiges de valeur, afin de réparer les fautes que leurs états-majors accumulent comme à plaisir.

Les Allemands sont aussi éloignés de Rezonville, aussi dispersés que les Français sont rapprochés de ce petit village et concentrés dans ses environs. Le maréchal Bazaine ne songe toujours pas à profiter de ses avantages et l'ennemi se précipite, en aveugle, au-devant d'une bataille qui devrait lui être fatale.

« A peine le crépuscule apparaît-il, que l'empereur sort de la mauvaise auberge où il a passé la nuit ; son visage fatigué porte l'empreinte du chagrin et de l'inquiétude ; les larmes semblent y avoir tracé de profonds sillons ; son regard est plus voilé encore que d'habitude ; sa démarche dénote l'affais-

_____

(1) Le récit de cette bataille a paru dans la *Nouvelle Revue*, n⁰ˢ des 1ᵉʳ et 15 décembre 1884.

sement moral qui l'accable ; dans son entourage on voit la tristesse sur tous les visages, la désillusion dans toutes les pensées (1) ». Bazaine arrive au galop et trouve Napoléon III « déjà en voiture avec le prince impérial et le prince Napoléon » ; les lanciers de la Garde et les dragons de l'impératrice sont à cheval, prêts à escorter le fugitif. Le maréchal s'approche de la calèche, sans descendre de sa monture ; l'empereur paraît souffrant et lui dit seulement : « Je me décide à partir pour Verdun et Châlons ; mettez-vous en route pour Verdun *(sic)* dès que vous le pourrez (2) ». Et celui qui fut César s'éloigne en courant par Etain. « S'il avait pris la route directe de Mars-la-Tour, il tombait au milieu de l'ennemi (3) », dont les cavaliers battaient déjà les chemins, aux alentours de ce village. « Le maréchal Bazaine se trouvait désormais seul, maître de ses actes, délivré de toute immixtion gênante ; il ne put s'empêcher d'en exprimer aussitôt sa satisfaction dans les termes les moins équivoques (4). »

Le premier usage que le maréchal fait de sa liberté, dans la matinée du 16, est de suspendre le mouvement de retraite. Oui, au lieu de presser une marche que M. de Moltke s'efforce de retarder par tous les moyens possibles, Bazaine prescrit de ne pas quitter Rezonville ! « Nous partirons *probablement* dans l'après-midi, dès que je saurai que les 3ᵉ et 4ᵉ corps sont arrivés *en totalité* à notre hauteur. Des ordres, du reste, seront donnés ultérieurement (5). »

(1) Général d'Andlau, p. 27.
(2) Bazaine, *Épisodes*, p. 77.
(3) Charles de Mazade, t. 1ᵉʳ, p. 155.
(4) Général d'Andlau, p. 66. — « Il laissa éclater la satisfaction qu'il ressentit lors du départ de l'empereur en s'exclamant : «« Me voilà donc enfin débarrassé de lui ! »» (Général Brackenbury, p. 243).
(5) Instructions expédiées, pour la matinée du 16, au général Frossard par le commandant en chef. (Général Frossard, p. 151). — Bien

Bazaine prétend que cet incroyable retard s'explique naturellement par une dépêche du maréchal Le Bœuf, successeur du général Decaen, blessé mortellement à Borny, qui écrivait le 15 au soir : « *Si l'on doit combattre*, ne serait-il pas plus utile d'attendre l'ennemi, plutôt que d'aller à lui, jusqu'au moment où tout le 3ᵉ corps sera réuni. » L'ancien major général supposait que les Prussiens étaient à cheval sur la route de Verdun, et que l'on serait forcé de les déloger pour se frayer un chemin. Mais Bazaine savait, et par l'intendant général Wolf et par d'autres personnes, que la route de Verdun était libre et que « le danger pour nous était du côté de Gorze, sur la gauche du 6ᵉ et du 2ᵉ corps (1) ». Les observations du maréchal Le Bœuf, « basées sur une éventualité qui n'existait pas, n'avaient donc pas à être prises en considération par le commandant en chef, parfaitement instruit de la situation (2) ». Pourquoi, du reste, Bazaine n'a-t-il pas dirigé « le corps de Ladmirault et la division Metman par la route de Briey, en faisant marcher de suite les 2ᵉ et 6ᵉ corps par le chemin de Mars-la-

que ces instructions aient été rédigées avant le départ de l'empereur, le maréchal savait néanmoins que son souverain ne les connaîtrait pas, car il ne lui en a pas parlé, quand il a pris congé de lui. « A peine l'empereur a-t-il quitté l'armée que le maréchal modifie ses dispositions, comme si la marche sur Verdun pouvait être retardée d'une minute. » (Général Ambert, *Histoire de la guerre de* 1870-1871, p. 142. — « Ce départ une fois effectué, il est remarquable que la marche de l'armée du Rhin fut immédiatement contremandée. » (J. Valfrey, p. 16).

(1) *Procès Bazaine*, Rapport, p. 16. — « Dès le 15 au soir, le général Alvensleben II fit passer la Moselle au IIIᵉ corps. La Vᵉ division d'infanterie et la VIᵉ division de cavalerie sur le pont de Novéant, la VIᵉ division d'infanterie à Champey, la réserve d'artillerie à Pont-à-Mousson. Le soir même, l'avant-garde des divisions d'infanterie poussa jusqu'à Gorze et Onville, occupant ainsi tout ce terrain boisé, difficile *que les Français n'avaient pas songé à faire observer et à défendre.* » (Le Faure, t. 1ᵉʳ, p. 186).

(2) *Procès Bazaine*, Réquisitoire, p. 699. — Voir aussi la déposition du maréchal Le Bœuf, p. 228.

Tour et le corps de Le Bœuf et la Garde par celui de Doncourt? Ces quatre corps seraient ainsi restés à distance d'appui l'un de l'autre (1). » L'excuse de Bazaine est inadmissible, et le maréchal Le Bœuf n'est pas responsable de ces retards désolants.

ENGAGEMENTS DE LA MATINÉE.

Charmé de se couvrir derrière la lettre du nouveau commandant du 3ᵉ corps, Bazaine a donc prescrit à toute son armée de suspendre le mouvement de retraite. A neuf heures, les troupes nettoient leurs fusils, font la soupe, donnent à boire aux chevaux. Chacun se croit garanti par la division de Forton qui est chargée d'éclairer et de protéger notre infanterie. Mais le général qui, la veille, s'était replié devant quelques cavaliers ennemis au lieu de cerner la Vᵉ division de cavalerie prussienne qui s'était fourvoyée au milieu de trois divisions de cavalerie française, appuyée de toute notre armée, ainsi que nous l'avons expliqué plus haut (2), le général de Forton, disons-nous, va présenter le spectacle de son insuffisance en laissant surprendre ses soldats de la façon la plus déplorable. Vers neuf heures, on lui annonce « qu'une troupe de cavalerie se montre dans la direction de Mars-la-Tour. » Pendant qu'il faisait prendre à son artillerie et aux dragons leurs dispositions de combat, ses grand'gardes voient apparaître et s'étendre sur les crêtes de Tronville une ligne serrée d'éclaireurs ennemis. Quelques instants après, plusieurs batteries se démasquent et envoient leurs obus sur le campement de la division

---

(1) Général Brackenbury, pp. 107 et 108.
(2) Voir aussi *Frœschwiller, Châlons, Sedan*, par Alfred Duquet, 3ᵉ édition, p. 163.

et jusque sur la cavalerie du 2e corps, établie en arrière. Il en résulte un moment de trouble, surtout parmi les conducteurs civils des bagages de la division de Forton, lesquels venaient seulement d'arriver au camp et encombraient encore la grande rue du village de Vionville et la route. La peur gagne ces gens ; ils se mettent précipitamment en fuite, hommes, chevaux et voitures, et, entraînant avec eux un certain nombre de dragons et quelques chevaux d'artillerie, galopent en désordre vers Rezonville (1). » Et voilà la division de Forton (brigades Murat et de Gramont) en déroute ! Quels étaient donc les redoutables adversaires qui terrorisaient ainsi des cuirassiers et des dragons français?

L'artillerie de la brigade de cavalerie de Redern, qui avait dépassé Tronville *sans rencontrer une seule patrouille adverse*, était la cause de cette débandade. Parvenues, avec quelques escadrons de hussards, sur une hauteur dominante, quatre batteries canonnaient nos escadrons qui « préparaient leur repas et étaient dans un repos complet (2) ». Bientôt la batterie à cheval de la VIe division de cavalerie joignait son feu à celui des autres pièces déjà en position. Ainsi, à neuf heures et demie du matin, ces cinq batteries étaient protégées directement par deux escadrons, et sur leur face et leurs flancs par les brigades de Redern, Bredow et Barby,

(1) Général Frossard, p. 84.
(2) *La Guerre franco-allemande*, 1re partie, p. 522. — « La surprise tactique, qui a eu lieu sur l'avant-garde, a frappé, dès le début, le moral des troupes qui en ont été témoins. » (Capitaine Blondlat, p. 20). — Voir ce qu'on dit au sujet de cette surprise et du général de Forton dans *Les Vaincus de Metz*, pp. 100 et 101. — « Les deux divisions de cavalerie de Forton et de Valabrègue s'occupaient, dans leurs bivouacs, du repas du matin; sans même songer à se garder et à s'éclairer au loin. Les obus de l'ennemi, tombant tout à coup au milieu des tentes, des chevaux, à côté même de la table du général de Forton, leur apprirent sa présence. Encore une fois nous étions surpris! » (Colonel Derrécagaix, p. 167).

11.

qui n'avaient dépassé ni Flavigny, ni Vionville, ni la route de Verdun. Ces trois brigades, sans infanterie, ne pouvaient plus avancer, mais tenaient en respect l'armée française qui leur répondait mollement et ne culbutait pas immédiatement les imprudents qui s'en prenaient à ses nombreuses divisions de cavalerie et d'infanterie (1).

Et, cependant, les premiers renforts ennemis sont bien éloignés, car si la VI⁰ division de cavalerie, dont les régiments ont passé la Moselle sur le pont de Novéant dans la matinée, vient d'apparaître à Anconville et à Buxières, les autres forces allemandes ne se montrent pas et notre infanterie fait facilement reculer les cavaliers prussiens en les fusillant du bois de Vionville (2).

Dès les premiers coups de canon, le général Frossard a pris ses positions de combat. Il ne renouvelle pas la faute de Forbach. La 1ʳᵉ brigade de la division Bataille occupe Vionville et le hameau de Flavigny. La 2⁰ brigade couronne les hauteurs à gauche pendant que deux de ses batteries, établies sur un petit mamelon, près de la route, visent les escadrons à leur portée. La division Vergé et la brigade Lapasset s'étendent de Rezonville au bois de Vionville qu'elles occupent. Leur artillerie tonne, à son tour, et répond aux Allemands (3). Le major Körber, commandant les batteries ennemies, « ordonne de battre en retraite, au trot, disposition inter-

---

(1) « Un corps de cavalerie de 8,250 hommes absorbe 65,000 hommes d'infanterie! » (Général de Hohenlohe, *Lettres sur la Cavalerie*, p. 20). — « Ne pourrait-on reprocher aux Prussiens, comme une faute, au moment le plus critique de leurs opérations contre l'armée de Metz, alors que leur armée, effectuant le passage de la Moselle, était séparée en deux parties par cette rivière, d'avoir laissé deux corps et deux divisions de cavalerie exposés à se heurter contre toute l'armée française? » (*Étude sur la bataille de Rezonville*, par le commandant Tumerel, Paris, Dumaine, 1875, p. 9).

(2) *La Guerre franco-allemande*, 1ʳᵉ partie, p. 526.

(3) Général Frossard, pp. 85 et 86.

BATAILLE DE REZONVILLE.

dite formellement par le règlement prussien, mais qui, dans ce cas, pouvait être légitimée par ce fait qu'il n'y avait pas d'infanterie pour l'appuyer, et que cette retraite ne pouvait, par suite, démoraliser d'autre troupe (1). »

Le 6ᵉ corps « prend *insensiblement* position à droite et en arrière du 2ᵉ (2). » La division Lafont de Villiers s'avance entre la *voie romaine* et la route de Verdun; la division Tixier se dirige du côté de Vionville, entre Saint-Marcel et la même *voie romaine*. La division Levassor - Sorval reste en réserve. Les pièces disponibles sont mises en batterie (3); mais, jusqu'à midi moins le quart, les troupes du 6ᵉ corps conserveront une attitude purement défensive et n'apporteront guère de soutien au 2ᵉ corps qui supportera seul l'effort des deux divisions de cavalerie et du IIIᵉ corps ennemis.

Aussi bien, voici que la situation devient critique pour nos adversaires. Comme nous l'avons dit, le général Bataille est entré dans Vionville, abandonné par les dragons Murat, et s'y est installé (4). Les Prussiens, canonnés d'abord par nos artilleurs, fusillés ensuite par les nuées de tirailleurs qui se sont

---

(1) *Bulletin de la Réunion des Officiers*, nᵒ du 15 mars 1884, p. 241.

(2) *La Bataille de Vionville*, par le major Hoffbauer, professeur aux Écoles réunies de l'artillerie et du génie, à Berlin; traduit de l'allemand par le capitaine Bodenhorst, de l'artillerie belge. Paris, Dumaine, 1881. 2ᵉ édition, p. 47.

(3) Général Frossard, p. 86

(4) « Au moment où les Français reprenaient Vionville, les batteries à cheval qui faisaient face à ce village se trouvaient dans une position bien critique. » (Major Hoffbauer, *La Bataille de Vionville*, p. 49). Les autres batteries n'étaient pas en meilleure situation : « Dès que les tirailleurs français eurent réussi à s'approcher des batteries à la distance de 12 à 1,500 pas, les pièces furent retirées, non sans avoir éprouvé de grandes pertes; elles furent placées d'abord en arrière des hauteurs, pour être défilées, et mises ensuite en bataille pour être ramenées avec la brigade dans la vallée. » (*Ibid.*, p. 51).

embusqués de Vionville au bois du même nom, sont obligés de se retirer. Une seule batterie est encore en état de soutenir la lutte : les Allemands reculent sur toute la ligne (1).

Les fuyards sont recueillis par les têtes de colonne des Ve et VIe divisions d'infanterie qui se montrent, à dix heures, sur la crête du plateau. Malgré son isolement, le général d'Alvensleben II, commandant du IIIe corps, « croyant avoir affaire à quelque arrière-garde attardée de l'armée en retraite (2), » n'avait pas hésité à soutenir la bataille et se précipitait, en fou, dans une mêlée où il aurait dû être pulvérisé s'il avait eu devant lui un autre homme que le maréchal Bazaine. Mais celui-ci n'a pas encore jugé à propos de se montrer, et il reste tranquillement à Gravelotte pendant que la canonnade emplit les échos de ses détonations. Il n'apparaîtra que vers midi, quand le 2e corps sera à bout de luttes, lorsqu'il aura perdu Vionville et sera sur le point d'abandonner Flavigny !

PRISE DE VIONVILLE, DE FLAVIGNY ET DU BOIS DE VIONVILLE

De dix heures à midi.

Le champ désormais célèbre où la bataille allait

---

(1) *La Guerre franco-allemande*, 1re partie, p. 527.

(2) Colonel Lecomte, t. II, p. 85. — « Le grand état-major et celui de la IIe armée ne croyaient plus avoir qu'à poursuivre l'ennemi déjà en retraite sur Verdun même. Le 16, à midi, le prince Frédéric-Charles était encore en plein dans cette illusion et il venait de faire élaborer ses dispositions de marche pour le 17 dans la direction de la ligne de la Meuse, Verdun-Commercy-Toul. » (Colonel Lecomte, t. II, p. 81). — « Il est évident qu'on ne s'attendait pas, le 15, au quartier général du prince Frédéric-Charles, à livrer bataille le 16. En effet, les corps les plus avancés, le 15 à midi, avaient encore à faire 30 kilomètres pour arriver sur la route de Metz à Verdun. » (Rüstow, t. Ier, p. 249).

se livrer, furieuse, entre des adversaires d'une bravoure égale, s'étend de Bruville à Rezonville, par Saint-Marcel, et de Mars-la-Tour au bois des Chevaux, par Vionville. Les Allemands se tiendront sur une ligne de plus de deux lieues et les Français se trouvaient dans le même cas, si l'on ne parle pas de leurs réserves, qui occupaient le terrain de Rezonville à Gravelotte, sur un espace de 4 à 5 kilomètres.

Le champ de bataille est coupé en deux par la route de Verdun qui passe par Gravelotte, Rezonville, Vionville et Mars-la-Tour. Un peu plus au nord, du côté de Villers-aux-Bois et de Saint-Marcel, une ancienne *voie romaine* longe des bouquets de bois facilement défendables. Tout le restant de la plaine, de la ferme de Grizières (1) à Gravelotte est découvert, à l'exception des taillis de Tronville et du bois Leprance, au nord de Rezonville.

La partie sud de la chaussée de Mars-la-Tour à la ferme d'Anconville, où vont se répandre les Allemands, est également découverte, mais la route de Gorze, par laquelle déboucheront les principales forces ennemies, est bordée de véritables forêts auxquelles on a donné les noms de bois de Saint-Arnould, bois de Vionville et bois des Prêtres, à l'ouest de la route, et de bois des Ognons et bois des Chevaux, à l'est.

Il n'y a guère de positions dominantes et le terrain se compose d'une série de mamelons, de semblable hauteur, coupés par différents ravins dont les principaux sont ceux de Rezonville, de Flavigny et la gorge, profondément encaissée, qui va rejoindre au nord de Mars-la-Tour, un ravin parallèle à l'Yron.

---

(1) C'est à tort que l'on a appelé cette ferme du nom de *Greyère*. (Voir la dernière édition de la carte de l'état-major).

Quand on examine ce pays à l'aide d'une bonne carte, on voit que le seul point à observer et à défendre, pour opérer notre retraite avec sûreté, était ce massif montagneux et boisé qui s'étend de Vaux à Gorze ; tâche d'autant plus facile que la Moselle le limite et le protège à l'est. C'est pourtant la seule chose que ne fit pas l'état-major français, et toute liberté fut laissée aux Allemands pour passer la rivière et déboucher brusquement sur notre ligne de retraite, à la faveur du pont de Novéant et des épais fourrés de Gorze.

Enfin, à sept heures et demie du matin, la Ve division d'infanterie (de Stülpnagel) marchait de Novéant sur Gorze pendant que le général d'Alvensleben, à la tête de la VIe division d'infanterie (de Buddenbrock), se portait d'Arnaville, qu'il avait quitté dès cinq heures du matin, sur Mars-la-Tour, par Onville et Buxières.

Les soldats du général de Stülpnagel atteignaient Gorze à neuf heures. L'ennemi ne songe pas, tout d'abord, à pousser vers Rezonville ; il prend le chemin de Flavigny et est bientôt accueilli par « une fusillade si nourrie qu'il est contraint de reculer du côté de la ferme d'Anconville (1) ». Malheureusement, les fantassins prussiens parviennent à se faufiler dans le bois de Vionville ; ils s'établissent aussi dans le bois des Prêtres, à Anconville, où ils reçoivent le renfort de la brigade de Schwerin, ce qui fait que la division Stülpnagel tout entière, appuyée de ses vingt-quatre bouches à feu, entame la lutte contre la division Vergé au milieu des taillis de Vionville. « Un combat sanglant s'engageait sous le couvert avec des alternatives diverses ; à plusieurs reprises, on s'abordait corps à corps, mais les pro-

____

(1) *La Guerre franco-allemande*, 1re partie, p. 530.

grès des Allemands ne laissaient pas que d'être fort lents (1). »

C'est à la même heure que le général de Dœring se risque dans la direction de Rezonville. Grâce aux arbres qui dérobent sa marche, il aborde la partie nord du bois de Vionville, qui a reçu le nom de bois Saint-Arnoult, où il se heurte au général de Lapasset « qui lui oppose une résistance acharnée (2). »

En face de Flavigny, les Prussiens subissent un grave échec. Plusieurs compagnies n'avaient pas craint de s'approcher de la gauche du général Bataille. Nos soldats n'ont pas de peine à tourner ces compagnies qui « éprouvent des pertes si considérables qu'elles se voient forcées de revenir, complètement désorganisées, vers le bois de Gaumont (3). » Un bataillon de la brigade de Schwerin cherche à nous contenir, mais notre feu « inflige à ce bataillon des pertes énormes; son commandant en second a été tué dès le début de l'attaque; le drapeau passe de main en main, les balles françaises abattant successivement ceux qui le portent. Bientôt tous les officiers se trouvent hors de combat et, quand le commandant, grièvement blessé à son tour, doit quitter le champ de bataille, les débris de l'héroïque bataillon se replient aussi vers le vallon situé en arrière (4). »

Le général de Dœring, justement effrayé de nos progrès, tente de reformer les compagnies décimées. La tâche n'est pas facile au milieu de la pluie de balles qui siffle de tous côtés, couchant à terre hommes et chevaux. Quelques minutes après onze heures, le général est frappé mortellement et c'en était fait de sa brigade si le commandant du 2° corps

(1) *La Guerre franco-allemande*, 1re partie, p. 531.
(2) *Ibid.*
(3) *Ibid.*, p. 532.
(4) *Ibid.*, pp. 532 et 533.

avait poussé toutes ses forces contre l'ennemi en débandade. Mais le maréchal Bazaine ne l'a pas encore appuyé; il n'est même pas accouru à la canonnade : Frossard n'ose pas se lancer en avant. Le général de Schwerin réunit les épaves des deux brigades autour des troupes fraîches qui lui arrivent et, sans dépasser le chemin de Buxières à Rezonville, se tient vis-à-vis de ce dernier village.

Du côté du bois de Vionville, les mêmes causes avaient amené les mêmes effets. Après une lutte terrible dans les fourrés, les brigades Jolivet et Lapasset, ne se sentant pas soutenues, reculaient peu à peu « devant les effectifs supérieurs de Stülpnagel et de ses cinq batteries bientôt appuyées, à la gauche, de deux autres de la réserve du III⁰ corps (1) », et quittaient la place à l'exception d'une poignée de braves de la 1ʳᵉ brigade qui se cramponnaient au versant nord du bois Saint-Arnould dont l'ennemi ne pouvait les déloger.

Il était alors midi. Un régiment du X⁰ corps, sous les ordres du colonel de Lyncker, était accouru au secours de la V⁰ division, à laquelle il prêtait sa batterie. Aussi bien, malgré l'abandon du bois de Vionville, nous conservions l'avantage à notre gauche puisque nous avions écharpé la division Stülpnagel dont l'artillerie « avait été sérieusement éprouvée (2) ». La droite de l'ennemi n'avait donc pas été heureuse et la direction que lui avait imprimée le général de Stülpnagel ne saurait être remarquée que pour le décousu des attaques et le hasard des engagements.

Notre droite était plus vivement pressée et le maréchal Bazaine ne songeait nullement à la faire soutenir par la Garde impériale qu'il avait sous la

____

(1) Colonel Lecomte, t. II, p. 95.
(2) *La Guerre franco-allemande*, 1ʳᵉ partie, p. 535.

main, à deux pas de Rezonville (1). La division
Bataille, qui tenait Vionville et Flavigny, était
écrasée sous les obus des Allemands qui suppléaient
à leur infériorité numérique au moyen des nombreux canons couvrant toutes les collines de Tronville à Anconville. L'artillerie du IIIe corps, celle
des Ve et VIe divisions de cavalerie, sans compter
les pièces du Xe corps qui allaient apparaître avant
onze heures, formaient une ligne de feux formidable
avec laquelle la seule artillerie du 2e corps et les
deux batteries de Forton avaient grand'peine à
lutter, car les rares bouches à feu du 6e corps commençaient à peine à prêter leur concours.

A neuf heures et demie, le général d'Alvensleben,
au risque de se voir coupé par la route de Verdun,
avait ordonné à la VIe division d'infanterie de marcher sur Jarny, en traversant Mars-la-Tour. Heureusement pour lui, arrivé à Tronville, il s'apercevait
de son erreur et le général de Buddenbrock recevait
la mission d'enlever Vionville et Flavigny. Immédiatement, sous la protection de leurs canons, les
Prussiens abordent la division Bataille et le 93e de
ligne, de la brigade Colin, du 6e corps. La droite de
cette division était gardée par la brigade Becquet de
Sonnay qui occupait les mamelons autour de Vionville et le 9e de ligne, de la division Bisson, qui se
déployait de ces mamelons à la *voie romaine*. Ces
dernières troupes faisaient partie du 6e corps.

Les Prussiens essayent d'abord de s'emparer
d'un abreuvoir, entouré de quelques arbres, creusé
entre Flavigny et la grande route. Ils sont repoussés.
Pourtant, sans se préoccuper du général Becquet de

---

(1) « Il eût été facile au maréchal d'engager la Garde dès le début
de la bataille ; la réserve aurait été formée des troupes qui arrivèrent
ensuite et qui, toutes, étaient en vue. Il eût alors triomphé du
IIIe corps prussien avant l'arrivée du Xe, et ce corps lui-même eût été
en péril. » (Capitaine Bonnet, t. Ier, p. 115).

Sonnay qui reste immobile, plusieurs bataillons traversent le bois de Tronville et se joignent aux premiers assaillants. A onze heures et demie, l'abreuvoir est toujours en notre possession, mais Vionville, abordé par le nord, l'ouest et le sud, tombe au pouvoir de l'ennemi sans que le maréchal Canrobert cherche à menacer la gauche des audacieux qui risquent une si grosse partie. Il est vrai que le commandant du 6ᵉ corps n'a pas d'ordres, qu'il n'a pas encore vu le général en chef et que son artillerie n'est pas au complet, loin de là (1). Nonobstant ces difficultés, il était facile de reconnaître combien était faible la ligne d'infanterie prussienne, et le 3ᵉ corps, dont l'avant-garde était signalée, devait rassurer le maréchal au sujet du mouvement tournant à entreprendre. Quoi qu'il en soit, Canrobert n'avait pas aperçu le défaut de la cuirasse de l'adversaire et nous avions reculé.

La prise de Vionville avait coûté cher aux Prussiens qui avaient vu tomber nombre d'officiers et, parmi eux, le colonel de Bismarck, commandant la XIIᵉ brigade d'infanterie. Quant aux Français ils s'étaient laissé enlever des prisonniers par suite de l'attaque du nord qui avait fermé le passage à une certaine quantité de nos soldats (2).

Profitant de la négligence du maréchal Canrobert qui n'a pas garni le bois de Tronville, l'ennemi s'y installe solidement et, de là, jette ses bataillons sur le maréchal. Celui-ci n'a pas de peine à contenir les assaillants et leur aurait peut-être fait payer gros leur aventure si l'idée lui était venue de les accabler avec ses masses et si le général de Buddenbrock, s'apercevant du danger de son aile gauche, ne l'avait

(1) L'artillerie du 6ᵉ corps ne comptait que 54 pièces, commandées par un simple chef d'escadron. (*Procès Bazaine*, déposition du maréchal Canrobert, p. 223).

(2) *La Guerre franco-allemande*, 1ʳᵉ partie, p. 541.

pas soutenue par toutes les troupes disponibles et par onze batteries (1). Cette artillerie entame avec la nôtre, établie le long de la *voie romaine*, un duel retentissant et compense, par la supériorité de ses pièces, la faiblesse de l'infanterie prussienne (2).

En effet, nos artilleurs n'ont pas seulement à répondre aux artilleurs allemands, il leur faut encore battre les points enlevés par la VI⁰ division. Nos batteries « écrasent le village de Vionville sous un feu si terrible que le seul moyen de s'y maintenir (pour l'ennemi) est de pousser en avant (3). » Le général de Buddenbrock donne l'ordre de s'emparer de Flavigny. Les Prussiens sont alors forcés de traverser un plateau découvert où l'action s'engage immédiatement. « Les compagnies se confondent; leurs débris, se ralliant à d'autres débris, se groupent et rentrent de leur mieux dans la lutte. C'est en vain que l'on tenterait une description fidèle de cet engagement furieux. Après des efforts aussi longs qu'opiniâtres (4) » nos adversaires parviennent à enlever l'abreuvoir entouré d'arbres où l'on se bat depuis si longtemps.

Les dragons de la Garde royale et les hussards de Brunswick se précipitent sur les brigades Pouget et Colin en retraite, « mais celles-ci conservent assez d'attitude pour continuer leur mouvement en

(1) *La Guerre franco-allemande*, 1ʳᵉ partie, p. 542. — La XXXVII⁰ brigade d'infanterie (colonel Lehman) atteignait Tronville à onze heures et demie. (Colonel Borbstaedt, p. 430). Elle était partie de Thiaucourt à quatre heures et demie du matin. (Rüstow, t. Iᵉʳ, p. 253) et avait par conséquent parcouru environ 25 kilomètres.

(2) « Les changements de position trop fréquents nuisaient à l'efficacité du tir » de nos pièces. (*Les Éléments de la Tactique*, par J. Meckel, officier supérieur d'état-major, traduit de l'allemand par H. Monet, lieutenant breveté au 123⁰ régiment d'infanterie, 2⁰ édition, Paris, Louis Westhausser, 1887, p. 229.

(3) *La Guerre franco-allemande*, 1ʳᵉ partie, p. 543.

(4) *Ibid.*, p. 544.

bon ordre (1) » et maltraitent horriblement la cavalerie ennemie (2).

Cependant les incendies s'allument dans Flavigny ; de longs nuages de fumée noire, zébrés de jets rougeâtres, s'étendent sur les combattants. C'est entourés de flammes que nos soldats continuent à tirer. Les batteries allemandes redoublent de fureur, les obus effondrent les toits, démolissent les murs, éventrent les haies. Le bétail, que les paysans n'ont pu emmener, est broyé par les projectiles, et ses hurlements se mêlent aux plaintes des mourants, aux cris des blessés, au pétillement des chaumières embrasées, au crépitement de la fusillade, aux détonations grandioses de l'artillerie. La place n'est plus tenable. Quelques obstinés ne veulent pourtant pas la quitter et se défendent en désespérés jusqu'au moment où les masses assaillantes, pénétrant dans le hameau de plusieurs côtés à la fois, finissent par les faire prisonniers.

Cette première partie de la lutte avait démontré la supériorité des pièces prussiennes comme quantité et comme qualité (3) ; mais si nos canons n'avaient pas été à la hauteur du courage et de l'habileté de nos artilleurs, notre mousqueterie avait produit de grands ravages ; les batteries et les régiments du III⁰ corps étaient plus que décimés par les balles des chassepots (4).

Enfin, Vionville, Flavigny et le bois de Vionville venaient d'être perdus. Il était environ midi. Le 2ᵉ corps couvrait toutes les crêtes situées à l'est de

<hr>

(1) *La Guerre franco-allemande*, 1ʳᵉ partie, p. 544.

(2) Le seul escadron des dragons de la Garde perdit 70 chevaux dans cette tentative. (*Ibid.*, en note).

(3) Major Hoffbauer, *La Bataille de Vionville*, p. 56. — « La puissance supérieure des pièces prussiennes domine notre feu. » (Général Frossard, p. 87). — « A ce moment de la journée, les Allemands avaient mis en action 132 pièces. » (Colonel Lecomte, t. II, p. 97).

(4) Major Hoffbauer, *La Bataille de Vionville*, p. 57.

Flavigny, de la grande chaussée au bois Saint-Arnould dont il tenait encore l'extrémité septentrionale. La brigade Lapasset gardait les débouchés de Gorze, à la *Maison Blanche;* une batterie balayait la route. La Garde impériale (infanterie, cavalerie et artillerie) s'échelonnait de l'est de Rezonville à Gravelotte et à la Malmaison, surveillant le bois des Ognons où pas un Prussien ne se montrait. Le 6ᵉ corps couronnait les coteaux, de la grande route aux bois situés au sud de Saint-Marcel. Les divisions de cavalerie de Forton et de Valabrègue se tenaient entre Rezonville et Villers-aux-Bois, derrière le 6ᵉ corps (1). Le maréchal Le Bœuf (3ᵉ corps) arrivait à Saint-Marcel, ainsi que la division de cavalerie de Clérembault. Les escadrons de la division Legrand gagnaient Doncourt. Plus à l'ouest, la brigade de cavalerie de France et le 2ᵉ chasseurs d'Afrique, de la division Du Barail, apparaissaient de l'autre côté de Bruville. Ces derniers cavaliers n'étaient pas à 7,000 mètres du champ de bataille. Les plus éloignées de nos autres troupes se trouvaient à une lieue ou deux de l'action. Le maréchal Bazaine avait donc sous la main trois corps d'armée, la Garde impériale et au moins cinq divisions de cavalerie (2).

Les Allemands ne disposaient toujours que du IIIᵉ corps, d'une partie de la brigade Lehmann et de leurs deux divisions de cavalerie, la Vᵉ et la VIᵉ. Le général de Stülpnagel et une portion de la brigade Lehmann, du Xᵉ corps, garnissaient le bois de Vionville, la crête au nord d'Anconville et les

---

(1) Cette division se composait ordinairement des brigades Valabrègue et Bachelier.

(2) « C'était le moment, entre midi et deux heures, qui, selon toute apparence, aurait pu être choisi pour une offensive vigoureuse de la part des Français, ayant devant eux un adversaire inférieur numériquement épuisé par la lutte. » (Commandant Tumerel, p. 13).

collines situées au sud-est de Flavigny. La VIe division de cavalerie se groupait autour de la *statue Sainte-Marie*. Le général de Buddenbrock se déployait de Flavigny au côté ouest du bois de Saint-Marcel, près de la *voie romaine*. La Ve division de cavalerie et l'autre portion de la brigade Lehmann se tenaient aux alentours de Tronville, derrière la gauche du IIIe corps. Aucun renfort n'était en vue (1).

Jamais plus belle occasion de vaincre ne fut donnée à un chef d'armée. A cette heure, il fallait lancer les divisions de Clérembault et Legrand, les brigades de Juniac et de France sur Mars-la-Tour et Puxieux, pour tourner l'extrême gauche de l'ennemi pendant que le maréchal Le Bœuf déborderait la gauche du général de Buddenbrock, et que les 2e et 6e corps et des fractions de la Garde impériale culbuteraient les régiments épuisés qu'ils avaient devant eux (2). Les autres fractions de la Garde

---

(1) « Les secours que les Allemands attendaient étaient encore loin. » (Capitaine Bonnet, t. Ier, p. 100). — « Parmi les nombreux avantages tactiques que possédaient les Français dans cette bataille improvisée, qui n'avait été prévue avec certitude par aucun des deux partis, il faut citer ce fait qu'ils commençaient la lutte reposés et réconfortés, tandis que la majeure partie des troupes prussiennes, arrivant sur le théâtre de l'action déjà très fatiguées, devaient passer immédiatement de leur formation de marche à leur formation de combat, pour soutenir ensuite pendant plusieurs heures, et sans pouvoir être relevées, la lutte la plus acharnée. » (Colonel Borbstaedt, p. 423). — « La grande chaleur, la marche dans des vallées étroites et la montée du plateau par des bords en grande partie escarpés fatiguaient beaucoup les troupes le 16 août au matin. » (*Rapport officiel de la IIe armée sur la bataille de Vionville*). — « L'infanterie française avait acquis une supériorité numérique si écrasante que les lignes peu profondes du IIIe corps ne pouvaient plus songer à attaquer et qu'elles n'avaient plus qu'une ambition, celle de se maintenir dans leurs positions jusqu'à l'arrivée du Xe corps. » (Général de Hohenlohe, *Lettres sur la Cavalerie*, p. 21). — « Les Français avaient une supériorité numérique écrasante. » (Commandant von der Goltz, *La Nation armée*, p. 266).

(2) « Cette ligne mince (de Vionville au bois Saint-Arnould) pouvait facilement être rompue par les nombreuses troupes dont disposait le maréchal Bazaine. » (Capitaine Bonnet, t. Ier, p. 100).

auraient observé les bois de Vaux et des Ognons afin de rassurer pleinement le maréchal Bazaine à l'endroit d'une attaque improbable de ce côté.

Cette combinaison si simple, si naturelle, si facile à concevoir, d'autant plus indiquée que le 4e corps (de Ladmirault) allait bientôt renforcer notre droite, aurait eu pour résultat d'enfermer les Allemands dans un demi-cercle de feux et de les précipiter en désordre dans les ravins de Gorze où ils se seraient broyés les uns contre les autres. Pas un ne pouvait échapper, car, poursuivant notre mouvement vers la Moselle avec nos cinq corps d'armée et nos cinq divisions de cavalerie, nous jetions fatalement à la rivière tout ce qui ne se serait pas rendu prisonnier. C'en était fait des canons, des équipages et des soldats ; les renforts prussiens traversant la Moselle en petit nombre et à de longs intervalles, n'auraient que participé au désastre du IIIe corps ; la bataille de Rezonville était une des grandes victoires de la France (1).

(1) « La dispersion des corps allemands était déjà une mauvaise chose pendant que l'armée était encore sur la rive droite ; elle devenait très mauvaise et pleine de périls dès que le passage était commencé. La rivière opposait à la réunion des corps voisins un obstacle considérable qu'on ne pouvait vaincre qu'avec du temps, qui est toujours chose précieuse en présence de l'ennemi. » (Capitaine Bonnet, t. 1er, p. 96). — « A onze heures du matin (ou même midi), Frossard et Canrobert réunis, la Garde en réserve immédiate, les deux autres corps en réserve ultérieure, s'avançant en masses soit sur Tronville, soit sur Gorze, eussent infailliblement écrasé le IIIe corps prussien, et, un peu plus tard, le Xe et les autres renforts leur arrivant successivement. » (Colonel Lecomte, t. II, p. 139). — Bazaine « ne profite pas de la faute de l'ennemi qui ose risquer une marche de flanc devant nos troupes en position et se présenter, le dos appuyé à une rivière encaissée, la Moselle, sur laquelle il n'a que peu de passages aboutissant à des cols difficiles. On entendait les officiers et les soldats répéter : «« C'est un Sadowa, marchons en avant. »» Il ne paraissait s'agir que de lancer les troupes fraîches du 3e corps et de la Garde, de masser l'artillerie et de condenser le feu sur les défilés de Gorze. » (Général Iung, pp. 17 et 18). — « Le 16, les Prussiens eussent pu être jetés dans la Moselle. » (Commandant Tumerel, p. 17). — J. Valfrey, p. 17.

Mais alors la route de Verdun était ouverte, Bazaine rejoignait l'empereur ou plutôt l'empereur revenait auprès de Bazaine victorieux et reprenait la direction de l'armée ! Le maréchal ne l'entendait pas ainsi ; il ne voulait pas de la victoire avant d'avoir été coupé de Verdun ; aussi la défensive va être strictement gardée et les Prussiens éviteront une première fois, ce jour-là, une catastrophe que leur imprudence avait rendue si imminente, et qu'un Chanzy ou un Faidherbe n'aurait pas manqué de leur ménager.

CHARGES DE CAVALERIE A REZONVILLE ET A VIONVILLE.
ATTAQUE DU 6ᵉ CORPS PAR LA VIᵉ DIVISION D'INFANTERIE.

De midi à trois heures.

Le commandant en chef de l'armée française ne s'était pas hâté de se rendre sur le champ de bataille. Depuis neuf heures le canon tonnait et le maréchal ne se montre au 2ᵉ corps, qui lutte depuis bientôt trois heures, qu'après la prise de Vionville (1), c'est-à-dire, après onze heures et demie du matin. Ce coupable retard entraîne des conséquences déplorables. Frossard est hésitant et garde la défensive, Canrobert ne le soutient pas ou le soutient mollement ; tous les deux attendent des instruc-

(1) Major Hoffbauer, *La Bataille de Vionville*, p. 69. — M. Charles de Mazade dit que le maréchal Bazaine est arrivé sur le terrain après les blessures des généraux Bataille et Valazé, un peu avant la charge des lanciers. (T. Iᵉʳ, p. 158.) C'est donc vers midi. Du reste, le maréchal l'a avoué : « — M. le président : Lorsque vous êtes arrivé sur le terrain du combat lui-même, l'ennemi occupait déjà Vionville et Flavigny ?... — M. le maréchal : Oui, monsieur le président. » (*Procès Bazaine*, Interrogatoire, p. 464).

tions (1). La Garde impériale n'est pas prévenue, et ce n'est qu'à onze heures, au bruit du canon, que le général Bourbaki fait prendre les armes aux grenadiers et aux voltigeurs (2). Le maréchal Le Bœuf n'est pas invité à presser son mouvement en avant (3). Les divisions de cavalerie restent inactives derrière le 2ᵉ corps et le général de Ladmirault n'est même pas averti qu'une bataille est engagée. Bien mieux, le commandant en chef ne daignera pas, de la journée, envoyer la moindre prescription au 4ᵉ corps (4) !

Enfin Bazaine est au milieu des troupes de Frossard, qui battent en retraite, et se conduit non en maréchal, mais en simple colonel. Au lieu de donner des ordres à ses chefs de corps, au lieu d'embrasser l'ensemble de l'action, il se mêle aux combattants, pointe les canons, ramène les soldats en avant, toutes choses fort honorables sans doute, mais qui ne sont pas du ressort d'un généralissime (5).

(1) Cela résulte des dépositions du maréchal Canrobert et du général Frossard dans le procès Bazaine (pp. 223 et 235).

(2) *Procès Bazaine*, déposition du général Bourbaki, p. 233.

(3) *Ibid.*, déposition du maréchal Le Bœuf, p. 228.

(4) « Aucun ordre ne paraît avoir été donné au 4ᵉ corps. » (Colonel Borbstaredt, p. 428). — « Dans toute la journée du 16, pas plus que le lendemain, je n'ai vu un seul officier de l'état-major général. » (Déclaration du général de Ladmirault devant la commission d'enquête sur les capitulations). — « Je comptais sur la vieille expérience du général de Ladmirault pour accourir au canon et soutenir le mouvement tournant du 3ᵉ corps. » (*Rapport officiel de la bataille de Rezonville*). Pourquoi ne pas expédier un ordre positif ?

(5) Le maréchal Bazaine « se porte, de sa personne, en avant, ramène lui-même les troupes sur leurs positions et donne à tous, disons-le, aux généraux comme aux soldats, l'exemple du plus magnifique sang-froid... Il était alors trois heures. Le maréchal n'avait pas quitté le centre de l'action ; surveillant tout lui-même, il indiquait aux batteries les emplacements à prendre, aux bataillons les points à occuper et il se multipliait dans une activité qui ne se démentit pas un moment, semblant oublier souvent ses fonctions de commandant en chef pour le rôle plus modeste d'un général ou d'un simple colonel. » (Général d'Andlau, p. 72). — « Sa bravoure était

Quelques minutes après midi, la VIe division
d'infanterie et la demi-brigade Lehmann avaient
donc prononcé une attaque vigoureuse sur la droite
du 2e corps. Battus par les pièces de fort calibre
établies à l'est de Tronville, les généraux Bataille
et Valazé vacillent d'abord, se remettent un peu
après l'entrée en ligne des batteries de réserve du
colonel Baudouin et de celles de la réserve générale
que le maréchal Bazaine a fait demander : ils cèdent,
à la fin, quand les artilleurs prussiens parviennent
à prendre le dessus. Le général Valazé est blessé.
Sa brigade se retire en arrière de Rezonville. Le
général Bataille cherche à soutenir les régiments
débandés du général Valazé ; il se met à la tête de
la brigade Fauvart-Bastoul et fond encore une fois
sur le général de Schwerin : il « se trouve aussitôt pris d'enfilade par un feu des plus meurtriers
de l'artillerie prussienne (1) », placée près du cimetière. A son tour, il tombe grièvement blessé. « La
retraite de cette troupe devient inévitable (2). »

L'ennemi veut profiter de la confusion pour
gagner du terrain. Les bataillons prussiens sonnent
la charge et poursuivent les Français, la baïonnette
aux reins. C'est à cet instant que le maréchal Bazaine
ordonne au 3e lanciers et aux cuirassiers de la Garde
de se jeter en travers des assaillants. « Le général
Frossard transmet lui-même cet ordre au général
du Preuil, qui va diriger le mouvement, en lui re-
commandant de pousser sa charge jusqu'à l'artillerie prussienne, s'il le peut. Les lanciers partent
avec un grand entrain, mais le feu des carrés éche-

telle qu'il se trouvait toujours en première ligne, si bien que, parfois,
c'était un peu gênant pour nous, parce que nous ne savions jamais
où le prendre. » (*Procès Bazaine*, déposition du général Bourbaki,
p. 233).

(1) *La Guerre franco-allemande*, 1re partie, p. 551.

(2) Général Frossard, pp. 88 et 89.

lonnés les arrête et les refoule. Les cuirassiers de la Garde les suivent sur trois lignes et pénètrent entre l'infanterie et les batteries, où ils sabrent quelques canonniers. Leur effort héroïque est impuissant contre la grêle de projectiles qui les couvre : ils sont forcés à la retraite et ramenés après avoir subi de rudes pertes (1).

Le lieutenant-colonel de Caprivi, chef d'état-major général du Xe corps, avait suivi des yeux la charge de la cavalerie française ; la voyant se retirer, il lance à sa poursuite trois escadrons des hussards de Brunswick, les débris des dragons de la Garde royale et le XIe régiment de hussards.

Le maréchal Bazaine venait d'installer, en personne, afin de préparer et d'appuyer la charge des cuirassiers et des lanciers, une batterie de la Garde entre les chemins allant de Buxières et de Flavigny à Rezonville, tout près de ce village. Le colonel de Rauch aperçoit ces bouches à feu et tombe sur leur droite juste au moment où le 11e hussards les aborde de front. « Complètement prise au dépourvu, c'est à peine si la batterie a le temps de tirer quelques coups que déjà elle est entourée par les hussards (2). » Les servants se sauvent, emmenant les avant-trains et les attelages. Bazaine est emporté dans le tourbillon ; « il met l'épée à la main pour sa défense et galope côte à côte avec un officier prussien jusque sur la grande route où la présence d'un bataillon de chasseurs et des deux escadrons

(1) *La Guerre franco-allemande*, 1ro partie, p. 89. — « Dès le départ, les voitures abandonnées, les effets de campement épars sur le terrain mettent le désordre dans cette troupe qui n'en poursuit pas moins, avec un courage héroïque, l'attaque dont elle était chargée... Après son passage, les morts et les blessés jonchent au loin le champ de bataille ; le capitaine Hildebrand était tué ; mais les Français avaient payé de 22 officiers et 208 cuirassiers leur charge contre l'infanterie de la Marche. » (*Ibid.*, p. 552).

(2) *Ibid.*, p. 553.

d'escorte arrête la charge (1). » Un escadron de hussards français reprend les pièces conquises. Quant à l'état-major du commandant en chef, il a été si bien dispersé par cette échauffourée qu'on ne le retrouvera plus durant plusieurs heures (2).

Le général Brackenbury écrivait à propos de la contusion de Bazaine, à Borny : « Ceux qui aiment à se livrer aux questions spéculatives en trouveront une intéressante à se poser, en se demandant quel aurait été le résultat pour l'avenir de l'armée, si cette balle avait frappé un peu au-dessous et que le commandement par droit d'ancienneté fût passé au maréchal Canrobert (3)? » Nous dirons, à notre tour : « Que serait-il arrivé si Bazaine avait été tué ou pris par les hussards de Brünswick? »

La réponse aux deux questions est facile; nous l'avons déjà faite : « Le résultat de la disparition de Bazaine eût été le salut de l'armée et de la France. En effet, nous n'admettrons jamais que l'intrépide soldat de Ponte-Vecchio-di-Magenta et de Saint-Privat n'eût pas combattu jusqu'au dernier homme avant de livrer les fusils, les canons, les drapeaux' français, avant de rendre aux Prussiens Metz-la-Pucelle (4). » Nous nous trompons peut-être, car l'attitude ultérieure de Canrobert, dans les conseils de Bazaine, fut celle d'un parfait bonapartiste mais d'un mauvais Français. L'impératrice fut obligée de le rappeler à la raison en refusant ses propositions de guerre civile. Cependant, nous voulons conserver notre illusion, d'autant plus que la responsabilité du commandement suprême lui eût

(1) Capitaine Bonnet, t. 1ᵉʳ, p. 102. — « Le maréchal se trouve, durant quelques minutes, dans le plus extrême danger. » (*La Guerre franco-allemande*, 1ʳᵉ partie, p. 553).
(2) Maréchal Bazaine, *L'Armée du Rhin*, p. 59.
(3) Général Brackenbury, p. 101.
(4) *Nouvelle Revue*, n° du 1ᵉʳ mai 1882, p. 30.

probablement fait envisager des devoirs que le
second rang qu'il occupait lui permettait d'esquiver.
Quoi qu'il en soit, notre malechance préserva l'homme
du Mexique ; la fatalité étendit sur lui un bras pro-
tecteur ; la mort ne voulut pas de lui et les Prussiens
eurent le bonheur de ne pouvoir parvenir à le faire
prisonnier.

Avant les combats de cavalerie que nous avons
racontés, aussitôt que le général d'Alvensleben avait
discerné le mouvement en arrière du 2ᵉ corps, il
avait prescrit à la VIᵉ division de cavalerie « de
quitter la ferme d'Anconville et de se préparer à
charger ». Il faut du temps pour communiquer
l'ordre, pour gravir les pentes et pour se déployer.
Simultanément, du côté des Français, la division
Picard (grenadiers de la Garde), venait remplacer le 2ᵉ corps (1). Quand la VIᵉ division de cavalerie se présente, elle trouve devant elle des
troupes fraîches qui l'accueillent par une vive fusillade, tandis que la batterie de Rezonville l'accable
de projectiles. « Débouchant sur un terrain trop
étroit et craignant de masquer l'artillerie, la division
ne peut se déployer : elle reste formée en colonnes
d'escadrons dont les intervalles laissent à peine un
passage aux hussards repoussés (Brunswick et 11ᵉ).
Sous ce feu violent et dans ces conditions, la charge
est impossible, et les cavaliers allemands se replient
derrière Flavigny (2). » Le général de Rauch
« venait d'être blessé ; sa brigade avait essuyé des
pertes sensibles, surtout les hussards de Zieten, dont
le colonel avait été tué (3) ».

(1) Non sur l'ordre de Bazaine, mais à la seule inspiration du général Bourbaki. « Voyant que le 2ᵒ corps avait été obligé de céder
sous les efforts vigoureux de l'ennemi, je déployai mes grenadiers,
puis je m'avançai rapidement. » (*Procès Bazaine*, déposition du
général Bourbaki, p. 233).
(2) Capitaine Bonnet, t. Iᵉʳ, p. 103.
(3) *La Guerre franco-allemande*, 1ʳᵉ partie, p. 555.

A la faveur de la confusion amenée par ces combats de cavalerie, l'artillerie ennemie se porte en avant et fait face à Rezonville. Pendant ce temps aussi, le maréchal Canrobert avait modifié son ordre de bataille et gagnait du terrain (1). Le général de Buddenbrock a grand'peine à se maintenir, et Canrobert s'apercevant « du ralentissement du feu des troupes prussiennes, dont les forces commencent à s'épuiser (2) », se décide à reprendre Vionville. « Il était deux heures; les Allemands n'avaient plus en réserve ni un fantassin, ni un canon, et la XXe division d'infanterie, sur laquelle ils pouvaient compter en premier lieu, se trouvait encore bien éloignée (3). »

Le général d'Alvensleben se sent perdu. Imitant Frossard, qui vient de faire charger les cuirassiers de la Garde pour ralentir la marche du général de Stülpnagel, le commandant du IIIe corps prend la résolution désespérée de jeter toute sa cavalerie disponible au-devant des bataillons du maréchal Canrobert. Il n'avait sous la main que le 7e cuirassiers et le 16e uhlans, de la brigade Bredow, qui se tenaient abrités sur le revers nord-ouest des hauteurs de Tronville. Les deux régiments sont enlevés et, tournant brusquement à droite, fondent sur notre première ligne qu'ils renversent, atteignent les batteries, sabrent les servants et dépassent même notre seconde ligne. Mais alors les dramatiques péripéties de la charge des cuirassiers de la Garde se reproduisent au désavantage des Prus-

____

(1) Au commencement de la bataille, nous nous tenions perpendiculairement à la grande route, de Saint-Marcel au bois de Tronville, la face tournée à l'ouest. Maintenant, jusqu'à la fin de l'affaire, nous serons placés parallèlement, la face au sud, et bientôt nous nous étendrons de la ferme de Grizières à Gravelotte.

(2) *La Guerre franco-allemande*, 1re partie, p. 561. — Voir aussi : général de Hohenlohe, *Lettres sur la Cavalerie*, p. 22.

(3) *La Guerre franco-allemande*, 1re partie, p. 561.

siens; les mitrailleuses et les chassepots les fauchent par centaines, et voici que les divisions de Forton et de Valabrègue, voulant « venger l'affront du matin (1) », tombent au milieu des cuirassiers et des uhlans ennemis. « Entouré de toutes parts, le général Bredow doit songer à la retraite. Mais les chevaux sont épuisés et ne continuent leur course que sous les coups désespérés de leurs cavaliers, pour trouer une seconde fois la ligne française qui s'était refermée sur eux. La mort fait parmi les Allemands d'horribles ravages. De toute la brigade, il ne restait que 13 officiers, 70 cuirassiers et 80 uhlans (2) » quand elle parvint à se mettre à couvert derrière Flavigny. Le colonel des uhlans demeurait prisonnier entre nos mains. C'était au moins la quatrième fois de la journée que la cavalerie se brisait contre l'infanterie, tant il est vrai que les meilleurs escadrons ne sont plus en état de lutter avec elle et qu'ils ne doivent plus servir qu'aux reconnaissances et à la poursuite d'une troupe débandée (3).

---

(1) *La Guerre franco-allemande*, 1re partie, p. 564.

(2) Récit d'un officier d'état-major prussien cité par le major Hoffbauër, *La Bataille de Vionville*, p. 85. — Les cavaliers prussiens « horriblement décimés, se concentrent à peu près à l'endroit d'où ils étaient partis ». (Général de Hohenlohe, *Lettres sur la Cavalerie*, p. 22). — « Les cavaliers de la division Valabrègue, se joignant à ceux du général de Forton, se précipitent sur l'ennemi; le tourbillon se mêle confus et le combat se livre avec fureur de part et d'autre. L'acharnement des nôtres est si grand, chacun est tellement lié à son adversaire que, malgré la sonnerie de ralliement, le massacre continue toujours. En peu d'instants, la cavalerie ennemie fut anéantie et le terrain couvert des cadavres des uhlans et des cuirassiers blancs. Les mieux montés seuls en réchappèrent... Nos pertes furent insignifiantes, comparativement à celles de l'ennemi, parce que nos cavaliers, frappant avec la pointe, trouvaient un passage aux entournures des cuirasses et aux couvre-nuque des casques, tandis que les Prussiens, se servant du tranchant ou du pistolet, blessaient les chevaux, mais peu les hommes protégés par les cuirasses. » (*La Cavalerie française*, par le lieutenant-colonel Bonie, Paris, Amyot, 1874, pp. 68 et 69).

(3) « L'inutilité de la cavalerie sur les champs de bataille paraît

Cependant, grâce à la mollesse des généraux de Forton et de Valabrègue, qui « n'essayent pas de poursuivre sérieusement (1) » les fuyards et de profiter de leur retraite pour pénétrer à leur suite dans les carrés de l'infanterie ennemie, le sacrifice de la brigade Bredow ne demeure pas inutile (2); le général de Buddenbrock se remet de son alarme et se sent bientôt complètement rassuré lorsqu'il voit le 6ᵉ corps renoncer à son offensive. C'était sur l'ordre du maréchal Bazaine que Canrobert prenait cette lamentable décision. En effet, le commandant en chef fortifiait de plus en plus sa gauche et la partie du champ de bataille « qui, moins que toute autre, devait être l'objet d'une attaque sérieuse (3) ». Quelques instants auparavant, Bazaine avait modifié les emplacements de ses régiments. Les chasseurs de la Garde avaient été embusqués dans le bois des Ognons; la division Montaudon, du 3ᵉ corps, avait gagné Gravelotte; les deux divisions du général Frossard étaient en train de se reformer « au sud de ce village », surveillant le débouché du ravin d'Ars. Notre gauche n'avait rien à craindre !

Après la déroute de la brigade Bredow, « c'était le moment de reprendre l'attaque et de jeter hors de la route de Verdun les troupes épuisées du comte d'Alvensleben. Les têtes de colonne du 3ᵉ corps étaient en vue (4) et l'on annonçait l'arrivée du

---

donc complétement démontrée. Elle ne peut servir que pour de communications ou des charges brusques et rapides faites par quelques escadrons sur une étendue très restreinte. » (Capitaine Bonnet, t. Iᵉʳ, p. 125). — Voir aussi : général de Hohenlohe, *Lettres sur la Cavalerie*, p. 76.

(1) *La Guerre franco-allemande*, Iʳᵉ partie, p. 565. — Nous comptions pourtant deux divisions contre une brigade.

(2) Elle « a sauvé tout un corps d'armée ». (Général de Hohenlohe, *Lettres sur la Cavalerie*, p. 22.) — « Le 6ᵉ corps ne bougea plus de tout le jour. » (*Ibid.*, p. 23).

(3) *La Guerre franco-allemande*, Iʳᵉ partie, p. 549.

(4) Elles étaient même arrivées, puisqu'elles « se déployaient, vers

4ᵉ corps, venant de Doncourt. Le succès était certain (1).

Et, de fait, l'infanterie du général de Ladmirault apparaissait avant trois heures (2). Le général était parti le premier de son bivouac et avait prescrit de gagner Doncourt-en-Jarnisy. La division de Lorencez devait passer par Lessy, la cavalerie et les autres divisions par Saint-Privat. Le commandant du corps et la cavalerie atteignirent Bruville quelques minutes après midi (3) et y rencontrèrent les chasseurs d'Afrique, les lanciers de la Garde et les dragons de l'impératrice, qui revenaient d'escorter le souverain déchu. Une reconnaissance fut faite du côté de Mars-la-Tour qui démontra qu'il y avait peu de cavaliers et presque pas de fantassins ennemis auprès de ce village et à Tronville (4). Le commandant du 4ᵉ corps n'essaya pas de porter les quatre régiments du général Legrand et la brigade de France sur les isolés de Tronville, bien que deux batteries d'artillerie fussent à même de soutenir son attaque. Il attendit le général Grenier et, dès que ce général eut gagné Bruville, la brigade Pradier fut retranchée dans la ferme de Grizières. « Cette

une heure et demie, entre Saint-Marcel et Bruville ». (*La Guerre franco-allemande*, 1ʳᵒ partie, p. 561.) — « L'affaire s'engagea pour mon corps vers midi. » (*Procès Bazaine*, déposition du maréchal Le Bœuf, p. 228). Le maréchal se trompe, c'est vers une heure et demie seulement.

(1) Capitaine Bonnet, t. Iᵉʳ, p. 104.

(2) *Procès Bazaine*, déposition du maréchal Le Bœuf, p. 228. « — Le maréchal Le Bœuf était arrivé peu après midi ; le général de Ladmirault se montrait un peu plus tard à Doncourt. » (Charles de Mazade, t. Iᵉʳ, p. 160). — « J'étais donc arrivé à midi » à Bruville ou à Doncourt, 5 ou 7,000 mètres de Vionville. » (Déposition du général de Ladmirault devant la commission d'enquête, citée par Bazaine : *Épisodes*, p. 85).

(3) Le général dit : *une heure*, dans sa déposition. (*Procès Bazaine*, p. 231).

(4) Déposition du général de Ladmirault devant la commission d'enquête sur les capitulations.

13.

ferme est située sur la berge d'un ravin très profond, étroit, très escarpé qui donnait une bonne défense. La ferme fut crénelée et la position rendue formidable (1). »

A ce moment, le III° corps était à bout de forces et littéralement désorganisé. L'instant « était venu de frapper un grand coup et de prendre en main l'offensive pour rejeter victorieusement au loin cette armée qui avait tenté de nous interdire le passage. Dans l'état où étaient les choses, la combinaison à trouver était des plus simples; il suffisait de concentrer les efforts du 3° et du 4° corps sur la gauche de l'ennemi, de la pousser vivement pendant que le restant de nos troupes prononcerait une attaque de front. En admettant que ce mouvement réussît (et tout permettait de le supposer), la route de Verdun était ouverte, les Prussiens étaient rejetés en désordre sur la Moselle, et la journée pouvait se terminer pour eux par un véritable désastre. La chose était d'autant plus facile que nous n'avions devant nous que des forces très inférieures... Ou le maréchal Bazaine ne comprit pas cette situation, puisqu'il n'essaya pas d'en profiter, *ou il ne voulut pas la comprendre, parce qu'il avait d'autres projets.* On le voit, en effet, ne plus quitter l'extrême gauche de l'armée, observer les différents chemins qui conduisent de la vallée sur le plateau de Gravelotte, y appeler sans cesse de nouvelles troupes et les masser successivement à la tête des ravins qui vont à Ars et à Gorze; toutes ses craintes sont pour un mouvement tournant de l'ennemi de ce côté, et il semble que sa seule pensée soit de rester en communication avec cette ville de Metz, dont il ne devrait plus avoir à se préoccuper (2). Quant aux corps de

____

(1) *Procès Bazaine,* déposition du général de Ladmirault, p. 231.
(2) Ce n'est pas tout à fait notre avis, et il y avait intérêt à con-

la droite, il les oublie et ne songe à utiliser ni
leur concours ni les résultats qu'ils ont déjà obtenus (1), » comme nous allons le voir. Non seulement « le moment offensif du 6ᵉ corps est abandonné, probablement sur l'ordre du maréchal
Bazaine, qui redoutait une nouvelle attaque sur
sa gauche (2) », mais aucune instruction n'est
adressée aux 3ᵉ et 4ᵉ corps. La division épuisée
du général de Buddenbrock continue à tenir tête à
trois corps français (3)!

server le plus longtemps possible les relations avec Metz; mais il
n'était pas malaisé d'envoyer quelques escadrons battre le pays et
les bois du côté d'Ars. Le maréchal aurait acquis la certitude que
pas un Allemand ne se montrait de ce côté : partant que le danger n'était pas là.

(1) Général d'Andlau, pp. 73 et 74.

(2) *La Guerre franco-allemande*, 1ʳᵉ partie, p. 565.

(3) « Le IIIᵉ corps d'armée ne reçut pas avant trois heures et
demie d'autres secours d'infanterie du Xᵉ corps que la brigade Lehmann. Ce n'est que plus tard que des fractions des VIIIᵉ et IXᵉ corps
d'armée prirent part au combat. » (Rustow, t. Iᵉʳ, pp. 253 et 254).—
« Le maréchal Bazaine se maintint constamment sur la défensive, à
son aile gauche, que, de sa personne, il ne quitta pas un moment,
au lieu de prendre une offensive bien prononcée et *de rejeter dans
les défilés de Gorze* les deux divisions du IIIᵉ corps qui, jusqu'à quatre
heures de l'après-midi, furent seules à lui tenir tête. » (Colonel
Borbstaedt, pp. 460 et 461). — « A trois heures, quand les 3ᵉ et
4ᵉ corps français furent entrés en ligne, les 2 divisions un quart
d'infanterie et les 2 divisions de cavalerie prussiennes n'avaient pas,
devant elles, moins de 9 divisions trois quarts d'infanterie et 5 divisions et demie de cavalerie, plus 400 bouches à feu en première
ligne. Sur le front de bataille, les Français étaient donc, par rapport
aux Prussiens, dans la proportion du quadruple pour l'infanterie et
l'artillerie et de près du triple pour la cavalerie. » (*Ibid.*, p. 442).
C'est vrai, sauf pour l'artillerie ; mais les Allemands firent donner
toutes leurs forces et Bazaine ne se servit pas de la moitié des
siennes.

RETRAITE DE L'ENNEMI. — ENTRÉE EN LIGNE DU Xe CORPS. ARRIVÉE DU PRINCE FRÉDÉRIC-CHARLES. — NOUVEAUX COMBATS DEVANT REZONVILLE.

De trois à cinq heures.

Le général d'Alvensleben attendait avec une vive anxiété l'entrée en ligne du général de Voigts-Rhetz, commandant du Xe corps. Depuis le matin, ses divisions étaient sur pied et se battaient un contre quatre ; ses soldats étaient harassés de fatigue et n'avaient plus la force de riposter ; seule, la canonnade entretenait la lutte et cessait même par moments de se faire entendre, à cause du manque de munitions (1).

Avec une obstination qui rachète sa dangereuse témérité, le commandant du IIIe corps se résout à mourir plutôt que d'abandonner Vionville (2). Il tente de retarder la catastrophe en lançant la brigade Barby sur sa gauche, vers Bruville. Cette cavalerie laisse le bois de Tronville sur sa droite, traverse le ravin où elle rejoint le 19e dragons, qui fait partie de cette brigade, et le 13e de la même arme, qui dépend de la brigade Bredow. Ces quatre régiments s'installent sur une colline, entre la ferme de Grizières et Saint-Marcel (3), surveillant les masses du 4e corps

_____

(1) « L'artillerie prussienne fut forcée de ralentir son feu, faute de munitions. Il y eut des moments où certaines batteries furent réduites au silence. » (Major Hoffbauër, *La Bataille de Vionville*, p. 96).

(2) « Le danger le plus imminent venait d'une attaque que Canrobert, se préparait à exécuter sur Vionville par le nord ou le nord-est. » (*Les opérations de la Ire armée sous les ordres du général de Steinmetz, depuis le commencement de la guerre jusqu'à la capitulation de Metz*, par A. de Schell, major au grand état-major ; traduit de l'allemand par Furcy-Raynaud, ancien officier d'infanterie ; Paris, Berger-Levrault et Cie, 1873, p. 157).

(3) Cote 277.

qui s'accumulent à Bruville et à Saint-Marcel.
« Bientôt des buissons, des haies, des fossés, les
balles françaises déchirent la brigade Barby qui,
foudroyée ensuite à 6 et 800 pas par des feux de
salves, est prise à revers par les mitrailleuses (1). »
Il lui faut rebrousser chemin sur Tronville.

Les divisions Nayral (successeur du général de
Castagny, blessé à Borny) et Aymard, du 3e corps,
s'apprêtent alors à aborder de front le bois de Tronville, pendant que la division Grenier, du 4e corps,
et la division Tixier, du 6e, s'approchent pour tourner les deux côtés de la gauche ennemie. « Malgré
la valeureuse résistance opposée par l'infanterie
prussienne, l'aile gauche, qui combat au nord de la
chaussée de Mars-la-Tour à Vionville, est forcée de
battre en retraite devant cette double attaque enveloppante de l'adversaire. Le 24e régiment se retire
au pas de course, en conservant ses dernières cartouches. Les trois bataillons du détachement Lehmann reculent lentement vers Tronville en même
temps que le 24e et le 20e régiment. Il n'y a que la
parcelle du bois de Tronville touchant à la route
qui reste au pouvoir des Allemands (2). » — « Ainsi
repoussée, la gauche de la ligne de bataille prussienne est recueillie par l'artillerie massée à l'ouest
de Vionville (3). » Mais trois batteries de la division
Grenier, établies sur les hauteurs situées à l'ouest
des taillis de Tronville, prennent à dos la gauche de
la grande ligne de 19 batteries qui s'étend des taillis
de Vionville à ceux de Tronville, en passant par Flavigny (4). La portion de cette artillerie qui a dépassé
la chaussée est démolie par nos obus et par les dé-

(1) *La Guerre franco-allemande*, 1re partie, p. 567.
(2) Major Hoffbauër, *La Bataille de Vionville*, p. 91.
(3) *La Guerre franco-allemande*, 1re partie, p. 568.
(4) *Bulletin de la Réunion des Officiers*, n° du 15 mars 1884,
p 242.

charges de notre infanterie embusquée dans le bois de Tronville. Là encore les Allemands sont contraints à la retraite, et leurs canons se hâtent de se mettre à l'abri derrière les hauteurs sud-ouest de Vionville (1).

L'autre portion de l'artillerie ennemie, en action au sud de la chaussée, continuait, isolément, à répondre à nos canonniers. Elle était obligée de tirer au nord-est, au nord et à l'ouest, à l'heure où les bataillons prussiens, plus d'à moitié anéantis, cherchaient à se réorganiser autour de Tronville (2). Allaient-ils y parvenir? « Eu égard à l'évidente supériorité numérique des Français, on pouvait s'attendre à tout instant à les voir déboucher en avant de la grande route. La situation était donc critique quand, vers quatre heures, la XXᵉ division d'infanterie apparaît sur le champ de bataille, après une marche de 45 kilomètres (3). »

Il était temps, et l'on peut dire que, ce jour-là, le général de Voigts-Rhetz sauva l'armée prussienne. Le prince Frédéric-Charles s'attendait si peu à une bataille, il croyait si bien que le IIIᵉ corps n'aurait affaire qu'à une arrière-garde de l'armée française en retraite sur Châlons, qu'il ne songeait guère à appuyer le général d'Alvensleben et s'appliquait uniquement à tomber sur notre flanc, au delà de Mars-la-Tour, avant notre arrivée à Verdun. A

(1) *La Guerre franco-allemande*, 1ʳᵉ partie, pp. 568 et 569.
(2) Le 24ᵉ régiment avait perdu 52 officiers et 1,000 hommes. Le bataillon de fusiliers avait tous ses officiers hors de combat. Les régiments de la brigade Lehmann étaient « tout aussi maltraités ». (*La Guerre franco-allemande*, 1ʳᵉ partie, p. 570). — Certaines batteries furent « serrées de tellement près par les tirailleurs français qu'elles durent se défendre par des coups à mitraille tirés à une distance de 250 mètres ». (*Ibid.*). Toutefois, il est bon de remarquer que ce tir n'a pas paru aux Allemands aussi utile qu'ils le disent, puisque, à la bataille de Rezonville, ils n'ont dépensé que 19 boîtes à balles. » (Major Hoffbauër, *La Bataille de Vionville*, p. 180).
(3) *La Guerre franco-allemande*, 1ʳᵉ partie, p. 570.

cet effet, le Xe corps « devait marcher de Thiaucourt jusqu'à Saint-Hilaire et Maizeray (1) ». Le général de Voigts-Rhetz, avec un instinct militaire, que nous ne saurions trop déplorer, ne voulut pas se hasarder ainsi en avant sans se couvrir sur sa droite, du côté de la route de Verdun. En conséquence, il prescrivit à la Ve division de cavalerie (de Rheinbaben) d'aller rejoindre le général de Redern, qui se tenait aux environs de Tronville, et à la brigade d'infanterie Lehmann de soutenir cette reconnaissance.

Nous avons déjà raconté comment les hussards de Redern engagèrent le combat, qui s'étendit successivement à la VIe division de cavalerie, au IIIe corps et au Xe; suivons maintenant les autres troupes de ce dernier corps. Le général de Schwarzkoppen, avec la brigade restant à sa disposition, à Thiaucourt (38e, de Wedell), avait mis le cap sur Saint-Hilaire, à sept heures du matin, précédé par la brigade des dragons de la Garde. Durant le trajet, le général de Voigts-Rhetz, qui marche auprès des soldats, entend le canon du côté de Mars-la-Tour. Trompé, d'abord, comme le commandant de la IIe armée, il se figure qu'il ne s'agit que d'une simple échauffourée d'arrière-garde, mais la persistance de la canonnade finit par l'inquiéter. Il pique des deux, suivi d'un escadron des dragons de la Garde, tourne à droite, à Woel, dépasse Jonville et gagne Tronville, où il constate le péril du IIIe corps (2). N'imitant pas la conduite de nos généraux à Wissembourg et à Forbach, il n'hésite pas à commander à son corps d'armée de voler à l'aide du comte d'Alvensleben.

Ce fut la XXe division (général de Kraatz) qui arriva la première. Elle était partie, le matin, de

____

(1) *La Guerre franco-allemande*, 1re partie, p. 517.
(2) *Ibid.*, pp. 570 et 571.

Pont-à-Mousson, se dirigeant sur Thiaucourt. Les roulements du canon étaient parvenus jusqu'à elle, d'abord faibles et lointains, redoublant ensuite d'intensité, à mesure qu'elle avançait. Des officiers partaient immédiatement à la découverte.

A Thiaucourt, où il entra à onze heures, le général de Kraatz reçut du commandant du Xe corps l'ordre de s'approcher le plus vite possible de Mars-la-Tour (1). Les têtes de colonnes, sous la conduite du général de Woyna, commandant de la XXXIXe brigade, gravissaient les coteaux de Tronville vers trois heures et demie, après avoir passé par Charey, Saint-Julien-lès-Gorze et Chambley (2). Elles avaient été devancées par les deux batteries légères de l'artillerie de corps que le colonel de Goltz établissait afin de battre les menaçants bataillons du général Grenier. Ces deux batteries contrarient notre mouvement. Le colonel de Goltz pousse alors jusqu'à la grande route et tire à 15 et 1,800 pas sur les batteries de Bruville qui viennent de faire tant de mal aux artilleurs allemands. Il a le bonheur de les contraindre à se retirer et améliore ainsi singulièrement la position de l'aile gauche prussienne (3).

Mais ce secours n'aurait pas sauvé le général de Buddenbrock si, avant quatre heures, la XXe division, qui se précipitait à la suite du colonel de Goltz, n'avait porté ses premiers régiments contre le bois de Tronville, dont ils trouvent une partie libre de soldats français (4)! En raison d'une hésitation inexplicable, les 4e et 3e corps rétrogradaient dans ce bois devant les quelques agresseurs nouveaux qui se présentaient à eux (5). Nous conservions de nou-

<hr>

(1) Major Hoffbauër, *La Bataille de Vionville*, p. 96.
(2) *La Guerre franco-allemande*, 1re partie, pp. 571, 572 et 574.
(3) Voir major Hoffbauër, *La Bataille de Vionville*, p. 97.
(4) *La Guerre franco-allemande*, 1re partie, p. 574.
(5) « Le général de Ladmirault, se faisant complètement illusion

veau la défensive et ne bougions pas de nos vieilles positions de la *voie romaine*, nous contentant de canonner les fourrés que nous venions d'évacuer si complaisamment.

Il s'agit de rechercher les raisons de cette attitude. « Ce revirement si rapide, cette retraite d'un adversaire bien supérieur en nombre devant quelques bataillons frais ne peuvent s'expliquer que par le concours simultané d'autres causes... Les préoccupations du maréchal Bazaine continuaient à se porter sur sa gauche; il y demeurait donc, de sa personne, afin de pouvoir faire face en temps utile à un mouvement tournant tenté par des forces allemandes supérieures, à la faveur des forêts de la rive gauche de la Moselle (1). » Il est évident que les objurgations du commandant en chef, qui a déjà enlevé une division (Montaudon) au maréchal Le Bœuf et lui en immobilise une autre (Nayral), à Saint-Marcel, doivent paralyser le 3e corps, et il n'y a rien d'étrange à ce que cette cause explique jusqu'à un certain point l'abandon du bois de Tronville. Mais le récit officiel du grand état-major prussien fournit une seconde explication. « Plus rassuré pour la droite de son armée, le maréchal s'était borné à faire dire, *vers cinq heures*, au maréchal Le Bœuf, *de maintenir fortement sa position et de se relier au 6e corps* (2). » Cette explication est assurément acceptable si l'on rectifie une erreur commise par le rédacteur officiel de la relation allemande. Ce n'est pas *vers cinq heures* que Bazaine a donné cet ordre

sur les forces qu'il avait devant lui, ne croyait pas pouvoir entreprendre une attaque de la position prussienne avec ses deux divisions. « (Colonel Borbstaedt, p. 448). — « Vers quatre heures, abstraction faite de leurs réserves, les Français se trouvaient encore supérieurs du double à leurs adversaires. » (*Ibid.*).

(1) *La Guerre franco-allemande*, 1re partie, p. 576.

(2) *Ibid.*

au maréchal Le Bœuf, c'est à *deux heures* (1). On comprend, de reste, qu'un ordre envoyé à *cinq heures* ne saurait avoir eu la vertu anticipée d'influencer Le Bœuf à *quatre heures*, moment de l'entrée en action de la XXᵉ division contre les taillis de Tronville (2).

Mais M. de Moltke cherche une autre cause, croit l'avoir découverte et commet une nouvelle erreur. Il écrit, en effet : « Cet ordre, et peut-être aussi une certaine inquiétude du maréchal Le Bœuf pour sa droite, inquiétude provoquée par l'annonce que des troupes allemandes arrivaient, par Hannonville, sur Ville-sur-Yron, peuvent expliquer pourquoi, à l'apparition de la XXᵉ division, on avait suspendu le mouvement offensif déjà entamé contre Tronville (3). »

Ce dernier raisonnement ne vaut pas les deux premiers. Comment le commandant du 3ᵉ corps aurait-il été ému, de trois heures et demie à quatre heures, par l'annonce de l'approche du général de Schwarzkoppen, alors que les troupes de ce général n'ont atteint Mars-la-Tour qu'à quatre heures trois quarts (4)? De plus, comment le maréchal Le Bœuf aurait-il été averti, puisque sa cavalerie se tenait derrière lui? Comment aurait-il été inquiet, puisqu'il ne se déployait pas à la droite de l'armée, puisqu'il était couvert par le général de Ladmirault? Enfin, n'oublions pas que la XIXᵉ division ne comptait que

---

(1) « Le feu du maréchal Le Bœuf commence à se faire entendre. Il était alors *deux heures*... Complètement rassuré à droite *par l'entrée en ligne des premières troupes du* 3ᵉ *corps*, je fis dire à M. le maréchal Le Bœuf *de maintenir fortement ses positions avec la division Nayral et de se relier au* 6ᵉ *corps.* » (Rapport officiel français).

(2) Voir plus haut.

(3) *La Guerre franco-allemande*, 1ʳᵉ partie, pp. 576 et 577.

(4) Major Hoffbauër, *La Bataille de Vionville*, p. 100. — La XIXᵉ division, en formation de combat à *Suzémont* (5 kilomètres de Marsla-Tour), reprenait à *quatre heures* sa marche sur Tronville. » (*La Guerre franco-allemande*, 1ʳᵉ partie, p. 579).

la brigade de Wedell, et que l'arrivée de cette brigade et de la XXe division ne devait pas épouvanter outre mesure les 4e, 3e et 6e corps français, sentant derrière eux l'appui de trois divisions de cavalerie (1).

Non, la vraie cause de l'inertie de notre droite est née de l'absence d'instructions au général de Ladmirault et de la volonté de Bazaine de conserver le 3e corps dans une attitude purement défensive (2). Il n'y a pas à chercher d'autres explications et le grand État-major prussien aura beau se torturer l'esprit, il n'empêchera pas de penser que, le 16 août, les IIIe et X^e corps auraient été écrasés en détail, de neuf heures du matin à six heures du soir, si l'opinion publique, affolée et aveugle, n'avait pas imposé Bazaine comme généralissime des armées françaises (3).

Mais il nous faut revenir un instant auprès du général de Schwarzkoppen. Ce général était parti de très grand matin de son bivouac de Thiaucourt avec l'ordre de gagner Saint-Hilaire. Les sourds grondements de la canonnade de Mars-la-Tour étaient arrivés jusqu'à lui pendant qu'il suivait son chemin, et nous avons vu que le général de Voigts-Rhetz

---

(1) « Des gens qui ont marché pendant 7 milles ne nous inspirent plus aucune crainte : ils sont à bout de forces. » (Commandant von der Goltz, *La Nation armée*, p. 271). Il y a là exagération d'une idée juste.

(2) « J'allais faire un mouvement offensif, lorsque le maréchal Bazaine m'envoya l'ordre de lui expédier encore du renfort vers la gauche... Je maintins donc mes positions. » (*Procès Bazaine*, déposition du maréchal Le Bœuf, p. 228). — « Le commandant en chef des Français regardant comme sa tâche principale d'assurer contre toute attaque tournante ses communications avec Metz, *s'abstenait d'utiliser ses nombreuses réserves pour frapper un coup décisif contre la gauche prussienne.* » (*La Guerre franco-allemande*, 1re partie, p. 585).

(3) Sans la lenteur effrayante du commandant de l'armée française, qui, loin de comprendre la véritable situation, se mentait à lui-même, la journée du 16 août n'aurait certainement pas été aussi favorable aux Allemands. » (Rustow, t. 1er, p. 250).

l'avait quitté pour aller lui-même à la découverte. Le général de Schwarzkoppen ne crut pas devoir modifier son itinéraire. « Les renseignements, parvenus sur la journée de la veille, permettaient, en effet, d'admettre qu'il ne s'agissait, à l'est, que d'un engagement avec une forte arrière-garde française (1). » Les troupes commençaient à s'installer autour de Saint-Hilaire, après une marche d'environ 27 à 30 kilomètres quand elles reçurent l'ordre de se remettre en route et d'incliner vers Chambley.

Au cours de cette nouvelle marche on apprend le danger de la brigade Lehmann, à Tronville, et l'on se hâte de courir à son aide, en prenant Ville-sur-Yron comme objectif. A trois heures, le général de Schwarzkoppen, à la tête de la brigade qui lui restait (Wedell), entrait à Suzemont où il était indispensable de s'arrêter pour faire reposer les hommes exténués par une pareille marche forcée (2). Sur les instances du commandant du Xe corps, qui voyait « la tournure défavorable du combat dans le bois de de Tronville (3) », les troupes reprennent leur course, quelques minutes après quatre heures, mais, au lieu de pousser droit du côté de Ville-sur Yron, ainsi que le commandant de la division l'avait d'abord décidé, elles se contentent de gagner Mars-la-Tour, renonçant à exécuter un mouvement tournant que la grande supériorité de notre droite et la faiblesse de la gauche allemande auraient fait piteusement échouer. A cinq heures seulement, à la suite d'une

(1) *La Guerre franco-allemande*, 1re partie, p. 577 — On continue à voir que l'état-major allemand n'était pas mieux renseigné à l'égard de nos mouvements que nous sur les siens.

(2) Colonel Borbstaedt, p. 444. — « Un nombre incalculable d'hommes harassés furent laissés en arrière. » (*Lettres sur l'Infanterie*, par le général de Hohenlohe, traduction de M. Ernest Jaeglé, professeur à l'Ecole militaire de Saint-Cyr, Paris, Westhausser, 1885, p. 217).

(3) *La Guerre franco-allemande*, 1re partie, p. 580.

marche de plus de 45 kilomètres, la brigade Wedell était à même de prendre part au combat, s'étendant au nord-est de Mars-la-Tour, en ayant plus particulièrement devant elle le général de Ladmirault (1).

Depuis moins d'une heure le prince Frédéric-Charles présidait à la bataille. On saisit que les IIIe et X^e corps auraient pu être écrasés avant son arrivée et l'on s'explique difficilement un retard si extraordinaire. C'est que, ce jour-là, les Allemands ont agi au hasard et le service des renseignements semble avoir été, chez eux, à la hauteur de celui de notre état-major, ce qui est peu flatteur pour nos ennemis. Le comte d'Alvensleben avait oublié d'avertir son général en chef du péril où il s'était précipité : embarqué dans cette galère, le commandant du IIIe corps se contentait de ramer très vigoureusement et très courageusement mais ne songeait pas à informer son supérieur de la tempête contre laquelle il luttait.

Le prince Frédéric-Charles était donc à Pont-à-Mousson lorsqu'il reçut, à dix heures et demie du matin, un avis du général d'Alvensleben l'instruisant qu'il était aux prises avec des détachements français, à Vionville et à Rezonville, mais que « les forces qu'il avait devant lui paraissaient en voie de se replier vers le nord (2) ». S'en rapportant à son lieutenant, qui venait de faire preuve d'un si remarquable coup d'œil militaire, le commandant de la IIe armée se tint bien tranquille à son quartier général jusqu'à deux heures de l'après-midi. A ce moment, un aide de camp du général de Kraatz accourt bride abattue et fait connaître le péril où se débat le IIIe corps. On s'égorgeait depuis cinq heures et le général en chef n'était pas encore au courant

_____

(1) *La Guerre franco-allemande*, 1re partie, p. 582.
(2) *Ibid.*, p. 584.

de la situation, bien qu'il ne fût qu'à un peu plus de
cinq lieues du théâtre de la lutte !

Mais à peine le prince apprend-il le danger du
IIIe corps, qu'il monte incontinent à cheval et, suivi
de son état-major, galope à franc étrier sur la route
de Gorze, précipitant cette course vertigineuse à
mesure que le redoublement de la canonnade ne
laisse plus douter de l'importance de l'affaire engagée.
En deux heures, il avait franchi les 22 kilomètres
qui le séparaient du champ de bataille et, du bois
de Vionville où il arrivait après quatre heures, Frédéric-Charles embrassait l'ensemble de l'action.

Il décide que la droite prussienne se tiendra sur
la défensive pendant que la gauche cherchera à
déborder notre aile droite (1). En d'autres termes,
le Xe corps culbutera les 4e, 3e et 6e corps français
alors que le IIIe, qui se bat depuis le matin, tiendra
tête à la Garde impériale et au 2[o] corps.

On comprend, sans grands efforts, combien cette
combinaison présentait de risques. Elle tendrait à
démontrer que, tout en croyant à une affaire sérieuse, le prince ne pensait pas avoir à combattre
toute l'armée du Rhin : autrement il n'aurait pas
pris une décision aussi scabreuse. Il faut répéter
« *toujours la même chose parce que c'est toujours la
même chose* », mais enfin le X[o] corps, après son
étape de douze lieues, n'était pas en état de s'en
prendre à trois corps d'armée, car la division de
Cissey était en vue, et les troupes du général d'Alvensleben, plus maltraitées que le 2[o] corps, n'étaient
guère à même de résister aux vétérans de la Garde
impériale flanqués des régiments du général Frossard. Que l'on ne parle pas des deux divisions de
cavalerie prussienne car, là encore, nous avions
l'avantage puisque le maréchal Bazaine pouvait,

____

(1) *La Guerre franco-allemande*, 1re partie, p. 585.

depuis une heure de relevée, leur opposer plus de cinq divisions de cavalerie.

Et pourtant l'ennemi se dispose à exécuter le mouvement ordonné par son général en chef. Il s'efforce de rémédier à sa faiblesse numérique par la bonne disposition de son artillerie qui ne cesse de tirer contre nos batteries. Mais il est plus aisé de décréter la défensive que de la faire strictement maintenir au milieu des entraînements du combat. Quelques troupes fraîches se hasardent à aborder le 2ᵉ régiment des grenadiers de la Garde retranché sur un mamelon situé entre le chemin de Buxières à Rezonville et la route de Gorze, devant le bois Saint-Arnould (1). « Le colonel, les majors et tous les commandants de compagnie étaient blessés dans cette audacieuse mais stérile tentative (2). » Les Prussiens essuyaient un autre échec un peu à leur gauche en voulant tâter le 1ᵉʳ régiment de grenadiers. Un dernier effort, hasardé vers cinq heures par trois autres bataillons contre le même mamelon, n'était par plus heureux. « Les deux commandants du 56ᵉ prussien avaient péri dans cette attaque (3). »

Au centre du champ de bataille, la situation restait la même. Ni Canrobert ni Le Bœuf ne se souciaient d'aller en avant. Tout se bornait à une canonnade et à une fusillade continuelles et la VIᵉ division d'infanterie demeurait, mutilée et exténuée de fatigue, sur les ruines sanglantes de Vionville, semblable à un vaisseau désemparé dont l'équipage est prêt à sombrer plutôt que de se rendre.

(1) Cote 311.
(2) *La Guerre franco-allemande*, 1ʳᵉ partie, p. 588.
(3) *Ibid.*, p. 589.

ATTAQUE DE LA GAUCHE ALLEMANDE. — CHARGES DES CAVALERIES FRANCAISE ET PRUSSIENNE DEVANT MARS-LA-TOUR. — RETRAITE DE L'ENNEMI.

De cinq heures à sept heures.

Il est cinq heures. Les Allemands n'ont pas fait un pas depuis la prise de Flavigny ; tous leurs efforts se sont brisés sur les nombreux bataillons que nous avons à leur opposer. Le 2ᵉ corps se tient à l'est de Gravelotte, surveillant toujours la route d'Ars à Gravelotte, sans que son chef ait l'idée d'envoyer quelques cavaliers pour savoir si l'ennemi n'entreprendrait pas une diversion de ce côté. Non, la route est libre, mais nous sommes dans l'ignorance de ce qui s'y passe.

La 2ᵉ brigade de voltigeurs, les zouaves, la majeure partie de la cavalerie de la Garde sont autour de la *Maison de Poste,* devant le bois des Ognons, également libre d'Allemands et partiellement occupée par une brigade de la division Montaudon. Les généraux de Forton et de Valabrègue sont derrière la *Maison de Poste.* La 1ʳᵉ brigade de voltigeurs garnit les bâtiments de Rezonville et lie sa gauche à l'autre brigade de la division Montaudon. Le général Lapasset se tient en avant du général de Montaudon, couvert lui-même par les grenadiers de la Garde, qui défendent héroïquement, avec l'appui de la réserve d'artillerie, les débouchés de Gorze et le sanglant mamelon que les Prussiens n'ont pu encore emporter. A l'ouest de Rezonville, à cheval sur la grande route, l'artillerie de la Garde étage ses batteries sous la protection de la division Levassor-Sorval, du 6ᵉ corps. Les divisions Lafont de Villiers et Tixier, de même que le 9ᵉ de ligne, seul régiment présent de la division Bisson (1), sont embusqués sous les bois de Villers, près de la *voie romaine*. La division Aymard, du 3ᵉ corps, relie le général Tixier au 4ᵉ, faisant face au bois de Tronville. La division Nayral quitte le maréchal Le Bœuf, sur l'ordre de Bazaine, et passe devant Villers-aux-Bois pour aller renforcer les innombrables bataillons de notre gauche. La brigade de cavalerie de Juniac entoure Saint-Marcel.

Quant au 4ᵉ corps, qui ne se composait que des divisions Grenier et de Cissey, il défendait le ravin coupant le plateau, du bois de Tronville à la ferme de Grizières, ayant derrière son infanterie les divisions de cavalerie Legrand et de Clérembault, la brigade de France et le 2ᵉ chasseurs d'Afrique (2).

Avant de tracer la position de l'armée ennemie, il est bon d'examiner avec soin notre ordre de bataille. Fait-il donc tant d'honneur au commandant en chef? On le croirait, à entendre le général de Ladmirault. En effet, ce général parle « des dispositions réellement habiles du maréchal Bazaine (3). » Jugeons cette habileté.

Il est tout d'abord entendu que la défensive où se

---

(1) « Trois des régiments de la division Bisson n'étaient pas à Metz. Dans le mouvement du 6ᵉ corps, partant du camp de Châlons en chemin de fer, pour rejoindre l'armée du Rhin, les trains de ces trois régiments, mis en route les derniers, avaient été coupés par les reconnaissances prussiennes et forcés de revenir à Châlons. » (*Rezonville*, par le général de Waldner, *Spectateur militaire*, nᵒ du 1ᵉʳ juillet 1886, p. 6).

(2) « En somme, la situation tournait plutôt en faveur des Français. Entre cinq et six heures, la ligne des positions des deux parties se dessinait à leur avantage sur tout le front, sauf à Vionville, point décisif, il est vrai. Partout aussi, et même devant Vionville, ils se présentaient avec des effectifs prépondérants... Le maréchal Bazaine n'avait donc pas un moment à perdre pour user de sa supériorité. Ce précieux moment fut perdu. » (Colonel Lecomte, t. II, pp. 109 et 112).

(3) Déposition du général de Ladmirault devant le conseil d'enquête sur les capitulations.

renfermait le maréchal, n'était pas d'un véritable homme de guerre. Que dire, également, de son obstination à renforcer sa gauche, qui n'était pas menacée, pour dégarnir sa droite qui aurait dû lui assurer la victoire? Y avait-il, aussi, une *réelle habileté* à ne pas donner d'ordre aux chefs de corps ou à les envoyer tardivement? Pourquoi, encore, ignorer ou faire semblant d'ignorer la présence du 4° corps du côté de Bruville? Pourquoi, enfin, ne pas expédier des aides de camp pour presser l'arrivée des divisions de Lorencez et Metman, certainement plus rapprochées de Rezonville que le X° corps prussien, qui cependant trouva moyen d'accourir, à la fin du jour, à l'aide du général d'Alvensleben?

Cette *réelle habileté* consisterait-elle à mêler tous les corps entre eux; à séparer les régiments de la Garde par la division Montaudon; à soustraire cette division à l'autorité de son commandant de corps, en la portant à l'extrémité du champ de bataille? Non, il ne faut pas se risquer à proclamer l'habileté du maréchal Bazaine. Qu'il ait été un bon chef de corps, c'est possible, mais autre chose est de bien se battre, autre chose est de savoir faire manœuvrer toute une armée. Bazaine s'est révélé triste tacticien à Rezonville, et Saint-Privat ne le réhabilitera pas à cet égard. « Ni la bravoure, ni le sang-froid n'ont manqué au maréchal Bazaine, mais il n'a pas su diriger les opérations, il ne s'est pas montré en état, dans le sens le plus élevé du mot, d'exercer le commandement. Lui-même dut avoir le sentiment de son incapacité; sa conduite, le surlendemain, tendrait à le prouver (1) ».

(1) Commandant Canonge, t. II, p. 127. — « Bazaine n'a pas fait preuve de grande habileté en ne profitant pas de l'occasion qui lui a été offerte de battre les Prussiens, lorsque ceux-ci l'ont attaqué avec des forces tout à fait insuffisantes. » — (Edouard Ruffer, p. 64). —

Revenons maintenant à l'armée ennemie et jetons les yeux sur les positions occupées par les renforts qui viennent de lui arriver. La XXXIIe brigade (colonel de Rex) de la XVIe division (de Barnekow), du VIIIe corps, Ire armée, apparaissait sur la route de Gorze, en avant du bois Saint-Arnould. Derrière cette brigade, le régiment n° 11, du IXe corps, entrait dans les taillis de Tronville. La division Stülpnagel, épuisée, couvrait de ses débris l'espace compris entre le bois Saint-Arnould et Flavigny, protégeant encore la longue ligne d'artillerie qui se déroulait au-dessus d'elle. La division de Buddenbrock se cramponnait à Vionville. Quatre brigades de cavalerie stationnaient derrière les Ve et VIe divisions.

Le Xe corps avait sa XXe division dans le bois de Tronville. La brigade Lehmann et un régiment de la VIe division se remettaient de leurs sanglants engagements aux alentours de Tronville. La brigade de Wedell était disposée en éventail, au nord de Mars-la-Tour, ainsi que nous l'avons déjà dit. La XIe brigade de cavalerie et quelques autres escadrons se tenaient non loin de Tronville (1).

On constate que nous avons toujours une supériorité écrasante : treize divisions d'infanterie, en

---

« Les batailles de Borny, de Rezonville et d'Amanvillers n'ont été pour nous que des rencontres de hasard où l'imprévu a tout réglé et dont la valeur et le sang des soldats ont fait presque tous les frais. » (Général Deligny, pp. 7 et 8). « — Les lenteurs, l'inertie, le défaut de calcul et le manque complet du feu sacré de la guerre chez le maréchal Bazaine... » (Colonel Vandevelde, *Commentaires*, p. 58). — Voir aussi : Colonel Lecomte, t. II, pp. 135 et 136. — « Bazaine n'avait aucune des qualités morales indispensables à l'exercice d'un si grand commandement..... Il se complaît dans les détails, sabre bravement, mais *il est dépourvu de ce coup d'œil* qui plane sur l'ensemble. » (*Militärische-Plauderein*, par le baron von der Goltz).

(1) Voir la carte de la bataille de Rezonville : positions des deux armées de cinq heures à six heures. (*La Guerre franco-allemande*, 1re partie, 5e livraison).

comptant la brigade Lapasset et le 9e de ligne, de la division Bisson, plus cinq divisions de cavalerie, contre cinq divisions d'infanterie, plus deux divisions de cavalerie et quelques régiments ne représentant pas une division, soit dix-huit contre huit, et la bataille est demeurée indécise avec les soldats de Crimée et d'Italie (1)! Quand serons-nous lavés du crime de Bazaine? Quand donc les défaillances de cette lugubre époque seront-elles effacées par des torrents de sang allemand?

Mais continuons le récit de cette terrible journée. La brigade de Wedell pousse droit sur le général Grenier, retranché à Grizières et couvert par le ravin. Les régiments westphaliens, franchissant l'obstacle apparaissent au sommet de la crête. Une grêle de balles les accueille et le général de Cissey, « débouchant au pas de course à la droite de la division Grenier, se rue aussitôt sur la brigade prussienne déjà épuisée d'efforts. L'action dure quelques minutes à peine, au bout desquelles le 16e régiment est contraint, le premier, de faire sonner la retraite. Les débris de ces braves bataillons se laissent glisser dans le ravin; l'adversaire, marchant jusqu'à la crête, les foudroie de ses feux et les anéantit presque totalement (2). » Général, colonels, majors tombent tour à tour. « Tous les chefs de grade supérieur

(1) Le 16 août, les Français « se sentaient comme enchaînés à leurs positions, quoiqu'ils eussent une supériorité numérique écrasante ». (Commandant Colmar von der Goltz, *La Nation armée*, p. 266). — « Deux corps d'armée prussiens et deux divisions de cavalerie d'abord, auxquels vinrent se joindre vers le soir onze bataillons et cinq batteries du VIIIe et du IXe corps, avaient résisté avec succès *aux efforts réunis* de l'armée de Bazaine. » (Major de Schell, p. 164). A l'armée de Bazaine, oui, mais *aux efforts réunis* de cette armée, non, puisque la moitié des troupes ne donna pas sérieusement.

(2) *La Guerre franco-allemande*, 1re partie, p. 591. — La division de Cissey « était accourue à marches forcées au bruit du canon, *en devançant un long convoi qui la précédait* ». (Général Fay, p. 86). C'est ce que n'ont su faire ni Metman ni de Lorencez.

sont démontés ; la plupart des officiers sont déjà
morts ou blessés (1). » Nous ramassons 370 prisonniers et le sous-lieutenant Chabal, du 57ᵉ de ligne,
capture le drapeau du 16ᵉ prussien (2). Cette tentative mettait au général de Wedell 72 officiers et
2,542 hommes hors de combat (3). Selon l'expression
de M. de Moltke, à propos de la charge des cuirassiers de Morsbronn, « la brigade de Wedell pouvait
être regardée comme anéantie (4) ».

A notre tour, nous traversons le ravin et pous-
sons l'ennemi débandé, la baïonnette aux reins. Il
était six heures du soir, et, encore une fois, un effort
sur notre droite aurait assuré la victoire à l'armée
française. Mais Bazaine reste toujours muet et caché ;
aucun ordre de marcher en avant ne parvient à Ladmirault, à Le Bœuf et à Canrobert (5). Néanmoins,
le mouvement contre Mars-la-Tour est tellement
indiqué que le commandant du 4ᵉ corps l'entreprend
de lui-même, quoique avec hésitation. L'instant
est dramatique pour les Allemands : plus d'infan-

---

(1) *La Guerre franco-allemande*, 1ʳᵉ partie, p. 591.

(2) Colonel Lecomte, t. II, p. 114.

(3) *La Guerre franco-allemande*, 1ʳᵉ partie, p. 592. — Commandant
Canonge, t. II, p. 119. — « Dans leur retraite, les Prussiens furent
détruits jusqu'à dissolution complète. Sur 95 officiers et 4,500 hommes, 65 officiers et 2,600 hommes, dont 350 prisonniers payèrent de
leur personne cet épouvantable échec. » (Major Hoffbauër, *La Bataille de Vionville*, p. 182). — Le récit du grand état-major prussien
glisse rapidement sur cet épisode qui semble lui être particulièrement désagréable.

(4) *La Guerre franco-allemande*, 1ʳᵉ partie, p. 256. — « La division de Cissey repousse avec une vaillance extrême la gauche des
Allemands, et l'on peut dire avec certitude que si le maréchal Bazaine
s'était, en ce moment, un peu plus occupé de sa droite, s'il avait se
tirer parti de ce succès en portant en avant les 3ᵉ et 4ᵉ corps au
complet, il aurait pu chasser les Allemands du sud de la route du
Verdun, aurait enlevé le bois, au nord de Vionville, ainsi que le
village, et gagné une victoire avantageuse au point de vue stratégique
comme au point de vue tactique. » (Général Brackenbury, p 114).

(5) Colonel Lecomte, t. II, p. 114.

terie à opposer à Ladmirault et à **Le Bœuf**, et l'artillerie est à bout de forces et de munitions (1).

Le général de Voigts-Rhetz jette au-devant des assaillants ce qu'il a sous la main. Le 1er régiment de dragons de la Garde est là, ainsi que le 4e cuirassiers, de la brigade Barby : il les lance sur le général Grenier. Nos mitrailleuses renversent les cuirassiers, qui sont obligés de se retirer ; les dragons, plus heureux, abordent nos soldats, et le général Brayer, un des brigadiers de Cissey, est tué à ce moment ; mais nos troupiers se groupent autour de leurs drapeaux et fusillent à coup sûr les cavaliers ennemis. « Le 73e de ligne détruit un escadron presque entier de quelques salves bien ajustées. Les dragons doivent se replier en laissant près des deux tiers de leur monde sur le carreau, y compris leurs deux colonels. Cette troupe ne pourra même plus participer aux nouveaux exploits de cavalerie que nous verrons tout à l'heure (2). Malheureusement, Ladmirault, indécis, est arrêté par cette charge avortée (3) ; il fait repasser la creusée à ses troupes et les empêche ainsi de s'emparer d'une batterie prussienne empêtrée dans le « fatal ravin (4) », et qui, grâce à notre mollesse, se hâte de déguerpir et de se cacher à Mars-la-Tour (5). Cependant les dragons ont été affreusement abîmés. « Presque

<hr>

(1) « On signalait de nouvelles colonnes venant de Bruville ; si elles pouvaient continuer à avancer, cette manœuvre devait être funeste aux Allemands. » (Major de Schell, p. 157). — « C'est presque par hasard qu'obéissant à leur instinct militaire et nullement à des ordres supérieurs, Canrobert, puis Le Bœuf (et de Ladmirault) pèsent, à certains instants, sur la gauche allemande de façon à faire redouter un désastre par les généraux ennemis. » (Colonel Fabre, p. 83).

(2) Colonel Lecomte, t. II, p. 115.

(3) *Ibid.*

(4) *La Guerre franco-allemande*, 1re partie, p. 593.

(5) « Grâce au courage héroïque de la cavalerie, l'infanterie (prussienne) fut sauvée une seconde fois d'une destruction complète. » (Major Hoffbauër, *La Bataille de Vionville*, p. 105).

tous leurs chefs ont disparu, 125 cavaliers et 250 chevaux sont hors de combat et le colonel est mortellement frappé (1). »

Cette charge est le prélude sanglant de l'atroce boucherie où près de neuf mille sabres vont se croiser dans un combat acharné ; c'est l'ouverture du drame équestre qui mettra aux prises les escadrons des deux armées dans un choc qui rappellera les rudes assauts des chevaliers de la guerre de Cent ans. En effet, le commandant du 4ᵉ corps a honte de reculer devant un si petit nombre d'adversaires et s'apprête, encore une fois, à tourner la gauche prussienne. Derechef, le danger est pressant pour nos ennemis. Frédéric-Charles, en proie à une vive anxiété, croit toujours voir déboucher sur ses soldats, harassés et débandés, les masses profondes de Ladmirault, de Le Bœuf et de Canrobert (2). Seul, le 4ᵉ corps s'ébranle lentement : il faut l'arrêter à tout prix, et le prince jette à sa rencontre, pêle-mêle, tous les régiments dont il peut disposer.

Une batterie prussienne s'était portée en avant, entre Ville-sur-Yron et la ferme de Grizières, et, de là, bombardait les bataillons qui se massaient au nord de cette ferme. Le 2ᵉ chasseurs d'Afrique tombe comme la foudre sur les artilleurs allemands, les sabre et va s'emparer de leurs pièces quand les dragons de la Garde royale accourent à l'aide de la batterie. Ils sont d'abord culbutés et tout ce monde

(1) *La Guerre franco-allemande*, 1ʳᵉ partie, p. 593.
(2) « L'aile gauche était dans la situation la plus périlleuse et d'autres masses françaises menaçaient de la déborder à chaque instant. » — (Major Hoffbauër, *La Bataille de Vionville*, p. 147). — « Dans cette journée, la situation de l'armée allemande s'était trouvée, plus d'une fois, fort critique, notamment dans la soirée, alors que l'artillerie et la cavalerie prussiennes furent jetées en avant ; si, à ce moment, l'armée française avait fait donner les réserves intactes, *elle culbutait le IIIᵉ corps dont les caissons étaient presque vides, et le Xᵉ corps qui, déjà, n'en pouvait plus.* » (*Militarische-Plaudereien*, par le major von der Goltz).

« tourbillonne en retraite du côté de Mars-la-Tour (1) » ; mais le 13e dragons se jette, à son tour, dans la bagarre et l'infanterie ennemie exécute plusieurs décharges contre nos chasseurs d'Afrique. Ceux-ci se retirent alors devant le nombre considérable des assaillants et se placent à égale distance de Ville-sur-Yron et de Bruville.

Aussi bien, les deux cavaleries sont prises, maintenant, dans l'engrenage, et vont être entraînées tout entières dans une lutte formidable. Les dragons prussiens osent pousser en avant ; le général de Ladmirault les arrête net, en couvrant le 2e chasseurs d'Afrique par les 2e et 7e hussards, le 3e dragons, les lanciers de la Garde et les dragons de l'impératrice. De son côté, le prince Frédéric-Charles, effrayé de ces mouvements, qui ne lui présagent rien de bon, fait partir au galop « toute la cavalerie réunie entre Tronville et Puxieux (2) ». La brigade Barby passe à l'ouest de Mars-la-Tour, emmenant avec elle le 16e dragons et le 10e hussards, et précédée du 13e dragons qui suit la route de Mars-la-Tour à Jarny.

Les hussards du général de Montaigu s'abattent sur ce dernier régiment avec la rapidité de l'éclair, le sabrent et le traversent de part en part. Malheureusement, cette charge avait été mal préparée ; nos régiments n'étaient pas à même de se soutenir immédiatement, et nos hussards ont peine à lutter contre les cavaliers allemands (3). Le 3e dragons, de la brigade de Gondrecourt, survient alors pendant que le restant de la brigade Barby et le

(1) *La Guerre franco-allemande*, 1re partie, p. 594.
(2) *Ibid.*, p. 595.
(3) « A ce moment, le général Legrand reçoit une seconde fois l'ordre du général en chef (de Ladmirault) d'attaquer de suite. *Il est trop tard, le moment est passé*, lui dit le général du Barail. En même temps, comme la distance était très grande, un des colonels de

10e hussards prussien volent au secours de leur régiment d'avant-garde.

Superbe, à la tête de ses cavaliers, le général Legrand galope, brandissant son épée, et répétant d'une voix retentissante, son fameux cri : « Au sabre ! au sabre ! » Un choc effrayant allait se produire entre les trois régiments français et les six régiments allemands. Il est « environ six heures trois quarts, les deux lignes de cavalerie s'abordent sur tout leur front avec la plus grande impétuosité. Vainqueurs sur un point, rompus sur un autre, les escadrons des deux partis s'efforcent, chacun pour son compte, de gagner le flanc de l'adversaire. Un épais nuage de poussière s'élève bientôt et voile cette furieuse mêlée (1). » Mais nos deux régiments de hussards ne sauraient résister à la nuée de cavaliers qui les entoure. « Le général de Montaigu, grièvement blessé, est fait prisonnier. Le général Legrand s'élance, avec le 3e dragons, au secours de ses soldats vivement ramenés ; mais, c'est en vain ! la mort, une mort digne d'un cavalier, vient le frapper au milieu de ces inutiles efforts (2). »

Le général de France n'avait pas jugé opportun d'appuyer la division Legrand ; il attendait la cavalerie ennemie, sans même achever le déploiement des dragons de l'impératrice (3), et ne se décide à entrer en action qu'après l'échec du général Legrand, lorsque les Allemands ne sont plus qu'à cent cinquante pas de lui. Il précipite alors ses

---

hussards demande à ébranler par ses feux l'ennemi qui est arrêté sur la crête du terrain. Le général Legrand, n'écoutant que son courage et brûlant d'aborder l'ennemi, répond : *Non, au sabre !* et il donne l'ordre au général de Montaigu d'enlever sa brigade qui s'élance au galop. » (Colonel Bonie, p. 76).

(1) *La Guerre franco-allemande*, 1re partie, p. 598.
(2) *Ibid.*
(3) *Ibid.*

lanciers sur les lanciers d'Oldenbourg. D'un élan irrésistible « nos escadrons traversent les rangs allemands ; malheureusement, ils vont donner dans la droite du général Legrand et sont pris, à cause de leurs habits bleus (1), pour des Prussiens (2) ». Nos cavaliers égorgent les lanciers, sans les reconnaître. « Témoins de cette méprise, les uhlans bousculent un escadron de lanciers, mais les dragons de l'impératrice se jettent, à leur tour, sur le flanc des uhlans. La mêlée devient indescriptible, furieuse ; au milieu de cette poussière qui aveugle, on n'y voit plus ; les sabres frappent sans relâche, tuent presque au hasard. Dans cette masse confuse qui tourbillonne et se mêle à ce point qu'on ne peut distinguer les Français des Prussiens, les hussards, puis les cuirassiers allemands font de larges trouées, tandis que nos infatigables chasseurs d'Afrique se précipitent au plus épais de la mêlée. Huit mille cavaliers s'entretuent au milieu des hourras et du choc formidable du fer (3). »

Mais que font, pendant ce massacre, les cinq régiments de la division de Clérembault massés auprès de Bruville ? Le général de Ladmirault a oublié de les aviser de l'action qu'il a engagée (4). Cependant le général de Clérembault, « apercevant de l'endroit qu'il occupait la poussière soulevée par les charges de la division Legrand, se porte rapidement en avant pour prendre part au combat et nous assurer la victoire (5). » Par malheur, la brigade de chasseurs n'apparaît que lorsque nos hussards se replient et

(1) Bleu de ciel.
(2) Le Faure, t. I⁰ʳ, p. 196.
(3) Ibid.
(4) Colonel Bonie, p. 80. — « Si les cinq régiments du général de Clérembault avaient attaqué, ils eussent pu changer la victoire (la retraite) des Prussiens en une déroute. » (Général de Hohenlohe, *Lettres sur la cavalerie*, p. 27).
(5) Colonel Bonie, p. 80.

elle vient se heurter à nos escadrons désorganisés.
Le général de France augmente le désordre en faisant sonner le ralliement, car « ce signal, mal compris, porte la confusion à son comble (1). » Mais l'arrivée des dragons de la brigade de Maubranches arrête les progrès des Prussiens qui se hâtent de regagner Mars-la-Tour, fusillés d'un côté par les chasseurs d'Afrique, embusqués dans le petit bois de Ville-sur-Yron, et de l'autre côté par les fantassins du 4e corps établis à Grizières (2).

En dépit des euphémismes employés à profusion par le rédacteur officiel prussien pour expliquer la retraite de sa cavalerie (3), il n'en est pas moins certain que les dragons de la division de Clérembault l'ont déterminée à se retirer parce qu'elle n'était plus en état de lutter avec de nouveaux combattants (4). Nos ennemis doivent se contenter du résultat qu'ils ont obtenu et qui est assez important, puisque le mouvement du 4e corps est interrompu et la gauche prussienne encore une fois préservée. Et, de fait, « cette attaque empêche le général de Ladmirault de profiter de ses succès et de marcher sur Vionville en lui faisant croire qu'il a devant lui des forces supérieures. D'ailleurs, l'absence de toute

(1) *La Guerre franco-allemande*, 1re partie, p 599. — « Il y eut une sonnerie fâcheuse de ralliement. » (*Procès Bazaine*, déposition du général de Gondrecourt, p. 299).
(2) « La division de Cissey protège notre ralliement et, par sa belle contenance, impose à l'aile gauche prussienne *qui se met définitivement en retraite.* » — (*Rapport officiel français*).
(3) *La Guerre franco-allemande*, 1re partie, p. 599.
(4) « Le général de Clérembault passe à son tour le ravin, avec le 4e dragons, et, parvenu sur le plateau, il se lance à la *poursuite* de l'ennemi. Le colonel de ce régiment part, enlevant vivement son premier escadron au cri de : « A moi, dragons ! » *Il sabre les derniers cavaliers prussiens qu'il rencontre et les troupes allemandes sont définitivement en retraite sur Mars-la-Tour.* » (Colonel Bonie, pp. 80 et 81). — Du reste, le général de Hohenlohe reconnaît que l'apparition de la division de Clérembault ne permettait plus aux Prussiens de soutenir la lutte. (*Lettres sur la cavalerie*, p. 27).

instruction du commandant en chef paralyse son initiative. Aussi se contente-t-il de garder ses positions, sans pousser droit sur Mars-la-Tour (1). » Les Prussiens en profitaient pour faire respirer « les débris épuisés (2) » de leur infanterie et les établir au sud-ouest de Tronville, sous la protection de la cavalerie groupée près de Mars-la-Tour (3).

Afin d'en terminer avec cette charge célèbre, disons que six régiments et un escadron avaient donné, du côté des Prussiens, et six régiments seulement, du côté des Français, car l'entrée en action de la division Clérembault entraîna immédiatement la retraite de nos ennemis, ce qui ne permit pas aux brigades de Bruchard et de Maubranches d'aborder les Allemands corps à corps.

Disons aussi que si les deux adversaires firent preuve d'une égale bravoure, que si les officiers et les soldats se battirent en héros, les généraux français se montrèrent incapables de diriger techniquement leurs escadrons. Le commandant du 4e corps, les généraux Legrand, de France et du Barail furent plus que médiocres. Legrand se présenta magnifique de fougue et de hardiesse, mais il chargea en simple dragon et ne porta son dernier régiment au secours de ses hussards que lorsque ceux-ci étaient déjà ébranlés par la brigade Barby. Le général de France suivit la même tactique, et la Garde n'accourut à la rescousse qu'après la débandade de la division Legrand. Le général du Barail ne ramena ses chasseurs d'Afrique que lorsque la

____

(1) Le Faure, t. 1er, p. 196. — « Cette rencontre de cavalerie, la plus importante de toute la campagne par ses vastes proportions, avait définitivement écarté le pressant danger qui menaçait encore la gauche prussienne quelques instants auparavant. » (*La Guerre franco-allemande*, 1re partie, p. 600).

(2) *Ibid.*

(3) *Ibid.*

Garde fut entamée. On le voit, c'est un système. Quant au général de Ladmirault, directement responsable de ces fausses manœuvres, il ne sut pas profiter de la supériorité numérique de ses escadrons pour les jeter sur le centre et les flancs d'un adversaire d'autant plus facile à culbuter que les cavaliers allemands, en haleine depuis le matin, avaient vu leurs rangs s'éclaircir par les combats déjà livrés aux différents corps français. Non, il lança ses onze beaux régiments au hasard, à la suite les uns des autres et à de grands intervalles. Cette lourde faute explique pourquoi deux divisions françaises, n'ayant pas subi le feu de la journée, n'ont pas mis en déroute une brigade prussienne, dont les cavaliers harassés se tenaient sous nos balles et sous nos obus depuis de longues et mortelles heures. Nos généraux ne savaient pas plus se servir, sur le champ de bataille, de leurs magnifiques escadrons qu'ils n'avaient su les utiliser, avant la lutte, pour se renseigner, touchant les mouvements de l'ennemi. A ce point de vue, les Prussiens avaient sur nous une supériorité indiscutable et ils ont le droit d'être fiers du rôle de leur cavalerie à la bataille de Rezonville, rôle qui rappelle celui de nos hussards, de nos dragons et de nos cuirassiers aux temps glorieux de la République et de l'Empire.

Cette rude affaire était donc finie à notre droite, car infanterie, artillerie et cavalerie du Xe corps s'étaient repliées au sud de la chaussée, sauf le général de Kraatz qui, après avoir donné l'ordre d'évacuer le bois de Tronville, l'avait fait réoccuper à la faveur des charges de la brigade Barby (1). L'obscurité commençait à tomber et le silence régnait maintenant sur cette partie du théâtre où se jouait l'avenir de notre pays. Le commandant du

(1) *La Guerre franco-allemande*, 1re partie, pp. 600 et 601.

4ᵉ corps laissait de Voigts-Rhetz lui dérober une
proie si facile à saisir, et il établissait ses bivouacs
sur la hauteur située à l'est de la ferme de Grizières (1). Nous discuterons plus tard les responsabilités ; hâtons-nous de terminer le récit de cette
bataille gigantesque.

DERNIERS COMBATS DEVANT REZONVILLE.

De cinq heures à dix heures.

Pendant que ces événements se passaient en face
de Mars-la-Tour, la lutte continuait, acharnée, devant Rezonville. Grâce aux quelques renforts qui
viennent de leur arriver, les Prussiens renouvellent
leurs tentatives contre nos lignes. Nous savons
déjà que la brigade de Rex, division de Barnekow,
avait atteint, vers cinq heures, la lisière septentrionale du bois Saint-Arnould, après avoir passé
par Arry et franchi la Moselle sur le pont de
Novéant.

Le général de Barnekow trouvait les bataillons
allemands dans le plus piteux état, ayant leurs officiers supérieurs tués ou blessés et manquant de cartouches (2). Le 72ᵒ régiment escalade la hauteur

____

(1) Major Hoffbauër, *La Bataille de Vionville*, p. 108. — « La
plaine était silencieuse, le champ de bataille désert. Les sillons
étaient remplis de morts prussiens que l'ennemi, qui semblait se
retirer et renoncer à la lutte, ne venait pas relever. Était-il donc
bien nécessaire de revenir sur nos pas ? L'ennemi n'avait pas gagné
un pouce de terrain et n'avançait pas. On se demandait : Pourquoi
ne pas pousser sur Mars-la-Tour ? On verrait, au moins, ce qui se
passe par là. (Ludovic Halévy, *L'Invasion, Souvenirs et Récits*, Paris,
Calmann Lévy, 1885, p. 69). — « Je crois qu'avec un effort bien
dirigé sur la droite, nous aurions repris Vionville et Mars-la-Tour. »
(*Procès Bazaine*, déposition du général Bourbaki, p. 545).

(2) *La Guerre franco-allemande*, 1ʳᵉ partie, p. 605.

qu'il a devant lui et aborde le 3ᵉ grenadiers de la
Garde. Ces rudes militaires n'en font qu'une bouchée. Le colonel est tué, le major est blessé; « à
cinq heures et demie, le 72ᵉ se voit contraint de
reculer vers le bois, en avant duquel le colonel
d'Eberstein se porte pour le recueillir, à la tête du
40ᵉ (1). »

Ce dernier colonel essaye de venger cette défaite,
et parvient jusqu'à la ferme de la *Maison-Blanche*,
qui domine la hauteur. Mal lui en prend, car les
grenadiers refoulent les assaillants, tuent leur colonel et les mettent en fuite. Le commandant de la
brigade s'empresse de demander du secours au 11ᵉ
régiment, du IXᵉ corps. Une troisième tentative est
faite contre le mamelon situé au nord de la *Maison-
Blanche;* pour la troisième fois, le colonel du régiment est frappé mortellement et ses soldats sont
rejetés en désordre par la 1ʳᵉ brigade du général
de Montaudon (2), laissant sur le terrain 41 officiers
et 1,119 hommes (3).

Après ce désastre, nous cherchons ce que l'ennemi pourrait opposer à toute la Garde impériale,
à la brigade Lapasset, à la division Montaudon, au
2ᵉ corps, aux divisions de cavalerie de Forton et de
Valabrègue, et nous ne trouvons rien. La division
Stülpnagel se bat depuis bientôt dix heures et a
perdu presque tous ses officiers. Il suffit de s'avancer pour disperser ces troupes exténuées, pour capturer ces batteries à bout de forces et de munitions... (4). Le maréchal conserve strictement la

(1) *La Guerre franco-allemande*, 1ʳᵉ partie, p. 605.
(2) *Ibid.*, p. 606.
(3) *Ibid.*, Supplément XXI.
(4) « Cette lutte acharnée qui, pour certaines batteries, avait duré
neuf et même dix heures, avait profondément épuisé les hommes et
plusieurs d'entre eux étaient devenus sourds et aveugles. La plupart
des pièces étaient très encrassées et plusieurs appareils de fermeture
s'étaient calés. » (Major Hoffbauër, *La Bataille de Vionville*, p. 127).

défensive, et plus de deux corps d'armée sont tenus en respect par quelques groupes de tirailleurs isolés.

Tout à coup, à partir de six heures et demie, la
bataille d'artillerie a redoublé d'intensité. Dans
les deux camps, c'est un ouragan de mitraille et
d'obus qui s'abat sur les combattants ; plusieurs centaines de bouches à feu tonnent majestueusement,
emplissant les vallons de leurs roulements sinistres (1). Mais cet accompagnement grandiose n'arrête pas l'action de l'infanterie et de la cavalerie.
Au centre, le prince Frédéric-Charles cherche à
nous en imposer par des attaques vouées fatalement
à l'insuccès, mais qui auront pour résultat de nous
inquiéter et de nous empêcher d'aller de l'avant (2).
Il jette la brigade de Grüter (6ᵉ cuirassiers, 13ᵉ et
15ᵉ uhlans) contre le 93ᵉ de ligne, de la division
Lafont de Villiers, qui n'a pas cessé d'être exposé
aux coups de l'infanterie et de l'artillerie allemandes. Le chef de ce régiment ne sait pas le disposer de manière à recevoir la charge ; les lignes
sont rompues et nous perdons un aigle et un canon.
Mais la division de cavalerie de Valabrègue, « qui
était restée formée à la droite du village de Rezonville, paraît tout à coup devant les cuirassiers prus

<hr>

— « On n'avait plus de réserves sous la main ; après les marches
fatigantes et les pertes énormes de la journée, on ne pouvait plus
gagner du terrain, mais on *réussit à conserver* la lisière septentrionale du bois. » (Major de Schell, pp. 162 et 163).

(1) « Le combat d'artillerie devint surtout violent de six heures et
demie à sept heures. » (Major Hoffbauër, *La Bataille de Vionville*,
p. 119.) — Le jour de la bataille de Rezonville, les Allemands consommèrent « 19,638 obus et 19 boîtes à balles ». (Voir le détail par
batteries : *Ibid.*, pp. 179 et 180).

(2) Ces attaques partielles « ranimèrent la lutte *défensive* des
Allemands, enlevèrent aux Français l'envie de prendre eux-mêmes
l'offensive... » (Major Hoffbauër, *La Bataille de Vionville*, p. 151).
— « On poursuivait le but d'induire l'ennemi en erreur, de continuellement l'occuper au point qu'il ne pût se rendre compte de sa
force. » (Commandant Colmar von der Goltz, *la Nation armée*, p. 334).

siens, fond sur eux et les refoule en désordre (1) »
ainsi que les uhlans. « L'aigle et le canon sont
repris par le brigadier Borgne, le soldat Leymat,
du 5º chasseurs, le lieutenant Boutal et les cavaliers
Lequerret et Daubresse, du 12e dragons (2). » Le
général de Grüter tombe mortellement blessé (3) et
ses escadrons s'éclipsent derrière l'artillerie.

Cependant, à la suite de cet échec et bien que la
brune commence d'envelopper le champ de carnage,
Canrobert et Bourbaki ne peuvent résister au désir
de charger une bonne fois les Allemands. « La division Levassor-Sorval, soutenue par une brigade de
grenadiers, cinq bataillons de voltigeurs et une
brigade de la division Montaudon, prononce une
vigoureuse offensive contre Vionville. En même
temps, le général Bourbaki forme une puissante
batterie de cinquante-quatre pièces qui foudroie le
village et les hauteurs en arrière. Cette pluie de fer
amène une panique dans les rangs ennemis. L'infanterie, chargée de protéger la réserve d'artillerie
du Xe corps, se retire en toute hâte ; les batteries
allemandes prennent le galop (4). » Mais le manque
d'unité, joint à l'absence d'ordres du général en
chef, empêche de poursuivre ce succès, et, lorsque

(1) Général Frossard, p. 94.
(2) Le Faure, t. Iᵉʳ, p. 198.
(3) *La Guerre franco-allemande*, 1ᵉ partie, p. 613.
(4) Le Faure, t. Iᵉʳ, p. 198. — Colonel Lecomte, t. II, p. 122. —
Général Frossard, p. 94. — « La situation dans laquelle se trouve le
IIIᵉ corps devint très critique. Renforcé à peine par le détachement
de Lyncker et par la batterie Lehmann, ce corps fut obligé de déployer
ses derniers efforts et de se servir du dernier bataillon de sa réserve
pour résister à l'épouvantable attaque exécutée simultanément par
le 6ᵉ corps, les grenadiers de la Garde, la brigade Lapasset, la réserve de l'artillerie de l'armée. » (Major Hoffbauër, *La Bataille de
Vionville*, p. 146.) — Cette tentative fut faite trop tard et par deux
divisions seulement, mais, à en juger par ses résultats, on comprend
l'effet qu'elle aurait produit si elle avait été exécutée par les troupes
énumérées par Hoffbauër ; ce qui était possible. — Voir également
au sujet de cette panique des Allemands, le *Bulletin de la Réunion
des officiers*, nº du 22 mars 1884, p. 258.

la nuit a complètement enveloppé la plaine, Vionville est occupé à l'ouest par les Prussiens, à l'est par les Français (1). Pourtant, un dernier et suprême effort était tenté, vers sept heures et demie, contre notre gauche, en avant de Rezonville. Les hommes valides des divisions de Barnekow et de Stülpnagel montent une quatrième fois à l'assaut des mamelons. « Cette tentative avait le même sort que les précédentes... On se voyait forcé de plier définitivement devant la supériorité des réserves françaises (2). »

A la même heure, les gardes du corps hessois (brigade Wittich) se glissaient avec difficulté sous le bois des Ognons, à cause de l'obscurité rendue plus épaisse en raison du feuillage des grands arbres. A sept heures, ils se heurtaient aux chasseurs de la Garde. Le combat s'engageait à tâtons et continuait jusqu'à dix heures du soir, moment où le général de Manstein, commandant le IXe corps, ordonnait de cesser la lutte. La brigade Wittich bivouaquait ainsi dans le bois des Ognons, et les autres fractions du IX° corps ne dépassaient pas Gorze (3).

La bataille semblait terminée ; la nuit était tombée et couvrait les rouges sillons de ses voiles noirs quand, après huit heures, trois régiments, deux de hussards de la brigade de Rauch et un de dragons, franchissent les fossés de la route de Verdun et piquent droit sur Rezonville. Le général Bourbaki les fait recevoir par les zouaves de la Garde et par quelques voltigeurs : c'est dire que les imprudents

---

(1) Le Faure, t. Ier, p. 198. — « Vionville est pris et reperdu plusieurs fois et reste partagé aux deux camps. » (Colonel Lecomte, t. II, p. 121).

(2) *La Guerre franco-allemande*, 1re partie, p. 607. — « La situation était très risquée si les Français venaient à prendre vigoureusement l'offensive. » (Rapport du général de Gœben pour la bataille du 16 ; cité par le major de Schell, p. 166).

(3) *La Guerre franco-allemande*, 1re partie, p. 609.

tournent bride immédiatement (1), abandonnant nombre de morts le long de leur chemin.

Que signifiait cette curieuse attaque de nuit? L'ouvrage de l'état-major prussien n'apporte pas la lumière dans ces ténèbres et augmente, au contraire, s'il se peut, les ombres qui entourent cet inexplicable coup de tête. Nos ennemis disent bien que, dès sept heures, « le commandant en chef jugeait le moment opportun pour entreprendre un grand mouvement offensif... qu'il avait l'intention d'y employer principalement son aile gauche!!... et qu'il donna l'ordre de pousser sur Rezonville (2). » Mais l'aile gauche ne bougea pas... et pour cause : comme la jument de Roland, elle était morte; le centre demeura inerte par la même raison, la droite l'imita et tout se borna à la ridicule chevauchée du général de Rauch.

Aussi bien, cette nocturne entreprise démontrerait peut-être que le prince ne se doutait ni de l'épuisement de son armée, ni de l'importance des forces françaises. Il aurait toujours suivi sa première idée, celle du matin : il croyait n'avoir à combattre qu'une arrière-garde de Bazaine. Sans cela, Frédéric-Charles aurait-il, comme un lycéen de la guerre, essayé d'enlever toute la Garde impériale et deux corps français au moyen de trois régiments de cavalerie?

RÉSULTATS ET CONSIDÉRATIONS

Cette bataille de onze heures était consommée. « Un profond silence s'étendait alors sur ce large plateau où, depuis neuf heures du matin, la mort avait

(1) Le Faure, t. Ier, p. 198.
(2) *La Guerre franco-allemande*, 1re partie, pp. 609 et 610.

fait une si riche moisson. Une nuit froide succédait
à cette brûlante journée d'été, et, après des efforts
presque surhumains, les combattants prenaient
quelques instants de repos dans leurs bivouacs...
Au lever de la lune, la cavalerie de l'aile gauche
(rassurée par notre immobilité), prolongeait la
chaîne des grand'gardes jusqu'à l'Yron, à travers
cette plaine de Mars-la-Tour abreuvée de tant de
sang (1). »

Les pertes étaient énormes et rappellent les hécatombes d'Eylau et de la Moskowa. Suivant les
Prussiens, nous avions à déplorer la mise hors
combat de 879 officiers et de 16,128 soldats, y compris 5,000 disparus, composés, en majeure partie,
des blessés abandonnés dans les ambulances de
Gravelotte et de Rezonville (2).

Les Allemands comptaient 15,795 hommes hors
de combat, parmi lesquels 715 officiers et 967 prisonniers (3).

La proportion des tués et des blessés n'était pas
la même dans les deux armées. Les Français avaient
147 officiers, 1,220 soldats tués, 597 officiers,
9,523 soldats blessés ; les Allemands 236 officiers,
4,185 soldats tués, 475 officiers et 9,932 soldats
blessés (4).

Enfin l'armée du Rhin avait à regretter la mort
des généraux Legrand, Brayer, de Marguenat ; des
colonels Cousin, du 3ᵉ grenadiers de la Garde ; Ama-
dieu, du 75ᵉ de ligne. Les généraux Bataille, de
Montaigu, Letellier-Valazé et sept colonels étaient
blessés. Dans l'autre camp, les généraux de Dœring
et de Grüter avaient été frappés à mort ainsi que

(1) *La Guerre franco-allemande*, 1ʳᵉ partie, p. 613.
(2) *Ibid.*, p. 614.
(3) *Ibid.*, supplément XXI.
(4) *Ibid.*, suppléments XXI et XXI *bis*.

onze colonels (1). Le chiffre des officiers généraux et supérieurs ayant reçu des blessures était considérable.

Nous eûmes le bonheur de ne perdre ni canon, ni drapeau, tandis que nous enlevâmes aux Prussiens le drapeau du 16e régiment d'infanterie et l'un des étendards de la brigade de Bredow (2).

Quant au nombre de combattants mis en ligne de chaque côté, voici ce qu'en dit le colonel Lecomte : « Les Allemands veulent avoir gagné la bataille, non seulement stratégiquement et tactiquement (3), mais contre un nombre d'ennemis double du leur. L'assertion est exacte jusque vers cinq heures de l'après-midi. Depuis ce moment, il y eut encore, jusque vers huit heures, de forts engagements pendant lesquels la proportion des combattants fut tout autre. Elle arriva, dans la soirée, à n'offrir plus, en faveur des Français, qu'un excédent du tiers (4). » Selon le colonel suisse, 95,000 Allemands et 280 bouches à feu, 135,000 Français et 480 bouches à feu prirent part à la lutte sanglante du 16 août (5). Nous estimons, nous, que le chiffre de 95,000 Allemands est exagéré, même après cinq heures du soir, et qu'on ne doit l'élever qu'à 70,000 au plus.

Quoi qu'il en soit, bien que le maréchal Bazaine (6),

(1) Le Faure dit que le général de Wedell a été tué (t. Ier, p. 199). C'est une erreur. Nous sommes allé à l'ambassade d'Allemagne vérifier le fait, qui nous semblait douteux, et l'attaché militaire, capitaine de Schwarzkoppen, fils du général commandant la division dont faisait partie, à Rezonville, la brigade de Wedell, nous a assuré que ce dernier général s'était remis de ses blessures.

(2) Colonel Lecomte, t. II, p. 127.

(3) « La bataille tourna contre les Prussiens au point de vue tactique. » (Ibid., p. 128).

(4) Ibid., p. 146. — « 120,000 Français ne parvinrent pas à battre 60,000 Allemands. » (Commandant Colmar von der Goltz. La Nation armée, p. 335).

(5) Colonel Lecomte, pp. 150 et 151.

(6) Rapport officiel de la bataille de Rezonville.

le général Frossard (1), le maréchal Le Bœuf (2),
le maréchal Canrobert (3) et le général de Ladmirault (4) regardent la journée de Rezonville comme
un succès, nous la considérons, nous, comme une
affaire indécise, attendu que, maîtres du champ de
bataille, nous n'avons pas cru pouvoir le conserver
le lendemain et nous sommes repliés, pendant la
nuit, à l'opposé du but poursuivi : Verdun. Au
reste, Bazaine est bien de notre avis, à cette heure,
car il répond au général de Ladmirault, qui disait
que « *la journée avait été bonne pour nous* » : —
« *C'est son appréciation, mais ce n'est pas la
mienne* (5). »

En réalité, « aussi peu les Prussiens avaient
réussi à déloger de leurs positions principales *les
forces plus que doubles des Français*, aussi peu
ceux-ci étaient parvenus à regagner le terrain perdu
dans la matinée et à se rouvrir la route de Mars-la-
Tour (6) » : le 16, au soir, la chaussée devait être
regardée comme coupée tant que Tronville demeurait au pouvoir des Allemands. Mais il nous restait

---

(1) Général Frossard, p. 96.
(2) *Procès Bazaine*, déposition du maréchal Le Bœuf, p. 228.
(3) *Ibid.*, déposition du maréchal Canrobert, p. 223.
(4) Déposition du général de Ladmirault devant la commission d'enquête sur les capitulations.
(5) Bazaine, *Épisodes*, p. 86.
(6) *La Guerre franco-allemande*, 1re partie, p. 614. — « De part et
d'autre on s'attribua la victoire. Tactiquement ni les Français ni les
Prussiens n'avaient vaincu ; aucune des deux armées n'avait forcé
l'autre à la retraite, aucune n'avait conquis de trophées (*ces deux dernières assertions ne sont pas exactes*) ; toutes deux bivouaquaient
sur le champ de bataille. Mais, tout en rendant pleine justice aux
Français, la véritable gloire de la journée n'en appartenait pas moins
aux Allemands qui n'ont reçu que successivement, et dans une *proportion insuffisante*, des renforts composés de troupes déjà fatiguées
par une longue marche, et qui, *malgré leur infériorité numérique*,
ont su se maintenir, durant toute la journée, avec une inébranlable
bravoure, dans les positions conquises dès le début, et cela, *en présence de l'armée du Rhin tout entière*. » (Colonel Borbstaedt, pp.
457 et 458.)

la route d'Etain pour gagner Verdun (1), et nous pouvions essayer de conquérir celle de Mars-la-Tour en achevant les Xe et IIIe corps, déjà si maltraités (2). Nous discuterons cette question lorsqu'il sera temps ; auparavant, examinons la conduite de Bazaine au cours de la journée.

Nous avons constaté, à mesure que nous avancions dans le récit de la bataille, que le commandant en chef s'obstinait à dégarnir sa droite et son centre afin de renforcer sa gauche. L'avantage à Rezonville, c'était les communications avec Metz assurées ; la victoire à Mars-la-Tour, c'était la route de Verdun ouverte. Nous savons, de reste, qu'il avait fait son choix : « Depuis le matin, *surtout depuis que le départ de l'empereur lui laissait sa liberté*, il semblait tourner sa pensée bien moins du côté de Verdun que du côté de Metz... Pas un seul instant, dans la journée, il n'avait laissé voir le dessein de *pousser un mouvement offensif*, même lorsque l'arrivée du 3e et du 4e corps lui en donnaient les moyens (3). » — « Malgré les instances du général Bourbaki, l'artillerie de réserve de l'armée se retira, c'était dire qu'on renonçait à l'offensive (4). »

Mais quelles raisons le général en chef de l'armée

(1) « Nous avons conservé le champ de bataille; la route d'Étain à Verdun est encore libre. » (*La Chute de Metz*, notes cursives du lieutenant-colonel de Montluisant, commandant la réserve d'artillerie du 6e corps (aujourd'hui général). Paris, Borrani, 1871; p. 14).

(2) « Le 16 août, au soir, le maréchal Bazaine pouvait, d'un effort puissant, trouer l'armée qui allait l'étreindre. » (*La Guerre nationale*, 1870-1871, par Jules Claretie, Paris, Lemerre, 1871; p. 97).

(3) Charles de Mazade, t. Ier, p. 163.

(4) *Le général Bourbaki*, par un de ses anciens officiers d'ordonnance (Louis d'Eichtal). Paris, Plon, 1885, p. 56. Ce livre a été publié avec l'agrément du général. — « Quoique les Allemands se retirassent et que Bazaine disposât de six divisions fraîches, non seulement il ne les lança pas sur l'ennemi pour le disperser, le rejeter dans les défilés de Gorze et de Chambley et, delà, le pousser sur la Moselle, mais encore il se retira! » (général Ulloa, p. 106).

de Metz présente-t-il afin d'expliquer sa défensive obstinée? Il prétend *que l'ennemi recevait des renforts du côté du bois Saint-Arnoult; que nos troupes commençaient à faiblir; que cela fondait rapidement.* Il affirme *qu'on ne l'a pas prévenu de la présence du 4° corps; qu'il n'a appris que le soir les résultats heureux obtenus par le général de Ladmirault* (1).

Nous lui répondrons que si le 2ᵉ corps *a faibli* après midi, c'est parce qu'il ne l'avait pas fait soutenir par la Garde, parce que le secours du 6ᵉ corps avait été tardif et insuffisant. Nous ajouterons que la Garde n'a jamais faibli, et qu'appuyée par le 2ᵉ corps, cette troupe d'élite était en mesure d'opposer aux bataillons plus que décimés de la Vᵉ division une résistance invincible.

Pourquoi cette préoccupation de ne pas être tourné sur sa gauche; pourquoi ce désintéressement de ce qui se passe à l'aile droite (2)? Il fallait alors profiter de cette concentration de forces à gauche pour déborder l'aile droite des Prussiens (3). Non

(1) *Procès Bazaine*, Interrogatoire, p. 164.

(2) « Il suffisait d'un fort détachement de la Garde placé dans le bois des Ognons et dans celui des Chevaux pour garder les ravins d'Ars-sur-Moselle et de Gorze; toutes les autres troupes auraient suffi à renforcer les 2ᵉ et 6ᵉ corps. » (Major Hoffbauer, *La bataille de Vionville*, p. 156.) — « Pendant tout le temps de la bataille, le maréchal craignit constamment pour son flanc gauche. Il accumula sur ce point des forces considérables. Il eût été cependant facile de s'assurer qu'il n'avait rien à craindre du défilé de la Mance. Ce défilé a à peine 4 kilomètres de longueur et *il eût pu le faire éclairer en peu de temps;* une fois tranquillisé il n'eût pas amassé là des réserves qui devaient rester inutiles. Dans le commencement de la bataille il conserva la Garde qu'il remplaça ensuite par le 2ᵉ corps lorsque celui-ci fut forcé d'évacuer Vionville. Il garda néanmoins encore une division de la Garde et fit venir ensuite la division Montaudon. Il avait, en outre, deux divisions de cavalerie. » (Capitaine Bonnet, pp. 114 et 115.)

(3) « Il est étonnant que toute une division, celle des voltigeurs de la Garde, ait occupé, pendant tout un temps, la partie septentrionale du bois des Ognons, exclusivement pour garder le ravin de Gorze et d'Ars-sur-Moselle. Comme l'irruption de l'ennemi n'était pas à craindre de ce côté, quelques petits détachements auraient pu suf-

pas plus à gauche qu'à droite, il ne cherche à avancer. Pourquoi enfin, jusqu'à quatre heures, c'est-à-dire, pendant sept heures, pendant le temps où le IIIe corps se dressait seul en face de ses cinq corps d'armée, n'a-t-il pas écrasé un si faible adversaire (1) ?

L'homme ne réplique rien et se contente de répéter qu'il a ignoré la présence de Ladmirault (2). C'est encore une *erreur* pour ne pas employer un mot plus brutal, mais certainement plus juste. A la fin de sa dépêche du 16 août, à l'empereur, il dit qu'*il a donné dans l'après-midi l'ordre à de Ladmirault d'opérer un mouvement tournant* (3). Comment aurait-il eu l'idée d'envoyer, dans l'après-midi, des

fire pour garder ce défilé, et tout le reste de la division aurait pu se rendre, par le bois des Ognons, vers le bois Saint-Arnoult et *envelopper l'aile droite des Allemands. Il est d'autant plus surprenant qu'on ait retenu toute cette division dans un but exclusivement défensif, que le 2[o] corps, *qui s'était reformé*, aurait dû se charger de cette mission.* » (Major Hoffbauer, *La bataille de Vionville*, p. 139).

(1) « La position du III[o] corps était relativement très étendue si l'on songe à sa force; d'un autre côté, elle était trop restreinte, eu égard à la supériorité des forces des Français, surtout après leur déploiement. La position courait donc le danger d'être *percée*, *débordée* ou *enveloppée*. L'échec de l'aile droite des Allemands exposait la retraite de ceux-ci et leurs communications avec le gros des armées; l'échec de l'aile gauche assurait aux Français le libre passage dans la direction de Verdun. » (Major Hoffbauer, *la bataille de Vionville*, p. 146). Selon nous, il eût été préférable de s'en prendre à l'aile droite ennemie, mais alors il fallait agir en conséquence et la détruire. — « Pendant cinq heures, le III[o] corps prussien eût pu être écrasé, *anéanti*, avant d'avoir reçu des secours; les historiens allemands en conviennent. Ils admettent aussi qu'il eût été ensuite possible de se porter, d'abord sur les têtes de colonnes du IX[o] corps, puis sur celles du X[o], qui était tout à fait isolé. Il eût fallu, pour cela prendre résolument l'offensive surtout à l'aile droite. » (Commandant Canonge, t. II, pp. 121 et 122). — « Ce ne fut qu'à trois heures et demie que le III[o] corps reçut de nouveaux renforts; jusqu'à ce moment, il s'était victorieusement défendu contre un ennemi de beaucoup plus nombreux que lui. » (Major de Schell, p. 158). — Avec une vigoureuse offensive, Bazaine aurait balayé le plateau et rejeté l'ennemi dans les ravins de Gorze. » (*Défense de Bazaine*, par Archibald Forbes; pp. 10 et 11).

(2) Il soutient qu'il n'a été instruit de ce qui se passait à sa droite qu'à la *nuit close*. (*Procès Bazaine*, Interrogatoire, p. 164).

(3) Maréchal Bazaine, *l'Armée du Rhin*, p. 61.

instructions à un général dont il n'a su l'arrivée que
le soir? Mais nous consentons à admettre qu'il s'est
trompé en écrivant sa dépêche, et nous faisons cette
concession d'autant plus facilement que nous pensons qu'effectivement il n'a pas expédié d'ordre *de
mouvement tournant* à Canrobert, à Lebœuf et à Ladmirault, nous en rapportant, pour cela, aux décla-
rations catégoriques de ces trois chefs de corps (1);
Bazaine en a-t-il moins eu connaissance de l'entrée
en action de Ladmirault?

Cette hypothèse n'est pas soutenable. D'abord,
il faudrait accepter qu'il n'a pas vu, qu'il n'a pas
entendu la canonnade du 4ᵉ corps. Il serait déjà
grandement fautif de ne pas s'être transporté sur
un point qui lui permît d'embrasser tout le champ
de bataille (2) et de ne pas avoir envoyé les officiers de son état-major aux renseignements dans toutes les directions. Nous savons bien que cet étrange
état-major avait été tellement dispersé, à l'instant
de la charge des hussards de Brunswick, que le
maréchal ne le trouvera pas et que le général Frossard fut obligé de mettre deux de ses officiers à la

(1) *Procès Bazaine*, dépositions des commandants des 6ᵉ, 3ᵉ et 4ᵉ
corps, pp. 223, 228 et 231.

(2) « Dans cette bataille, il y avait pourtant les éléments pour que
les Français fussent victorieux. Si l'on eût su s'en servir, si le succès
remporté sur la droite eût été mis à profit, si, au lieu de considérer
les deux divisions Frossard comme inutiles, Bazaine leur eût confié
le soin d'appuyer seulement la Garde et s'était servi des trois divisions Le Bœuf sur la droite de Canrobert, s'il s'en était rapporté davantage à **Bourbaki**, *se plaçant lui-même de façon à exercer une
surveillance générale sur toute l'étendue du champ de bataille,
ainsi qu'un commandant en chef doit le faire*, au lieu de remplir le
rôle de commandant de l'aile gauche seulement, les Français eussent
pu chasser les Allemands de la route de Verdun et réclamer de droit
la victoire, qui n'en a pas été une. *par la faute du commandant en
chef.* » (Général Brackenbury, p. 116). — « Il y a plusieurs points
d'où l'on peut embrasser l'ensemble de la lutte; Bazaine ne s'y porte
pas; il demeure dans les fonds et laisse aux 3ᵉ et 4ᵉ corps leur liberté d'action, sans leur indiquer d'objectif. » (Général Jung, p. 17).

disposition du général en chef (1). Mais c'était une raison de plus pour se tenir au centre et non à une extrémité de son armée. Quant aux officiers d'état-major, il n'avait qu'à les remplacer par des cavaliers ou des lieutenants tirés des divisions de cavalerie qu'il avait sous la main; ces aides de camp improvisés se seraient assurément mieux acquittés de leur mission que les titulaires. Non, il semble que le maréchal ait été heureux de son isolement, et il n'a rien fait pour en sortir.

Nous avons, de plus, un témoignage qui inflige un démenti formel à Bazaine. Le maréchal Le Bœuf, lors du procès de Trianon, a affirmé que le commandant en chef avait été averti, dans l'après-midi, de l'arrivée du 4e corps. « J'allais faire un mouvement offensif lorsque le maréchal Bazaine m'envoya l'ordre de lui expédier encore du renfort vers la gauche. Je n'avais plus qu'une division; je mis une brigade en marche, mais *je prévins en même temps le maréchal Bazaine que j'occupais un terrain très étendu et que, si je quittais ce terrain, le 4e corps pourrait être coupé. Le maréchal me renvoya ma brigade* (2). » Après une aussi accablante déclaration, comment Bazaine ose-t-il soutenir, contre toutes les vraisemblances, qu'il n'a appris les combats de Ladmirault qu'à la *nuit close.*

Enfin, le rapport officiel de la bataille de Rezonville, écrit par lui, avoué par lui, existe au dossier de son procès. Ce rapport fait-il la moindre allusion aux ténèbres dans lesquelles se serait trouvé le général en chef au sujet des faits et gestes du 4e corps? Au contraire, et il relate les luttes de notre droite, comme celles de notre gauche, sans paraître avoir

_____

(1) « Je fus séparé du groupe d'officiers qui était à côté de moi. Cette séparation fut d'assez longue durée. » (Bazaine, *Épisodes*, pp. 82 et 83. — Général Frossard, p. 90, en note).

(2) *Procès Bazaine*, déposition du maréchal Le Bœuf, p. 228.

ignoré les unes plus que les autres. Et certes, il était impossible que, durantcette conflagration de six heures, aucun officier, aucun soldat, personne, en un mot, ne fût parvenu auprès du commandant en chef afin de l'avertir que le 4ᵉ corps combattait devant Mars-la-Tour. L'excuse de Bazaine est inadmissible et l'histoire doit affirmer que la retentissante résistance de Ladmirault n'a pas échappé au maréchal.

Il y a, pour nous, une consolation à nos malheurs : c'est que les Prussiens commirent également, ce jour-là, nombre de fautes. « Nous avons déjà montré les inconvénients de la dispersion des corps allemands pendant la marche de flanc opérée devant nous. En effet, *le IIIᵉ corps a été seul à lutter contre toute l'armée française, jusqu'à trois heures du soir* (quatre heures). Il avait à ce moment épuisé toutes ses réserves, et les secours même du Xᵉ corps *ne l'auraient pas sauvé* sans les étranges indécisions du maréchal Bazaine... Nous voyons, ici, pour la quatrième fois, un commandant de corps d'armée livrer, de son propre mouvement, une grande bataille (1). Aussi le IIIᵉ corps toucha-t-il à un désastre ; le général en chef, ayant des projets de mouvement tournant, ayant dirigé les troupes suivant ses vues, les secours arrivèrent fort tard.... On ne pouvait pas replier les détachements engagés. A mesure que de nouveaux bataillons se présentaient, on les lançait sur la ligne de bataille et l'on n'obtenait que des attaques décousues. Tous les inconvénients dont nous avons parlé se présen-

---

(1) « La bataille de Vionville — Mars-la Tour était plutôt une bataille improvisée que préméditée. » (Général de Hohenlohe, *Lettres sur l'artillerie*, p. 35). — « Nous avons vu, en 1870, des généraux de division, des généraux de brigade, amener, par leurs résolutions prises avec indépendance, des batailles qui ne répondaient pas aux intentions des chefs d'armée. » (Commandant von der Goltz, *La Nation armée*, p. 116). — « On s'attendait à la bataille, peut-être pour le 17, non pour le 16. » (*Ibid.*, p. 333).

tèrent, et s'ils ne furent pas suivis d'une défaite, *c'est que le général français commit des fautes plus lourdes*.... La décision d'attaquer, que prit le prince Frédéric-Charles, montre de l'audace, mais peu de coup d'œil militaire. Il était certain que cette attaque ne pouvait réussir et, *sans la résolution du maréchal de rester sur la défensive*, elle eût été cruellement funeste aux Prussiens, qui devaient s'estimer heureux de ne pas avoir été battus (1). »

« Engagée accidentellement, comme les précédentes du 6 août et du 14, la bataille du 16 fut très incohérente de part et d'autre. Cela devait résulter des événements des jours précédents et des mouvements généraux en exécution, dans lesquels un engagement sérieux pour le 16 n'était pas prévu. Le grand état-major allemand ou, au moins, celui de la II⁰ armée, paraît avoir pensé, le 15 au soir, qu'il ne reverrait pas l'ennemi en forces de plusieurs jours, avant la ligne de la Meuse. Aussi le commandant du III⁰ corps crut d'abord n'avoir affaire qu'à une arrière-garde, contre laquelle il n'en prendrait qu'à son gré, et dont il pourrait, en s'arrêtant seulement, se dégager quand il lui plairait. Au lieu de cela, il se trouva barrer le passage au gros de l'armée française. La tâche était tout autrement grande et difficile... Soit bravoure intrépide, soit ignorance de l'état réel des choses, le général d'Alvensleben se chargea de cette tâche à lui seul. Désabusé, il n'en voulut pas démordre et il fit si brave contenance qu'il finit par sortir honorablement de son guêpier (2). »

Terminons en rapportant la judicieuse opinion de M. de Bismarck sur les causes des batailles : « Il arrive bien souvent chez nous que ce n'est pas le

_____

(1) Capitaine Bonnet, t. Iᵉʳ, pp. 111, 112, 113 et 129.
(2) Colonel Lecomte, t. II, p. 129.

général en chef qui engage les affaires et les dirige. Ce sont les troupes, comme du temps des Grecs et des Troyens. Une poignée de gens se provoquent; ils en arrivent aux coups; ils lancent des javelots; puis cela finit par devenir une bataille. Les avant-postes commencent par tirer sans nécessité aucune, d'autres s'avancent si l'affaire s'annonce bien : un sous-officier engage l'action; il est rejoint par un lieutenant; le commandement passe ensuite à un colonel, jusqu'à ce que le général arrive sur le terrain avec toutes les forces dont il dispose. C'est ainsi qu'a été engagée la bataille de Gravelotte, qui, en réalité, ne devait avoir lieu que le 19 (1). » Rien de plus exact que ces réflexions, qui s'appliquent, mot pour mot, à la journée du 16.

En résumé, l'étude approfondie de la bataille de Rezonville permet de porter un jugement définitif sur les principaux acteurs de ce drame militaire.

Bazaine est coupable : d'avoir retardé, le 16 au matin, la marche de son armée, en général, et celle du 2º corps, en particulier; de n'avoir rien fait pour activer la venue des 4º et 3º corps; de n'avoir envoyé aucun ordre au général de Ladmirault; de n'avoir prescrit aucun mouvement offensif à Canrobert, à Le Bœuf, mais surtout à Bourbaki; de s'être complu dans une défensive qui a sauvé les IIIᵉ et Xᵉ corps; tout cela, en vue d'un but intéressé : afin de ne pas être coupé de Metz, afin de l'être de Verdun.

Frossard a eu tort de ne pas employer sa cavalerie à s'éclairer du côté de Gorze et de Buxières.

---

(1) Conversation tenue par M. de Bismarck, le **24** décembre, devant Paris, rapportée par M. Moritz Busch, son secrétaire, dans son livre : *M. le comte de Bismarck et ses gens pendant la campagne de France;* traduit en français par Eugène Scinguerlet, sous ce titre : *Propos de table du comte de Bismarck,* 2º édition. Paris, Dreyfous, **1879**, p. 117.

Le général de Forton est impardonnable de ne pas avoir occupé Tronville, de ne pas avoir poussé de reconnaissances au delà et de s'être laissé surprendre (1).

Bourbaki, placé sous les yeux du général en chef, n'a eu à prendre aucune décision importante et n'est pas responsable des faux mouvements de la Garde impériale.

Le maréchal Le Bœuf vit son corps se disperser aux quatre coins du champ de bataille et fut donc paralysé par les demandes du commandant en chef.

Canrobert aurait dû se préoccuper davantage de son artillerie (2), appuyer plus vigoureusement la droite du 2ᵉ corps et percer le centre ennemi (3).

Le général de Ladmirault est blâmable de ne pas s'être mis en communication avec le général en chef et de s'être contenté d'attendre des ordres qui

---

(1) « La cavalerie française a été au-dessous de sa mission pour le service d'exploration et pour le service de sûreté; on n'a pas su l'employer. Non seulement elle ne songea pas à éclairer la colonne de gauche sur son flanc extérieur jusqu'à Gorze, ou, du moins, le plus loin possible sur les deux routes qui partent de ce point *d'où l'on attendait cependant l'attaque*, mais encore, malgré les avertissements de la veille, elle ne pourvut point à sa sûreté. » (Commandant Canonge, t. II. p. 126). — La cavalerie du général de Forton prit les IIIᵉ et Xᵉ corps pour « deux armées prussiennes » qui « se concentraient derrière les bois » ! (Capitaine Blondlat, p.19).—« La division de notre cavalerie, qui était près de Rezonville, au mépris des ordres qui lui avaient été donnés, n'avait point du tout éclairé l'armée. » (*Bazeilles-Sedan*, par le général Lebrun; Paris, Dentu, 1884, p. 217).

(2) « Pendant cette longue bataille, qui a tout dispersé, je n'ai pas vu un seul officier d'état-major, je n'ai pas reçu le plus petit ordre ni le moindre renseignement. » (Général de Montluisant, pp. 13 et 14). M. de Montluisant commandait la réserve d'artillerie du 6ᵉ corps.

(3) « Nous savons combien les Allemands ont eu de peine à forcer l'aile gauche du 2ᵉ corps et à pouvoir l'envelopper. Quant à son extrême aile droite, si elle a cédé plus vite, la faute doit en être attribuée au 6ᵉ corps. De même que le 2ᵉ, il devait, coûte que coûte, exécuter une attaque des plus énergiques, prendre possession des taillis de Tronville et s'emparer des hauteurs dominantes de Vionville. » (Major Hoffbauer, *La bataille de Vionville*, pp. 137 et 138).

ne venaient point (1); de ne pas avoir, dès midi, lancé la division Legrand, la brigade de France, les chasseurs d'Afrique et ses deux batteries d'artillerie à l'assaut de Tronville (2); de ne pas avoir pris l'offensive avant l'arrivée du général de Cissey (3); d'avoir mal engagé et mal conduit la grande charge de cavalerie; enfin, de s'être confiné dans ses positions de Grizières et de Bruville, dès sept heures du soir, sans mettre son infanterie victorieuse aux trousses de l'ennemi, pendant que ses deux divisions de cavalerie auraient tourné la gauche de Voigts-Rhetz (4).

Mais il est juste d'accorder des circonstances atténuantes à Canrobert et à Ladmirault, en raison de l'incertitude où les a laissés le commandant en chef, au cours de cette interminable bataille, relativement à ses intentions tactiques (5).

(1) Bazaine, *Épisodes*, p. 84.
(2) *Ibid.*, p. 85.
(3) « La faute principale du général de Ladmirault est d'avoir malheureusement opéré tardivement et de ne pas m'avoir tenu au courant de ses faits. » (*Ibid.*, p. 87).
(4) Colonel Lecomte, t. II, pp. 136 et 137. — Se sentant vainqueurs, nos colonels ne voulaient pas battre en retraite et plusieurs firent mine de se révolter contre l'ordre qui leur était donné.« Vers huit heures et demie ou neuf heures du soir, l'état-major général du corps de Ladmirault se trouvait à Doncourt-en-Jarnisy. Le général Osmont, chef d'état-major, conformément aux ordres du général de Ladmirault, donna mission à quatre officiers d'état-major sous son commandement, de se rendre dans les bivouacs des colonels pour les inviter à rétrograder. Le lieutenant-colonel Saget était du nombre de ces officiers; je crois que le comte de Polignac en faisait partie également. A notre sortie de Doncourt, pour aller exécuter l'ordre dont il s'agit, nous essuyâmes plusieurs coups de feu des avant-postes français qui ne se rendaient pas compte que nous étions des leurs. Arrivés auprès des colonels, nous entendîmes ceux-ci se récrier successivement, dans les termes les plus significatifs, contre les ordres de retraite; quelques-uns firent mine de ne pas vouloir les exécuter, tant il leur paraissait surprenant de rétrograder après avoir gagné tant de terrain sur l'ennemi. Il fallut bien cependant qu'ils s'y résignassent. » (Lettre inédite, à nous adressée par le colonel Bourelly, qui était un des quatre officiers).
(5) Colonel Lecomte, t. II, p. 137.

Quant aux acteurs militaires allemands, nous dirons que M. de Moltke a commis l'imprudence d'éparpiller ses troupes pour leur faire décrire un immense arc de cercle, au sud de Metz, ce qui l'aurait conduit à un désastre, s'il avait eu en face de lui, même un général très médiocre, au lieu de Bazaine (1).

Frédéric-Charles a, pareillement, trop disséminé ses corps d'armée qui, le 16, n'étaient pas en état de se secourir (2). Il a cru que notre retraite était plus avancée qu'elle ne l'était réellement, puisqu'il semble avoir été persuadé, même dans la soirée, qu'il n'avait pas devant lui l'armée de Bazaine tout entière. Sa résolution de continuer, à quatre heures, une lutte inégale, témoigne de son inexpérience tactique, car, en présence d'un adversaire d'une intelligence ordinaire, cette détermination aurait causé l'anéantissement des IIIe et X[e] corps (3).

Le général d'Alvensleben, très brave et très

---

(1) « Pendant ce temps, la IIe armée prussienne exécutait son opération difficile et périlleuse du passage de la Moselle. » (Capitaine Blondlat, p. 48). — Voir aussi : Capitaine Bonnet, t. 1er, pp. 92, 93, 96, 111, 112 et 113). — Cette marche circulaire avait été favorisée par l'ineptie coupable du général Coffinières, gouverneur de Metz, qui, sans autorisation, avait consenti, le 15, un armistice de vingt-quatre heures, afin d'enterrer les morts de Borny. Les Allemands en avaient profité pour exécuter en toute sûreté leur mouvement au sud de Metz, qui devait amener les batailles du 16 et du 18. (Le Faure, t. 1er, p. 207). — *Procès Bazaine*, déposition du général Coffinières, p. 254. — *Ibid.*, Réquisitoire, p. 699.

(2) Colonel Lecomte, t. II, p. 130.

(3) « Les corps au feu auraient dû être successivement écrasés par les Français. » (Colonel Lecomte, t. II, p. 131). — « Durant toute la journée, cette infanterie (prussienne) avait lutté contre un ennemi quatre fois, puis trois fois plus fort; dans ses attaques héroïques et sanglantes, elle avait perdu presque tous ses chefs; elle était en quelque sorte émiettée, réduite en poussière; malgré les renforts arrivés vers le soir, elle n'était pas encore de moitié aussi forte que l'ennemi; celui-ci disposait d'un nombre plus considérable de troupes intactes, qui n'avaient pas encore tiré un seul coup de fusil, que n'était l'ensemble des corps prussiens désagrégés et épuisés par la lutte. » (Général de Hohenlohe, *Lettres sur la cavalerie*, pp. 29 et 30).

tenace, a agi comme un hanneton militaire et pourrait être, à cet égard, comparé à certains généraux français aussi courageux au feu que rebelles à l'étude de la conduite des armées.

Le général de Voigts-Rhetz a eu le mérite de se précipiter à l'aide de son collègue en péril sans calculer le danger qu'il faisait courir à ses soldats; mais la brigade Wedell a été détruite.

Nonobstant ces lourdes fautes, il n'y a pas que des circonstances atténuantes à accorder à ces hommes de guerre; c'est l'acquittement qu'ils ont le droit de réclamer; en effet, personne n'ignore qu'au jeu brutal des combats *le succès justifie tout*, et la journée de Rezonville fut un succès pour les Prussiens, puisqu'elle leur a permis de livrer la bataille de Saint-Privat qui a entraîné le blocus de Metz et de l'armée du Rhin (1).

Le 16 août 1870 restera donc un jour de deuil pour la patrie française : celui qui pouvait la sauver l'a perdue; il a repoussé la victoire et voulu la bataille indécise. Par une contradiction surprenante, la France, si mécontente et irritée de la guerre du Mexique, avait imposé à l'empereur l'homme qui personnifiait le mieux cette guerre néfaste dans ses intrigues et dans ses bassesses. A Rezonville, Bazaine remercia l'une de sa confiance, l'autre de sa soumission, en trahissant cyniquement la France et l'empereur !

---

(1) « Une fois de plus, depuis le commencement de la guerre, un commandant de corps d'armée avait engagé de son propre mouvement une grande bataille; une fois de plus, le résultat lui avait donné raison. En somme, les Allemands avaient atteint leur but; non seulement ils avaient forcé les Français à s'arrêter, mais ils leur avaient fermé, par l'occupation de Mars-la-Tour et de Vionville, la route du sud. » (Commandant Canonge, t. II, p. 122).

JOURNÉE DU 17 AOUT

I. — « Au moment où la nuit mit fin au combat, le maréchal Bazaine était en avant de Rezonville, au milieu de notre première ligne de tirailleurs ; il dirigeait lui-même le bataillon de la Garde qu'il avait sous la main pour repousser le dernier effort que l'ennemi avait voulu tenter. Le canon se tait, la fusillade s'arrête, nous sommes partout maîtres du champ de bataille et nous attendons avec anxiété les mesures qui vont être prises pour poursuivre l'ennemi et compléter le succès. Mais le maréchal se contente de faire dire aux troupes qui l'entourent de rentrer dans les bivouacs qu'elles avaient le matin, puis il reprend silencieusement la route de Gravelotte, installe son quartier général dans l'auberge où avait couché l'empereur (1) » et dicte, à dix heures du soir, au général Jarras les instructions suivantes :

« La grande consommation qui a été faite en munitions d'infanterie et d'artillerie dans cette journée,

(1) *Général d'Andlau*, pp. **76** et 77.

ainsi que le manque de vivres pour plusieurs jours, nous empêchent de continuer la marche qui avait été tracée. *Nous allons nous reporter sur le plateau de Plappeville.* Le 2ᵉ corps occupera la position entre le Point-du-Jour et Rozerieulles; le 3ᵉ, à sa droite, à hauteur de Châtel-Saint-Germain; le 4ᵉ, prolongeant le 3ᵉ jusqu'à Montigny-la-Grange; le 6ᵉ à Verneville. La cavalerie du Barail suivra le mouvement de ce dernier corps; la division de Forton ira s'établir en arrière du 2ᵉ; la Garde à Lessy et à Plappeville, où sera le quartier général. Le mouvement devra commencer le 17, à quatre heures du matin, et sera couvert par la division Metman, qui tiendra la position de Gravelotte et ira ensuite rallier le 3ᵉ corps... (1). »

C'était une reculade inexplicable. « Dans la nuit du 16 au 17, au lieu de recevoir l'avis de se porter en avant, tous les chefs de corps recevaient l'ordre imprévu de se replier, de se rapprocher de nouveau de Metz. C'était une retraite qui n'avait rien de définitif, il est vrai, qu'on représentait comme une halte nécessaire avant de reprendre la marche sur Verdun, mais qui frappait chefs et soldats d'une surprise douloureuse autant qu'elle étonnait l'ennemi lui-même, qui, accablé de ses pertes, ému de la lutte sanglante de la journée, ne croyait pas avoir si complétement réussi. Les Prussiens s'inquiétaient bien plutôt de l'attaque à laquelle ils se pensaient exposés ; ils s'attendaient si peu à ce qui arrivait que, le matin du 17, ils s'avançaient avec une circonspection extrême sur le plateau qu'ils trouvaient évacué et c'est alors qu'éclatait le cri de triomphe; ce n'est qu'après vingt-quatre heures qu'on annonçait à l'Allemagne la grande victoire,

(1) *Procès Bazaine*, déposition du général Jarras. p. 236. — Commandant Canonge, t. II, p. 128. — Général d'Andlau, pp. 77 et 78. — Général Frossard, p. 100.

la victoire chèrement achetée, dans les bulletins envoyés à Berlin (1). »

Mais le maréchal songeait bien à recommencer la lutte ! Tout en télégraphiant à l'empereur, le 16, au soir, « *qu'il prendrait la route de Verdun par le nord* (2), » il se ménageait une excuse qui lui permettrait de ne pas quitter Metz : « La difficulté aujourd'hui gît principalement dans la diminution de nos parcs de réserve et nous aurions peine à supporter une journée comme celle d'aujourd'hui avec ce qui nous reste dans nos caissons. D'un autre côté, les vivres sont aussi rares que les munitions et je suis obligé de me reporter sur la route de Vigneulles à Lessy, pour me ravitailler (3). »

Et le lendemain, dans une nouvelle dépêche adressée à Napoléon III, après avoir rétrogradé jusqu'à Saint-Privat-la-Montagne, il insistait sur le motif qui, selon lui, devait justifier sa retraite : « La grande consommation qui a été faite de munitions d'artillerie et d'infanterie, la seule journée de vivres qui restait aux hommes m'ont obligé à me rapprocher de Metz (4). »

Ce n'est pas tout ; sa conscience n'est pas tranquille ; semblable au criminel qui vient de faire un mauvais coup, il énumère de nouveau les causes qui l'empêchent, dit-il, de poursuivre le plan concerté avec son souverain, et il lui écrit encore le 17 : « Les corps sont peu riches en vivres... M. le général Soleille, que j'ai envoyé dans la place, me rend compte qu'elle est peu approvisionnée en munitions et qu'elle ne peut nous donner que 800,000 cartouches, ce qui, pour nos soldats, est l'affaire d'une journée. Il y a également un petit nombre de coups

(1) Charles de Mazade, t. I, p. 164.
(2) Maréchal Bazaine, *l'Armée du Rhin*, p. 61.
(3) *Ibid.*
(4) *Idid.*, p. 64.

pour pièces de 4, et enfin il ajoute que l'établissement pyrotechnique n'a pas les moyens nécessaires pour confectionner les cartouches... Nous allons faire tous nos efforts pour reconstituer nos approvisionnements de toutes sortes, afin de reprendre notre marche dans deux jours, *si cela est possible*. Je prendrai la route de Briey; nous ne perdrons pas de temps, *à moins que de nouveaux combats ne déjouent mes combinaisons* (1). »

On surprend là le général en chef en flagrant délit de mensonge et de forfaiture. Pourquoi dire qu'*il prendra la route de Briey, à moins de nouveaux combats*, alors que ses lenteurs et son recul vers Metz rendent une grande bataille fatale pour le lendemain? Lui, moins que tout autre, ne se leurre point au sujet des intentions agressives de l'ennemi. Dès que Steinmetz aura rejoint Frédéric-Charles, le choc suprême sera donné à l'armée du Rhin. Bazaine écrivait donc le contraire de ses intentions quand il annonçait son éloignement de Metz à l'heure où il faisait tout afin d'être contraint d'y rester.

Quoi qu'il en soit, s'autorisant des fausses affirmations du général Soleille, trop heureux de saisir le prétexte que lui offrait ce général dévoyé, triste pendant du général Coffinières, le commandant en chef a envoyé l'ordre de battre en retraite. C'est donc le lieu d'examiner la question des munitions et des vivres, pour savoir si l'armée française se trouvait dans l'état de dénuement si complaisamment exposé par Bazaine, dénuement qui expliquerait et le mouvement en arrière et la non-continuation de la lutte, le 17, contre les troupes épuisées de la IIe armée. En effet, nous repoussons, pour notre part, toute idée de retraite sur Verdun sans

(1) Maréchal Bazaine, *l'Armée du Rhin*, pp. 16 et 67.

la défaite préalable de Frédéric-Charles, car cette retraite, encore possible, le 16, de très grand matin, n'était plus praticable le 17, même par la route d'Etain, et aurait mis le flanc gauche de nos longues colonnes de marche à la discrétion de la cavalerie et de l'artillerie allemandes, soutenues par une infanterie respectable. Mais si la retraite sur Verdun n'était plus admissible, l'offensive contre la II° armée était-elle indiquée? Fallait-il, au contraire, quitter les positions si facilement conservées la veille et, par cette reculade, permettre à l'ennemi de s'attribuer la victoire! Voyons.

« *Je n'avais ni munitions ni vivres,* » a dit le maréchal Bazaine dans ses dépêches, ses lettres et ses livres (1). Cette excuse n'est pas acceptable et, lors du procès de Trianon, l'accusé se garda bien de la présenter à des juges militaires (2). Et, de fait, comment aurait-il pu justifier de l'absence ou même de la *pénurie* de munitions ou de vivres?

D'abord, pour les munitions, prenons les chiffres de M. le général rapporteur dans le procès de Trianon, chiffres qui n'ont été contestés par personne. « L'armée traînait avec elle sur le plateau de Gravelotte environ 95,460 coups de canon à obus de 4 et 11,030 coups à obus de 12, non compris la mitraille et les coups de canon à balles, qui étaient surabondants. La consommation de la bataille de Gravelotte (Rezonville) n'atteignit pas, pour les deux calibres, 26,000 obus. L'armée disposait donc, le 16 au soir, de 80,493 coups au moins (3). » De plus, l'arsenal de Metz pouvait livrer et a livré, les 19, 20 et 21, 23,000 coups de canon (4).

(1) Maréchal Bazaine, *l'Armée du Rhin*, pp. 62 et 63.
(2) *Procès Bazaine*, Interrogatoire, p. 164.
(3) *Ibid.*, Rapport, p. 17. — *Ibid.*, calcul, par corps d'armée, de la consommation des munitions dans les combats de la rive gauche, pp. 151 à 153.
(4) *Procès Bazaine*, p. 17. « Le maréchal donna l'ordre de re-

Quant aux munitions de l'infanterie, ce n'est pas la pénurie qu'il faut constater, c'est l'abondance et la surabondance. « Les soldats, en partant pour Verdun, avaient dans le sac ou la giberne 90 cartouches et même jusqu'à 108 cartouches dans quelques régiments, ce qui représentait un total de plus de 11 millions. Les réserves divisionnaires et les parcs en transportaient, en outre, plus de 6 millions 500,000... Les consommations de cartouches s'étaient élevées, le 16, à 1 million; il restait donc, le 16 au soir, plus de 16 millions de cartouches (1). »

tourner à Metz, disant que, d'après l'avis du général en chef de l'artillerie, il manquait de munitions. A ce sujet, le général Bourbaki pria le général de Villers, qui avait des relations amicales avec le maréchal, de lui dire que ce n'était pas possible, parce que son artillerie et ses troupes d'infanterie de la Garde, qui avaient été engagées pendant sept heures, n'avaient pas dépensé le quart des gargousses et des cartouches dont elles étaient porteurs ; qu'elles avaient encore intacts les trois quarts de ce qu'elles avaient dans les cartouchières et les caissons ; que ses cartouches de réserve étaient au complet, et qu'il devait en être dans tous les autres corps comme dans le sien. » (*Le général Bourbaki*, p. 57). — « Dans l'artillerie, c'étaient des batteries de la réserve générale qui avaient été engagées le plus longtemps, et les pièces qui avaient le plus tiré n'avaient dépensé que 53 coups... (Renseignement fourni par les officiers de ces batteries). Le 6ᵉ corps était seul dans une position plus désavantageuse par suite des circonstances qui l'avaient empêché de compléter son organisation..... et, cependant, ce corps d'armée qui, par suite des mouvements qu'il exécuta dans la journée du 17, n'avait pas été reprendre des munitions, se trouva en avoir suffisamment, le 18, pour soutenir une lutte acharnée, de onze heures à quatre heures. » (*Général d'Andlau*, pp. 79 et 80). — « Nous avons encore 100 gargousses par pièce » (Général de Montluisant, p. 15) et la consommation normale au cours d'une grande bataille est de 50 à 60 coups. (Voir le tableau des coups tirés aux batailles de Ligny, de Solférino, de Kœniggratz, Rezonville, Saint-Privat et Sedan ; *Procès Bazaine*, p. 109). — L'artillerie n'a pas de munitions, disent quelques officiers. « La raison est mauvaise, car les batteries du régiment sont celles qui ont le plus tiré hier, et elles ont encore une moyenne de près de 100 coups par pièce. » (*Journal inédit d'un capitaine d'artillerie de l'armée du Rhin*, 17 août).

(1) *Procès Bazaine; Rapport*, p. 17. — « L'armée de Metz, à la date du 2 septembre 1870, c'est-à-dire, après les batailles de Forbach, Borny, Rezonville, Saint-Privat, Servigny et Noisseville, avait consommé 3,500,000 cartouches. Son effectif était d'environ 120,000 hommes d'infanterie. Elle avait donc brûlé, gaspillé ou perdu un

C'est pourquoi le général Brackenbury a écrit avec raison : « Les munitions ne manquaient pas (1). »

Si l'excuse de Bazaine ne saurait être acceptée pour le manque de munitions, celle qu'il a apportée touchant la disette des vivres a-t-elle plus de chances d'être accueillie? Examinons-la.

« L'armée, à la sortie de Metz, emmenait avec elle 3,390 voitures qui portaient 750,000 rations (pain, biscuit et farine) pour les hommes et 200,000 d'avoine, soit quatre jours et demi de vivres.... Le 16, au soir, le maréchal avait, sur le plateau, des vivres pour toute la journée du 17, du 18 et une partie de celle du 19; à proximité se trouvait le reste des convois qui pouvaient rejoindre dans la matinée du 17 (2) » et Bazaine était à quelques kilomètres de Metz qui nourrit son armée jusqu'à la capitulation (3)!

Il n'y avait pas plus pénurie de vivres que de munitions (4), et nous en avons une preuve éclatante

peu moins de 30 cartouches par homme..... Pendant la bataille de Rezonville, la 2° division de la Garde, après une lutte acharnée, se trouve avoir brûlé 110,000 cartouches. Elle comptait la veille de la bataille 5,882 hommes. Elle avait donc tiré 19 cartouches par homme. » (Approvisionnements et service des munitions d'infanterie dans les parcs, par le lieutenant-colonel Berge ; *Journal des Sciences militaires*, Paris, J. Dumaine, mai 1872, p. 72). — « Pour la journée de Rezonville, la consommation avait été d'environ 9 cartouches par homme. » (*Bulletin de la Réunion des officiers; l'armement, le tir et les feux de l'infanterie française depuis l'adoption des armes à feu jusqu'à nos jours ; n° du 22 septembre 1883, p. 851). — « Le 17, au matin, les munitions se chiffraient encore par 16 millions de cartouches et 8",000 projectiles. » (Commandant Canonge, t. II, p. 128, en note).

(1) Général Brackenbury, p. 124. — « Le maréchal Bazaine n'a pas pu être arrêté par le manque de munitions. » (*Procès Bazaine*, déposition du maréchal Le Bœuf, p. 229.) — Discours prononcé à l'Assemblée nationale par le général Changarnier, le 29 mai 1871.

(2) *Procès Bazaine*, Rapport, p. 17.

(3) « Comment, à quelques kilomètres de Metz, se trouver sans vivres suffisants et sans cartouches? » (Jules Claretie, p. 99).

(4) « Personne n'a sérieusement soutenu que les vivres manquaient. » (Général Brackenbury, p. 126). — « Le maréchal n'était

dans le fait que nous allons raconter. Le 17, au matin, quand les Prussiens approchèrent de Gravelotte, « les voitures civiles, qu'on avait fait parquer la veille autour du village et qui contenaient des vivres et des approvisionnements de toute nature, ne pouvaient s'écouler par les routes réservées aux troupes et à leur nombreux matériel..., il eut été cependant cruel de laisser à l'ennemi tant de ressources accumulées, et l'on se décida à brûler tout ce que l'on ne pouvait sauver. Un immense brasier s'alluma et l'on y jeta, pêle-mêle, les caisses de biscuits, les vivres de campagne, les effets de campement, du linge, des chaussures (1). »

Les prétextes, donnés par Bazaine dans ses dépêches à l'empereur et dans l'ordre de retraite envoyé aux chefs de corps pour expliquer son mouvement en arrière, ne se tiennent pas debout. Il l'a bien senti et, après réflexion, lors de la publication de son livre, il a essayé d'une autre explication. « Ma pensée, écrit-il, en établissant l'armée du Rhin sur les positions de Rozérieulles à Amanvillers, donnant les ordres les plus précis (!) pour que ces lignes soient très solidement fortifiées, était d'y attendre l'ennemi. Les combats précédents m'avaient montré qu'une, peut-être deux batailles défensives, dans des positions que je considérais comme inexpugnables, useraient les forces de mon adversaire en lui faisant éprouver des pertes très considérables qui, répétées coup sur coup, l'affaibliraient assez pour

pas arrêté par la question des vivres, car nous en avions assez pour arriver jusqu'à Verdun. » (*Procès Bazaine*, déposition du maréchal Le Bœuf, p. 229).

(1) Général d'Andlau, p. 83. — Il résulte « du procès-verbal de perte dressé à cette occasion que 2,063,000 rations de vivres de toute espèce, dont 50,000 rations de biscuit et 625,000 de sel furent ainsi détruites ». (*Procès Bazaine*, Rapport, p. 18). — « Le 18, au soir, même combustion en haut du ravin de Châtel. » (*Les Vaincus de Metz*, p. 112). — Voir aussi colonel Derrécagaix, pp. 178 et 179.

l'obliger à me livrer passage sans pouvoir s'y opposer sérieusement (1). »

Nous ne sommes pas le détracteur des batailles défensives et nous estimons, surtout avec les armes à tir rapide, qu'un général qui livrerait une ou deux batailles de cette sorte, immédiatement suivies d'une offensive énergique, serait à même de disperser les débris épuisés de l'armée adverse; mais Bazaine y a-t-il pensé quand il ordonnait la marche sur Amanvillers dans la nuit du 16 au 17 août?

En premier lieu on est en droit de lui objecter son attitude pendant la journée du 18. Un commandant en chef, animé de semblables intentions, se désintéresse-t-il, comme il le fera, d'un combat si gigantesque? Ne se montre-t-il pas sur le champ de bataille? Laisse-t-il, gratuitement, écraser un de ses lieutenants quand il a près de lui, inactifs, inutiles, les canons et les régiments qui achèveraient la ruine de l'assaillant? C'est pourtant ce que fera Bazaine à Saint-Privat où il paraît avoir beaucoup plus tenu à ménager les Allemands qu'à « *les affaiblir* » par des saignées épouvantables qui « *les obligeraient à lui livrer passage.* » Non, il ressort de sa conduite qu'il entend bien être vainqueur, mais ne pas l'être trop, et que, pour rien au monde, il ne veut conquérir la liberté complète de ses mouvements. On se convaincra de cette vérité quand on suivra le récit de la bataille de Saint-Privat.

En second lieu, pourquoi reculer afin de mettre à exécution ce programme de guerre défensive? Nous voulons bien admettre que les lignes d'Amanvillers sont préférables à celles de Rezonville; mais ne pouvait-on attendre, pour combattre à Amanvillers, qu'il y eût danger pressant à rester à Rezonville et à Saint-Marcel? Rozérieulles, Amanvillers

____

(1) Maréchal Bazaine, *l'Armée du Rhin*, pp. 65 à 68.

et Verneville étant ainsi les dernières cartes de la
partie qui se jouait, pourquoi jeter à l'écart, sans y
être forcé, celles qui auraient dû nous rendre victorieux, la veille, et qui nous avaient, tout au moins,
empêchés d'être battus, c'est-à-dire, Rezonville,
Saint-Marcel et Grizières?

La résolution de se maintenir sur les positions
conservées le 16 aurait eu l'avantage, inappréciable
quand il s'agit de soldats français, de leur donner
le sentiment d'avoir tenu tête, pour la première fois
de la campagne, à l'invincible armée allemande.
L'effet inverse se serait produit chez nos ennemis
qui se seraient vus, enfin, arrêtés dans leur marche
sans cesse victorieuse. De là des conséquences incalculables. La décision de Bazaine vint tirer l'état-
major allemand de ses embarras, de ses hésitations
et de ses angoisses. Elle lui permit de chanter
victoire et répandit dans nos rangs la consternation
et le découragement de la défaite (1).

Non certes, il n'y avait pas à rétograder le lendemain de la sanglante journée du 16. « Lorsque, le
soir venu, le maréchal ordonna la retraite sous prétexte qu'il fallait se ravitailler (2), il commit une

(1) « Faut-il rappeler ici l'étonnement et le mécontentement qui se
manifestèrent chez les officiers comme parmi les soldats? » (Général
d'Andlau, p. 82). — « L'armée apprit avec une stupeur véritable les
intentions du maréchal. En adoptant une aussi grave décision, il
donnait à l'ennemi un terrain que celui-ci s'était vainement efforcé
de conquérir pendant la journée du 16 et lui laissait le droit de
s'attribuer la victoire. » (Commandant Canonge, t. II, p. 128). —
« Cette décision causa une grande et douloureuse surprise dans l'armée. » (Colonel Lecomte, t. II, p. 153). — « Si le 17, à la pointe du
jour, Bazaine avait fait exécuter par toutes ses réserves intactes une
attaque en masse, elles auraient remporté, sans nul doute, un succès
éclatant sur l'armée prussienne, inférieure en nombre et épuisée par
la lutte de la veille. » (Général de Hohenlohe, *Lettres sur la cavalerie*, p. 30).

(2) Nous avons vu plus haut que nous étions abondamment pour-
vus de vivres et de munitions. C'étaient les Allemands qui manquaient de tout, et cela se comprend en raison de leur marche en
avant et de leur éloignement des centres de ravitaillement.

très grande faute. Après toute bataille on a besoin de se ravitailler, mais ce n'est pas un motif pour abandonner le terrain conquis; *il est plus sage de faire avancer les parcs que de reculer vers eux.* Napoléon Ier, après les batailles de Wagram ou de la Moskowa, n'a jamais pensé à reculer pour se ravitailler; et cependant ses dépôts de munitions étaient bien plus éloignés que Metz ne l'est de Gravelotte. De plus, il est sage, après avoir fait le calcul de ses pertes, de faire celui des pertes de l'ennemi.

« Napoléon a dit : *A la fin de toute bataille, l'ennemi a son compte* (1). La décision à prendre par le général est la balance de son compte et de celui de l'ennemi. *Il était bien certain que les Allemands avaient fait une dépense de munitions plus considérable que la nôtre, qu'ils avaient besoin, plus que nous, de se ravitailler. Or, leurs munitions étaient fort éloignées et avaient à traverser la Moselle* (2). Ils ne songeaient cependant pas à quitter le champ de bataille. *S'attendant à une attaque pour le lendemain,* ils pressaient l'arrivée de tous les corps d'armée, et leurs longues colonnes accouraient de tous les points de l'horizon sur ce terrain que nous leurs abandonnions. Car le maréchal n'accordait pas même à ses soldats la vulgaire satisfaction de coucher sur la place. Dès minuit, la retraite commençait sans que les Prussiens osassent la troubler un moment. Ils craignaient un retour de l'ennemi, redoutable encore, qui fuyait devant eux. *Ils ne*

(¹) « Au lieu d'entamer une arrière-garde de l'adversaire, *les Prussiens se firent entamer eux-mêmes* beaucoup plus qu'ils ne s'y attendaient, et leurs pertes furent hors de proportion avec leur but immédiat. » (Colonel Lecomte, t. II, p. 128).

(2) « Nous nous trouvions à 12 kilomètres de notre centre de ravitaillement, les Prussiens avaient le leur à vingt lieues au moins : une nuit nous suffisait pour nous ravitailler, il leur fallait deux jours, trois peut-être. » (Le Faure, t. I, p. 202). — « Si les soldats français avaient usé des cartouches, l'ennemi avait dû en consommer tout autant. » (Général lung, p. 21).

se sentaient pas prêts pour un nouveau combat dont l'issue eût pu leur être fatale (1). »

Oui, le combat du 17 aurait été fatal aux Allemands si le commandant en chef avait eu l'idée, si naturelle, d'achever la tâche commencée la veille. L'ennemi allait recevoir, au cours de la journée, deux corps d'armée de renfort, peut-être trois, mais ces corps seraient exténués par les marches forcées qu'ils auraient accomplies, leurs vivres et leurs munitions ne pourraient les suivre et ils viendraient se joindre à deux autres corps à peu près anéantis et dont les survivants, à moitié morts de faim et de fatigue, ne seraient guère propres à relever le courage des nouveaux arrivants.

Il fallait, dès la cessation du feu, remettre de l'ordre dans les régiments, faire manger et boire les hommes et les chevaux, leur donner six ou sept heures de repos pendant que les services respectifs auraient réapprovisionné caissons, gibernes, sacs et bidons. A la fin de la nuit, les divisions Metman et de Lorencez auraient commencé le mouvement en avant de façon à surprendre l'artillerie impuissante de l'ennemi. Toute l'armée aurait suivi; 150,000 Français, flanqués de 500 bouches à feu, pouvaient se porter irrésistiblement à la rencontre des IIIe et X^e corps épuisés, du IXe corps, dont une partie a également souffert la veille, et des Ve et VIe divisions de cavalerie, elles aussi fort endommagées (2).

---

(1) Capitaine Bonnet, t. I, pp. 115 et 119. — Si les soldats « avaient été lancés en avant, le 17, au point du jour, ils rencontraient les corps ennemis en marche isolément, la plupart en colonnes allongées dans de sinueux ravins, assez éloignés les uns des autres pour se faire battre en détail. » (Colonel Derrécagaix, p. 177). Voir aussi : *La Trahison de Bazaine*, p. 11.

(2) « L'armée française eût pu commencer par attaquer le prince Frédéric-Charles sur place. Les troupes de Bazaine étaient plus nombreuses, son armée était plutôt moins fatiguée que celle du prince. » (Général Brackenbury, p. 126). — Attaquée, le 16, à six heures du

En mettant les choses au pire : les VIIe et VIIIe corps ne devaient entrer en ligne qu'après une heure, la Garde royale et le XIIe corps qu'après trois heures. Il y avait le temps, jusque-là, d'exterminer les trois corps avancés, surtout si l'on réfléchit que nous pouvions combattre, de quatre heures à six heures et demie du matin, avant que le IXe corps fût au complet (1).

Quant à la tactique à employer, nous n'en parlerons pas ici et nous contenterons de répéter avec un de nos meilleurs généraux : « La position était bonne, et une démonstration hardie sur la rive gauche de la Moselle pour menacer les ponts de Novéant, sur lesquels passaient troupes, munitions et vivres de l'ennemi, aurait eu des conséquences incalculables. »

Mais serions-nous seul de notre avis? Une attaque française était-elle possible et avantageuse?

Nos adversaires s'attendaient à une bataille dans

soir, ou le 17, de grand matin, vers Flavigny et Rezonville, par des forces fraîches et disponibles, l'armée prussienne était contrainte de faire subitement face à Metz. Elle ne pouvait alors se déployer sur sa gauche vers le nord sans se heurter contre des forces suffisantes pour la contenir. Son déploiement n'était plus possible que vers le sud, à droite, par ses dernières unités, c'était le commencement de la retraite. C'était, pour ses grandes unités, placées les unes derrière les autres, sans pouvoir se déployer, l'histoire imagée des capucins de cartes. » (*Saint-Privat*, par le général de Waldner. *Spectateur militaire*, n° du 1er septembre 1886, p. 393).

(1) Le IXe corps était près du bois de Vionville à six heures, dit le récit officiel prussien (1re partie, p. 631), à six heures et demie, dit le colonel Lecomte (t. II, p. 170). Les VIIe et VIIIe corps atteignaient les abords du champ de bataille de la veille après une heure de l'après-midi. (*La Guerre franco-allemande*, 1re partie, p. 635 ; colonel Borbstaedt, p. 476). La Garde royale apparaissait entre Mars-la-Tour et Hannonville-au-Passage, après trois heures du soir. (*Ibid.*, p. 475). Le XIIe corps se montrait aux environs de Puxieux également vers trois heures. (Colonel Lecomte, t. II, p. 174). — « Comme les troupes fraîches allemandes ne pouvaient arriver complètement avant trois heures du soir, après avoir fait de longues marches qui nécessitaient quelque repos, *on ne pouvait pas songer à attaquer, le 17, la position française.* » (Rüstow, t. Ier, p. 266).

la matinée du 17. Le prince Frédéric-Charles craignait une nouvelle conflagration à laquelle il n'était
pas encore préparé. Lors de la remise des prisonniers, après la capitulation de Metz, un chef d'état-
major allemand disait : « Nous avions de grandes
inquiétudes dans la nuit du 16 au 17; nous nous
attendions à vous voir poursuivre votre route et
*nous n'étions pas en mesure de combattre ; nous
aurions dû céder devant une simple division;* toutes
nos troupes avaient été engagées et nos réserves
n'ont commencé à arriver que dans la soirée du
17 (1). » — « Le jour où les troupes furent livrées
entre les mains des Prussiens, après la capitulation,
un colonel de la Garde impériale causa quelques
minutes avec le prince Frédéric-Charles, qui avait
tenu à assister à ce triste défilé; dans la conversation le prince lui demanda quel motif avait pu avoir
le maréchal Bazaine pour ne pas l'attaquer de nouveau le 17 et compléter ainsi ses avantages de la
veille; il avoua qu'il l'avait craint toute la matinée
et qu'il ne fut rassuré qu'après avoir été certain
de notre retraite; *ses renforts,* ajouta-t-il, *étaient
encore trop éloignés pour qu'il pût compter sur leur
coopération* (2).

---

(1) *Campagne de 1870, Armée du Rhin,* par le Dr Ferdinand Quesnoy, médecin principal de 1re classe à l'armée du Rhin. Paris,
Furne, Jouvet, 1872, p. 60.

(2) Général d'Andlau, pp. 75 et 76, en note. — « Du côté des
Prussiens on s'attendait à un mouvement offensif des Français dès le
point du jour. » (*La Guerre franco-allemande,* 1re partie, p. 652).
— « Le maréchal Bazaine a essayé d'expliquer à *ses troupes étonnées
ce singulier mouvement de retraite.* » (Colonel Borbstaedt, p. 461).
— « Le maréchal Bazaine renonçait à tenter tout mouvement offensif
contre les corps encore disséminés de l'armée ennemie. » (*Ibid.,*
p. 462). — « Il ne pouvait entrer dans les projets des chefs de l'armée allemande de continuer l'attaque, le 17, avec *les forces insuffisantes* que l'on avait pu rassembler. » (*Ibid.,* p. 469.) — « Ce jour
là, le 17, l'état-major allemand s'attendait à la reprise de la bataille.
Il supposait, dans l'ennemi, une connaissance exacte de la situation. »
(*La Campagne de France,* 1870-1871, par A. Niemann, gewiedmet de
l'armée allemande. Traduction de M. Stiedel, lieutenant de vaisseau ;

Le 16, au soir, les Allemands étaient loin, de croire à un succès. Voici comment l'affaire était annoncée au général de Steinmetz : « L'ennemi a été attaqué aujourd'hui, pendant son mouvement de retraite à Rezonville, par le IIIe corps venant de Gorze. *Le Xe corps, trop avancé vers l'ouest, est ramené en arrière* (1). » A quatre heures du matin, un nouveau télégramme n'est pas plus triomphant; Frédéric-Charles appréhende le choc qui, selon toutes les probabilités, ne va pas manquer de se produire : « Le IIIe et le Xe corps se sont maintenus hier dans leurs positions, *mais il est urgent qu'ils soient soutenus aussitôt que possible, au point du jour* (2). » Ce ne sera que dans l'après-midi, quand l'inqualifiable retraite de Bazaine aura enlevé de la poitrine du commandant de la IIe armée le poids terrible qui l'oppresse, que l'on enverra à Berlin la nouvelle de la *victoire* : « L'ennemi, malgré sa supériorité numérique, a été rejeté sur Metz après une lutte très vive de douze heures... Sa Majesté le roi a félicité aujourd'hui les troupes sur le champ de bataille, sur lequel elles se sont *victorieusement* maintenues (3). »

L'opinion des historiens et des militaires non allemands est encore plus favorable à notre thèse.

manuscrit de la Bibliothèque de la Réunion des officiers, A. II, d, 120 ; p. 109. — « On devait s'attendre à voir les Français continuer, le 17, la lutte qu'ils avaient soutenue avec tant d'acharnement le 16. » (Major de Schell, p. 176). — « L'opiniâtreté avec laquelle les Français s'étaient battus le 16 autorisait l'hypothèse de la continuation de la lutte pour le lendemain. » (Rapport sur la part prise par la IIe armée à la bataille devant Metz le 18 août 1870; texte du *Journal officiel* de Berlin. Document cité par le général de Montluisant, pp. 129 et suivantes). — « J'ai entendu le prince Frédéric-Charles manifester son étonnement de ce que Bazaine ne se soit pas frayé sa route de marche le 17 août. » (*Défense de Bazaine*, par Archibald Forbes, p. 11).

(1) Le Faure, t. Ier, p. 206.
(2) *Ibid.*
(3) *Ibid.*

« Le soir du 16, à l'état-major de Gorze, on ne parlait guère de victoire... Ce fut avec un vif contentement que, le 17 au matin, les Allemands constatèrent que les Français n'avaient pas d'intentions agressives et qu'ils se retiraient plutôt sur Metz... On se garda de les inquiéter, *de crainte d'un retour auquel on n'était pas encore à même de faire face* (1). »

A l'époque du procès de Trianon, le président du conseil de guerre posa de nombreuses questions aux témoins compétents relativement à la possibilité du renouvellement de la lutte dans la matinée du 17.

« Nous n'étions pas démoralisés, répond le maréchal Canrobert; la Garde avait été magnifique; à notre gauche, mon corps tenait parfaitement; le corps du maréchal Le Bœuf était reconstitué; c'était celui qui avait le moins souffert; celui du général de Ladmirault avait eu un succès très réel. *Je crois qu'il eût été possible de marcher en avant* (2). »

« Quand je bivaquai sur le terrain que nous avions conquis dans la journée, dit le maréchal Le Bœuf, avant de me retirer à Saint-Marcel, voici quelles étaient mes impressions. Je les ai traduites en écrivant au maréchal Bazaine *que je me tenais prêt à recommencer la lutte le lendemain.* Mes reconnaissances m'indiquaient que l'ennemi que nous avions devant nous, qui s'était couvert par de l'artillerie avec laquelle j'avais encore un engagement vers huit heures du soir, s'était retiré, mais qu'il se massait à une certaine distance en arrière du champ de bataille; pour se retirer complètement il fallait

---

(1) Colonel Lecomte, t. II, pp. 168, 170 et 171. — *La Guerre franco-allemande*, 1re partie, pp. 636, 637 et 639. — « On ne saurait douter que Bazaine perdit une rare occasion d'attaquer les Allemands et de *changer en victoire* la bataille qui, la veille, n'avait été pour eux qu'un *échec.* » (Général Brackenbury, p. 127). — Voir aussi Le Faure, t. Ier, pp. 200 et 201.

(2) *Procès Bazaine*, déposition du maréchal Canrobert, p. 225.

qu'il s'engageât dans les défilés d'Ars et de Gorze où, *peut-être*, il aurait couru gros jeu. Je pensais donc qu'il tiendrait bon et *je croyais que, le lendemain, nous compléterions ce mouvement tournant de la droite* qui, non seulement était une chose indiquée naturellement, mais qui, je dois le dire, *m'a été indiqué sur le champ de bataille, à moi-même, par M. le maréchal Bazaine qui était passé près de moi vers trois ou quatre heures du soir...* Mon impression était donc *qu'on se battrait très probablement le lendemain...* quand le premier mouvement rétrograde s'est fait, j'ai eu une autre pensée : c'était que M. le maréchal Bazaine voulait prendre par Briey et Longuyon ; néanmoins, si j'avais été consulté, j'aurais été plutôt d'avis de recommencer la lutte le lendemain (1). »

M. le duc d'Aumale questionnait pareillement le général de Ladmirault : « Lorsque vous avez été rejoint par la division de Lorencez, dans la nuit du 16 au 17, et lorsque le 3ᵉ corps, qui était à votre gauche, a été rejoint par la division Metman, pensez-vous qu'ainsi renforcés vos deux corps d'armée auraient pu, le 17, faire un effort avec quelque chance de succès pour reprendre Mars-la-Tour et Vionville, en un mot, pour maîtriser de nouveau la route de Metz à Verdun par Mars-la-Tour? — *M. le général de Ladmirault.* — Je n'aurais pas hésité à le faire. Voilà mon opinion (2). »

Dans une autre séance du conseil de guerre, M. Gambetta tenait ce langage, à propos de l'entretien qu'il eut, à Tours, en octobre 1870, avec le général Bourbaki : « Il exprima sa stupéfaction absolue de ce qu'on n'eût pas continué l'action le 16 au soir, à Gravelotte, et qu'on ne *l'eût pas re-*

(1) *Procès Bazaine*, déposition du maréchal Le Bœuf, p. 229.
(2) *Ibid.*, déposition du général de Ladmirault, p. 232.

commencée immédiatement le lendemain matin. J'ai
ces indications très présentes à la mémoire (1). » Et
personne ne protestait contre ce témoignage, ni le
général Bourbaki, ni le maréchal Bazaine.

Enfin, au cours de son magnifique réquisitoire, le
général Pourcet s'écriait : « L'armée du prince Frédéric-Charles, adossée à la Moselle, courait risque
d'être détruite et elle eût été, du moins, contrainte à
reculer, en toute hâte, peut-être jusqu'au delà de
la frontière, tandis que l'armée du prince royal,
isolée au cœur de la France, avec ses communications coupées, se fût trouvée dans la position la
plus critique... Puisque le commandant en chef ne
jugeait devoir continuer immédiatement sa marche
vers la Meuse, il lui fallait nécessairement livrer,
le 17, une seconde bataille. En effet, plus il attendait, plus il laissait s'accentuer le mouvement tournant de l'ennemi et s'accroître le nombre des troupes
à combattre (2). »

Nous clôturerons cette longue discussion en trans-
crivant littéralement les réflexions d'un officier
général qui ne saurait être accusé de malveillance
à l'égard de Bazaine : « En présence de tels faits,
l'esprit est comme troublé. Considérée au point de
vue militaire, c'est-à-dire, en restant sur le terrain
stratégique et tactique, la conduite du maréchal
Bazaine serait insensée. Il s'est montré brave soldat, divisionnaire intelligent. Deux victoires,
Borny et Rezonville, ont couronné ses efforts. Son
armée, heureuse et fière de ses succès, est dévouée
jusqu'à l'enthousiasme. Cette armée est la meilleure de toutes par sa composition. Deux maréchaux de France servent sous les ordres de Bazaine.
L'un, Canrobert, entraînera toute l'infanterie ;

---

(1) *Procès Bazaine*, déposition de M. Gambetta, p. 577.
(2) *Ibid.*, Réquisitoire, p. 701.

l'autre, Le Bœuf, est un savant artilleur. Il y a aussi le général Frossard, ingénieur du premier mérite; puis les généraux Ladmirault et Bourbaki, aussi distingués par leurs anciens services que par la noblesse du caractère. Il faudrait citer un grand nombre de généraux et de colonels pour rappeler tous les cœurs, toutes les têtes et tous les bras qui voulaient seconder le maréchal Bazaine... Il n'avait pas poursuivi son succès de Borny parce qu'on devait, avant tout, se concentrer sur Verdun. Mais, ne pas poursuivre la victoire de Rezonville *est un acte tellement contraire aux principes de la guerre* qu'il est impossible qu'il n'y ait pas, dans la détermination du maréchal, *une cause politique, un intétérêt personnel, une préoccupation d'égoïsme, un aveuglement de l'ambition, nous n'osons dire... une intrigue* (1). »

II. — « Le 17, au matin, le village de Rezonville était occupé par le 100e de ligne qui l'avait mis en état de défense, c'est-à-dire, que des barricades existaient au débouché des rues et que les maisons étaient crénelées... Pendant toute la nuit, ce malheureux village fut parcouru par les habitants éplorés, fuyant leurs demeures en emportant sur des chariots et à dos d'homme tous les objets de quelque valeur; les femmes, les enfants poussaient des gémissements plaintifs; les bêtes des fermes, sorties de leurs étables et effrayées de ce bruit inaccoutumé, couraient affolées par les rues (2). »

Le maréchal abandonne la retraite au hasard; le désordre est partout; tout le monde commande et personne ne se fait obéir; le mouvement en arrière

____

(1) Général Ambert, *Histoire de la guerre de 1870-1871*, pp. 145 et 146.

(2) Quesnoy, p. 65. — Voir aussi général Fay, p. 100.

devient plus dangereux que le mouvement en avant. « Notre interminable convoi, dont j'étais chargé de surveiller la marche, écrit le général Fay, suivait la route qui, de Gravelotte, descend dans le ruisseau de la Mance, puis remonte sur le plateau de Rozérieulles ; bagages régimentaires, caissons de munitions, voitures d'administration, transports de blessés, pièces d'artillerie et troupes se pressaient sur cette voie, presque sans issue à droite et à gauche, tout cela au milieu d'une confusion indescriptible. Si le prince Frédéric-Charles nous avait suivis, dès le matin, avec sa cavalerie et avec du canon, en s'avançant contre Gravelotte, si des tirailleurs de Steinmetz étaient apparus sur le flanc droit de la colonne, dans les bois de Vaux et des Ognons, qui n'étaient même pas gardés par les nôtres, nous aurions été témoins d'une affreuse panique et, peut-être, d'une déroute fatale (1). »

Heureusement l'ennemi avait plus peur que nous, et cette crainte nous permit de terminer un mouvement de retraite aussi mal ordonné que possible.

L'armée française occupa donc les positions qui lui avaient été assignées par le commandement en

(1) Général Fay, p. 99. — Dans le travail du grand état-major prussien, le rédacteur s'empare de cette phrase du général pour dire que cet officier « estime qu'un mouvement offensif de la part des Prussiens eût provoqué, le 17 août, une panique générale. » (*La guerre franco-allemande*, 1re partie, p. 633, en note) La supercherie est facile à découvrir. M. Fay n'a pas dit que, le 17 août, si Bazaine avait marché de l'avant, il y aurait eu une panique générale ; il a écrit que le 17 août, dans l'après-midi, lorsque nous étions en pleine retraite, pendant qu'on brûlait les convois de vivres, à l'heure où nos soldats ne se croyaient plus vainqueurs puisqu'ils abandonnaient le champ de bataille, il a écrit, disons-nous, que si l'ennemi avait alors abordé les masses débandées qui se retiraient sur Gravelotte, il y aurait eu une panique générale. Ce n'est pas la même chose et il reste, de plus, à savoir si le général Fay ne s'est pas trompé dans son appréciation, appréciation qui, en tous cas, n'infirme pas l'opinion que nous défendons, à savoir : qu'une attaque vigoureuse de notre part, prononcée dès le lever du jour, aurait été l'occasion d'un désastre pour nos adversaires.

chef (1). Le général de Ladmirault, qui avait attendu vainement une instruction quelconque de Bazaine durant toute la nuit, reçut enfin, vers huit heures du matin, l'ordre de se masser autour d'Amanvillers.

A peine arrivé à Verneville, le maréchal Canrobert reconnaissait la faiblesse de la position. Avec un à-propos remarquable, Bazaine avait choisi le 6e corps, le plus faible numériquement, celui qui manquait de cavalerie et d'artillerie, pour le mettre, en flèche, dans un endroit entouré de trois bois masquant ses vues et permettant à l'ennemi de s'approcher, à couvert, des premières maisons du village. Canrobert exprima son mécontentement au colonel Lamy, de l'état-major général, et le chargea d'informer le commandant en chef du danger que courait le 6e corps en se maintenant à Verneville ; Bazaine lui répondit par la lettre suivante :

« Au grand quartier général, à Plappeville, 17 août 1870.

« D'après les observations qui m'ont été transmises par le colonel Lamy, au sujet de votre position à Verneville, je vous autorise à quitter cette position et à aller vous établir sur le prolongement de la crête occupée par les autres corps. Vous pourriez occuper Saint-Privat-la-Montagne et vous relier, par votre gauche, au 4e corps établi à Amanvillers. Je vous prie de me faire connaître la détermination à laquelle vous vous serez arrêté et de me dire, en même temps, le point choisi pour votre quartier général, afin qu'il n'y ait pas de retard dans la correspondance. P. S. *Cette position de Verneville avait été indiquée pour protéger la retraite du général de Ladmirault qui est encore à Doncourt* (2). »

(1) Voir plus haut.
(2) Maréchal Bazaine, *l'Armée du Rhin*, pp. 293 et 294.

Cette lettre fut remise au maréchal Canrobert à quatre heures du soir. Sans perdre un instant, le 6e corps quittait Verneville et se dirigeait sur Saint-Privat. En raison des mauvaises dispositions du commandant en chef, il se heurtait au 4e corps qui arrivait de Doncourt. Il fallut attendre la fin du défilé, et les troupes de Canrobert n'atteignirent Saint-Privat qu'à la nuit et s'installèrent à *l'aveuglette* (1).

Combien il aurait été plus simple de prescrire à Ladmirault de continuer à tenir la droite de l'armée en s'installant à Saint-Privat, dont il n'était qu'à 10 kilomètres, plutôt que de lui assigner Amanvillers de façon à lui faire barrer la route que devait forcément suivre le 6e corps pour gagner Saint-Privat. Non, le commandant en chef entend que le corps le plus faible, le moins bien pourvu d'artillerie, occupe la position la plus difficile, arrive le dernier sur ses emplacements, et c'est afin d'obtenir ce merveilleux résultat que Bazaine modifie l'ordre de bataille de la veille (2) ! N'est-ce pas une nouvelle preuve que, dans sa pensée, Canrobert est déjà sacrifié ; l'obstination avec laquelle il le laissera sciemment écraser, le lendemain, complétera la démonstration de cette monstrueuse et criminelle machination.

Aussi, comme le personnage cherche à se disculper, comme il voudrait se décharger de la lourde responsabilité qui l'étouffe et la reporter sur ses

---

(1) Maréchal Bazaine, l'*Armée du Rhin*, p. 294. — *Procès Bazaine*, déposition du maréchal Canrobert, p. 224.

(2) « Il y a dans ce fait même une faute grave ou un oubli, si l'on veut, qui n'en eut pas moins, le lendemain, de terribles conséquences. C'est un principe indiscutable que les flancs d'une ligne doivent être protégés efficacement par ces obstacles naturels ou artificiels, ou, à leur défaut, par de fortes masses d'artillerie ; or, le 6e corps était le seul qui n'eût pas son complet en bouches à feu, il n'avait ni les mitrailleuses ni les six batteries de réserve, que comportait son effectif. » (Général d'Andlau, p. 84).

chefs de corps ! Mais le maréchal Canrobert le prend la main dans le sac, et quand, à Trianon, l'accusé insinue qu'il a *acquiescé* au désir du commandant du 6ᵉ corps, parce que ce commandant avait « *dix années de grade de plus que lui* (1) », quand il écrit que « *cette concession a été une faute* (2) », Canrobert de lui répondre : *Si vous m'aviez donné l'ordre de rester à Verneville je me serais incliné ;* mais il y a une preuve indiscutable que vous ne teniez pas à l'occupation de ce point, c'est le *post scriptum* écrit de votre main (3) : « *En vous désignant la position de Verneville, mon but était de favoriser la retraite de Ladmirault qui devait s'effectuer sur Amanvillers.* » Par conséquent, s'il fallait en croire ce *post-scriptum*, je n'avais d'autre mission que de favoriser la retraite du 4ᵉ corps ; c'est ce que j'ai fait (4).

La manœuvre de Bazaine ne lui réussissait pas plus devant le conseil de guerre que devant le conseil d'enquête, où sa mauvaise foi fut révélée dans une scène qu'il a l'impudeur de raconter lui-même : Le maréchal Baraguey d'Hilliers, président « auquel j'avais dit qu'il était à regretter que Verneville eût été évacué par le 6ᵉ corps, se crut autorisé à dire au maréchal Canrobert que je rejetais sur lui la perte de la bataille du 18 août, par suite de l'abandon de Verneville. Le maréchal Canrobert tira alors de sa poche la lettre ci-dessus. ce qui fit dire au maréchal président, avec ce ton de raillerie qu'on lui connaissait : *Verba volante (sic), scripta manent* (5) ». Suit une bordée d'insultes à l'adresse du maréchal Baraguey d'Hilliers auquel Bazaine

(1) *Procès Bazaine.* Interrogatoire, p. 166.
(2) Bazaine, *Episodes,* p. 96.
(3) *Ibid.,* p. 97.
(4) *Procès Bazaine,* déposition du maréchal Canrobert, p. 224.
(5) Bazaine, *Episodes,* p. 97.

19.

reproche de n'avoir pas poursuivi son succès de
Melegnano « *en disant qu'il n'avait pas de vivres* »
et d'avoir allégué qu'il ne pouvait « *continuer son
mouvement à Solferino, faute de cartouches* (1) ».
On ne s'attendait guère à entendre l'homme de
Rezonville tenir un semblable langage ; on demeure
stupéfié d'une pareille impudence ; mais il faut se
préparer à tout de la part de Bazaine, et nous ne
sommes pas au bout de nos désolantes constata-
tions.

Aussi bien, c'est un devoir de rendre hommage
au président du conseil d'enquête. Nous ne savons
si les fantaisies économiques et militaires de la
Chambre des députés permettront à la France de
posséder l'armée qu'elle pourrait si facilement avoir;
en tous cas, si jamais cette consolante hypothèse se
réalisait ; si le travail, la discipline, la crainte des
responsabilités, l'amour du drapeau se rencontraient
chez nos officiers et nos soldats au degré que nous
souhaitons, il faudrait en rapporter surtout l'honneur au maréchal Baraguey-d'Hilliers qui, en sa qualité de président de la commission d'enquête sur les
capitulations, a terrifié les coupables en leur appli-
quant, avec une rigueur impitoyable, les règlements
militaires qu'ils avaient violés, et cela, sans se
préoccuper du grade, du nom, des relations de
société, sans écouter les recommandations de la
camaraderie, sans avoir d'autre mobile que d'assurer la stricte exécution de lois sévères dont tout
le monde a reconnu, trop tard, l'impérieuse nécessité.

Mais retournons à Plappeville où le généralissime
des armées françaises s'est retiré et où il attend les
événements avec le fatalisme de l'Oriental. Et pourtant, les guetteurs installés au Saint-Quentin et au

(1) Bazaine, *Episodes*, p. 98.

faîte du clocher de la cathédrale signalent les mouvements de longues colonnes ennemies qui se dirigent rapidement de la Moselle sur Rezonville; les paysans, en fuite, annoncent le passage de nombreuses troupes qui convergent sur Mars-la-Tour et Conflans. « Pas un avis n'est envoyé aux commandants des corps, pas un ordre n'est donné, pas une disposition n'est prise pour le cas d'une attaque de l'ennemi; on se repose sur les instructions générales de la veille, dans lesquelles on engageait les généraux à faire faire des travaux défensifs de campagne pour couvrir leurs hommes et leurs pièces (1). » La seule préoccupation de Bazaine est de savoir où il enverra ses troupes, le lendemain, quand la retraite lui sera définitivement coupée. Il veut qu'elles se retirent sous les canons des forts et charge le colonel Lewal de choisir les emplacements (2). Il continue à suivre sa première idée qui était d'établir son armée sur la ligne Vigneulles-Lessy, ainsi qu'il l'a écrit à l'empereur le 16 au soir, il ne parcourt pas le front de ses corps d'armée, n'inspecte pas leurs positions et les laisse se déployer selon les inspirations de leurs chefs.

Pendant ce temps, les Allemands se hâtent fiévreusement; ils sont résolus à risquer le tout pour le tout et à s'attaquer à notre armée, désorientée par les manœuvres étranges de son général en chef, pour lui infliger un nouveau revers et la pousser contre les murs de Metz. Bazaine et M. de Moltke se rencontraient dans la même pensée : comment nos malheureux soldats n'auraient-ils pas été contraints de se réfugier sous les fortifications inviolées de la vieille cité lorraine ?

---

(1) Général d'Andlau, pp. 84 et 85.
(2) *Procès Bazaine*, déposition du capitaine Iung, p. 276. — *Ibid.*, déposition du colonel Lewal, p. 275.

Quoi qu'il en soit, la Ire et la II^re armée se concentraient entre Mars-la-Tour et Ars-sur-Moselle. En effet, à quatre heures et demie du matin, le prince Frédéric-Charles, qui ne pouvait tenir à son quartier général de Gorze tant il redoutait une attaque des Français, avait déjà regagné son poste d'observation près de Flavigny. Les préparatifs de notre retraite furent d'abord pris pour des dispositions d'offensive et le prince comptait, avec une poignante angoisse, les heures qui le séparaient de ses premiers renforts. « Mais l'attaque n'avait pas lieu (1). » A six heures, le roi de Prusse et M. de Moltke arrivaient en même temps que le IXe corps et gravissaient la colline au sud de Flavigny. L'état-major allemand restait toujours sous le coup d'une cruelle inquiétude. « Les premières heures s'écoulaient sans incidents remarquables, et les renseignements, en partie contradictoires, ne donnaient encore aucune idée bien nette de l'attitude et des intentions des Français (2). » En cette conjoncture, il n'y avait qu'une chose à faire : presser l'arrivée des renforts et se disposer à résister le plus longtemps possible aux entreprises des Français ; c'est ce que firent les Allemands.

Dès la veille, quand on reçut la nouvelle de l'engagement du IIIe corps, M. de Moltke avait prescrit au général de Steinmetz de faire passer la Moselle aux VIIe et VIIIe corps immédiatement après le IXe. Trois ponts étaient construits aux abords de Corny, deux autres ponts venaient d'être jetés à Arry ; les routes étaient débarrassées des convois qui les obstruaient. De tous côtés, les bataillons de la Ire armée se précipitaient vers le champ de bataille. La même activité régnait dans les rangs de la

____

(1) *La Guerre franco-allemande*, 1re partie, p. 630.
(2) *Ibid.*, p. 631.

11e armée : le XIIe corps, la Garde royale couraient à Mars-la-Tour. Pour couvrir ces mouvements et pour donner le change, le général de Manteuffel entamait une cannonade retentissante. De cinq heures à six heures et demie, les batteries allemandes, établies à Laquenexy, Mercy-le-Haut et Peltre, bombardaient le fort Queuleu et la ville elle-même. Nos artilleurs répondaient tant bien que mal, et l'ennemi, croyant sa démonstration suffisante, se retirait, à la nuit, dans ses positions antérieures (1). Pendant cette bruyante échauffourée, la Ire et la IIe armée ont manœuvré en toute sécurité ; aussi, avant le coucher du soleil, le roi de Prusse pourra-t-il disposer de sept corps, sans compter trois divisions de cavalerie. Nous n'aurons plus à songer à l'offensive de ce côté et pour ce jour là ; au reste, Bazaine n'y pense guère, comme nous le savons déjà.

Le général de Steinmetz avait reçu l'ordre de diriger le VIIe corps sur Gravelotte, par Ars, et le VIIIe sur Rezonville, laissant Gorze à sa gauche (2). L'avant-garde du général de Zastrow, parvenue à Ars, oblique à gauche et suit le ravin, entre le bois des Ognons et celui de Vaux. Comme elle approche du moulin de la Mance, une assez vive fusillade lui blesse quelques hommes, et les généraux de Steinmetz et de Woyna répandent leur infanterie de chaque côté, sous bois, où elle tiraille avec la division Metman. Les Prussiens avancent avec peine et s'arrêtent bientôt, sur l'ordre du roi, qui ne veut pas engager l'affaire à fond. De notre côté, le général Metman évacue petit à petit les fourrés, puis Gravelotte, après trois heures, et rallie le maréchal Le Bœuf, au Point-du-Jour (3).

(1) *La Guerre franco-allemande*, 1re partie, p. 647.
(2) *Ibid.*, p. 634.
(3) *Ibid.*, p. 696.

Les généraux de Steinmetz, de Zastrow et de Kameke partaient en reconnaissance avec leurs états-majors. Arrivés à Gravelotte, l'apparition « de ces groupes nombreux de cavaliers provoquait, de la part des mitrailleuses en position au Point-du-Jour, un feu aussi vif que bien dirigé, et une grêle de projectiles venaient s'abattre aux côtés mêmes des généraux prussiens (1) ».

De Gravelotte, on apercevait nos campements de Verneville, et le général de Woyna était bien tenté de les faire canonner; mais l'ordre formel de ne pas nous provoquer l'arrêta, et, afin de prévenir « toute occasion de combat d'artillerie, il faisait même rebrousser chemin, sur-le-champ, à une batterie en marche (2) ».

Toute la préoccupation de M. de Moltke était de concentrer ses troupes, de les réapprovisionner en vivres et en munitions, et surtout en eau qui manquait complètement sur le plateau (3). Bien certain, maintenant, de notre retraite, il avait « le temps et les moyens de se préparer, à tête reposée, pour l'action décisive, momentanément ajournée, et particulièrement d'établir tout le concert désirable entre les mouvements des deux armées allemandes. L'ensemble de ces conditions avait fait décider l'attaque pour le lendemain 18 août. *Il importait dès lors d'éviter surtout que la manœuvre de flanc, dessinée par la Ire armée, amenât, le jour même, une affaire sérieuse, car l'expérience des précédentes rencontres avait appris que l'on ne saurait en calculer la portée (4)* ».

Nous avons vu que les généraux allemands s'étaient scrupuleusement conformés au désir de

<hr>

(1) *La Guerre franco-allemande*, 1re partie, p. 637.
(2) *Ibid.*
(3) *Ibid.*, p. 638.
(4) *Ibid.*, p. 639.

leur chef, mais nous considérons ce passage du récit du grand état-major prussien d'abord comme un aveu, de sa part, qu'il reconnaît le hasard comme le seul inspirateur des batailles de Frœschwiller, de Forbach, de Borny et de Rezonville, ensuite, comme la condamnation formelle de la retraite de Bazaine, puisque nos ennemis confessent qu'ils n'étaient pas prêts à lutter le 17 août. Mais cet étrange maréchal va continuer à égrener froidement son chapelet de fautes et de trahisons. Il ne nous épargnera aucun désespoir, aucune humiliation : Saint-Privat va succéder à Rezonville !

BATAILLE DE SAINT-PRIVAT (1)

(18 août 1870.)

L'histoire de cette guerre n'est qu'un long cri de douleur. Un amoncellement inouï de fautes, de défaillances, de calculs égoïstes, d'incapacités, de félonies, rend inutile la bravoure des officiers et des soldats. La fatalité achève l'œuvre de nos généraux et tourne au profit des Allemands les erreurs mêmes de leurs chefs.

Le 18 août 1870 est certainement un des jours les plus tristes de cette lamentable campagne. Nous sommes arrivés à la période aiguë de la crise militaire qui s'est emparée, depuis le 14, des deux armées adverses. Malgré les erreurs commises, malgré les résolutions criminelles de leur général en chef, les Français pourront encore, ce jour-là, saisir la victoire, si un éclair de sens commun ou de patriotisme illumine la conscience de Bazaine. La Fortune sera bien près d'abandonner les Prussiens

(1) Le récit de cette bataille a paru dans la *Nouvelle Revue*, nᵒˢ des 15 juin et 1ᵉʳ juillet 1885.

dans le va-tout inutile qu'ils vont tenter (1). Il est,
en effet, curieux de remarquer « que la première
bataille qui n'allait pas être amenée par le hasard (2) »
se présentait dans les plus mauvaises conditions
pour les Allemands, qui s'avançaient, allongeant
démesurément leur gauche et risquant de la voir
coupée de la base d'opérations. Quelques bataillons
de la Garde impériale à Saint-Privat ou au Point-
du-Jour, le général en chef à Amanvillers, et l'ennemi enregistrait une défaite grosse de conséquences. Nous allons voir que le maréchal éconduisit
dédaigneusement la déesse si flattée d'ordinaire ;
elle ne nous le pardonnera plus et restera désormais
toujours fidèle à nos adversaires.

MOUVEMENTS DE LA MATINÉE

Quelle que soit l'aridité des quelques pages qui
vont suivre, il est indispensable, avant d'aborder le
récit de la bataille, de faire connaître, très rapidement, les mouvements de l'ennemi dans la matinée
du 18, ainsi que les positions occupées par nous, du
Point-du-Jour à Saint-Privat. Cet exposé permettra

---

(1) « La bataille de Saint-Privat, livrée offensivement par les Prussiens, n'était nullement nécessaire à leur but. Puisqu'ils voulaient
barrer à l'armée française ses routes sur Verdun, Châlons, Paris, et
qu'ils se trouvaient, le 18, à trois heures après midi, en forces
sur ces routes mêmes, d'Auboué et Sainte-Marie à Gravelotte, ils n'a-
vaient rien de mieux à faire que de s'y tenir en se retranchant
comme ils le firent après la bataille. L'opération principale était
achevée, la victoire stratégique était acquise. » (Colonel Lecomte,
t. II, p. 327.) — « Le lendemain 18, nouveau projet d'attaque combattu par M. de Roon, soutenu par M. de Moltke. Ce dernier avis
prévalut. Cette fois, M. de Moltke s'était trompé : en restant inactif,
il eût eu sans combat ni mort d'hommes la position qu'il ambition-
nait. » (Général Fung, p. 29.)
(2) Colonel Borbstaedt, p. 534.

non seulement d'embrasser l'ensemble d'une lutte
où plus de 300,000 hommes vont se heurter sur une
étendue considérable, mais encore de saisir les
causes et les péripéties des engagements de chaque
corps d'armée.

Le célèbre champ de bataille où se sont livrés de
si longs et si sanglants combats suit une ligne absolument droite, qui part d'Ars-sur-Moselle et se ter-
mine au petit village de Jœuf, bâti sur la rivière de
l'Orne, ligne mesurant une longueur de 17 kilomètres à vol d'oiseau.

L'armée de Bazaine garnissait la chaîne de collines qui est couronnée par les bois de Châtel, de
Saulny, de Fèves et de Jaumont. Sainte-Ruffine,
Rozérieulles, les fermes du Point-du-Jour, de Saint-
Hubert, de Moscou, de Leipsick, de la Folie, de
l'Envie, de Champenois, Montigny-la-Grange et son
château, Amanvillers, le hameau de Jérusalem,
Saint-Privat-la-Montagne, Roncourt, Montois-la-
Montagne servaient de réduits dominants à nos soldats. Le chemin de fer de Metz à Verdun contourne
la vallée de Monvaux, derrière nos troupes, de Moulins-les-Metz à Amanvillers. A partir de ce dernier
village, la voie ferrée incline brusquement à l'ouest,
traversant le bois de la Cusse, Habonville et Batilly.
La forêt de Jaumont ferme la trouée entre Saint-
Privat et l'Orne.

De l'autre côté du ruisseau de la Mance, qui
coule de Verneville à Ars-sur-Moselle, se trouvent
le bois de Vaux, Gravelotte, le bois des Génivaux,
Verneville, le bois de la Cusse. Après avoir franchi
le chemin de fer, on rencontre Habonville, Sainte-
Marie-aux-Chênes, Auboué et l'Orne.

C'est sur la lisière septentrionale du bois de
Vaux, sur les rives du ruisseau de la Mance, dans
toutes les fermes qui les commandent, aux bois des
Génivaux et de la Cusse, à Sainte-Marie-aux-Chênes

et à Saint-Privat, que la bataille s'est déchaînée, furieuse. Nous verrons quels prodiges de valeur y firent les combattants français et allemands, prodiges qui n'ont été égalés que par la faiblesse de la direction tactique dont firent preuve les généraux des deux partis. A cet égard, les états-majors en présence n'ont rien à s'envier; leur médiocrité a été semblable et l'on a eu rarement à constater mouvements plus décousus, moins bien ordonnés et plus critiquables.

Dès que M. de Moltke avait été certain, dans l'après-midi du 17, que nous n'avions plus aucune velléité d'offensive, il avait envoyé les ordres de marche pour le lendemain, en même temps qu'il pressait la concentration de ses corps d'armée. A deux heures du soir, la dépêche suivante était expédiée au prince Frédéric-Charles et au général de Steinmetz, installés l'un à Buxières et l'autre à Ars : « Demain 18, à cinq heures du matin, la IIe armée rompra, en échelons, par la gauche, pour s'avancer entre l'Yron et le ruisseau de Gorze (direction générale entre Ville-sur-Yron et Rezonville). Le VIIIe corps appuyera ce mouvement à l'aile droite de la IIe armée. Le VIIe corps aura pour première mission de couvrir la marche de la IIe armée contre toute tentative venant de Metz (1). »

Les Allemands demeuraient toujours avec leur front de bataille face au nord, car l'état-major prussien, peu au courant de nos intentions, admettait encore la possibilité de notre disparition par la route septentrionale, et voulait, en ce cas, être en état d'aborder le flanc droit de nos colonnes en retraite. Pour ce but, l'extrême gauche avait été allongée vers l'ouest afin de nous cerner plus sûrement. Mais si nous nous étions repliés sur Metz, la IIe armée

____

(1) *La Guerre franco-allemande*, 1re partie, p. 641.

devait exécuter un immense mouvement de conversion, de manière à opérer un changement de front qui placerait les Allemands vis-à-vis de Metz (1). Le VIIe et le VIIIe corps seraient le pivot de cette dangereuse conversion.

Du côté des Français, « la nuit fut assez calme jusque vers trois heures du matin, où presque toute l'armée fut éveillée par une panique incompréhensible. D'abord, lointain, confus et faible, le cri : «« Aux armes! »», parti d'Amanvillers se rapprochait du Point-du-Jour où il était arrivé à être formidable, poussé par chacun avec violence. Les hommes sortant de leurs tentes, se précipitaient sur leurs faisceaux dans *les tenues les plus incorrectes*. Quelques coups de fusil se firent entendre; puis, peu à peu, le calme se rétablit, les hommes replacèrent leurs armes où ils les avaient trouvées en répétant les uns aux autres : «« Il n'y a rien, il n'y a rien! »» Ce nouveau cri, fort à la gauche, alla en se perdant peu à peu et successivement jusqu'au point de départ du premier cri : «« Aux armes! »» On ne saurait mieux comparer cet effet, la nuit, qu'à une vague qui, partie du large, vient échouer à la plage pour retourner à son point de départ, et disparaître (2). »

A peine le jour se montre-t-il, que le prince Frédéric-Charles est à Mars-la-Tour d'abord, à Vionville ensuite où ses chefs de corps sont convoqués. A cinq heures et demie, il leur donnait des instruc-

---

(1) *La Guerre franco-allemande*, 1re partie, p. 642. — « Comme on était encore dans une *complète ignorance* des projets de l'ennemi, il avait fallu se mettre en mesure de faire face à toute éventualité, soit que l'adversaire essayât de se dérober par la route du nord, soit que, reconnaissant les difficultés considérables d'une semblable tentative, il se décidât à recevoir la bataille immédiatement sous Metz en tournant ainsi le dos à l'Allemagne. » (Colonel Borbstaedt, pp. 482 et 483.)

(2) *Saint-Privat*, par le général de Waldner; *Spectateur militaire*, n° du 1er septembre 1886, pp. 370 et 371.

tions verbales que le récit officiel prussien résume ainsi : « La II° armée continuera aujourd'hui son mouvement en avant. Sa mission est toujours de couper l'adversaire de Verdun et de Châlons, et de l'attaquer partout où elle le trouvera. A cet effet, le XII° corps formera l'extrême gauche, ayant en arrière et à droite la Garde, suivie elle-même, en arrière et à droite, du IX° corps. Le XII° corps se dirigera sur Jarny, la Garde sur Doncourt; le IX° corps, passant entre Vionville et Rezonville, laissera Saint-Marcel immédiatement sur sa gauche. Le III° corps suivra le IX°, en se tenant entre lui et la Garde. La VI° division de cavalerie recevra ses ordres du général commandant le III° corps. L'artillerie de corps de ce dernier demeure à la disposition du commandant de la II° armée, comme réserve générale d'artillerie. Le X° corps, auquel on a adjoint la V° division de cavalerie, suivra le XII°, de manière à maintenir son itinéraire entre celui-ci et la Garde. — L'ennemi paraissait être, hier soir, en retraite sur Conflans. Les trois divisions qui bivouaquaient hier autour de Gravelotte se sont aussi probablement repliées. S'il en était autrement, le général de Steinmetz les attaquerait et, dans ce cas, le IX° corps pourrait être appelé à s'engager le premier. On ne peut préciser encore si tout cela amènera, pour la II° armée, un changement de front à droite ou à gauche. Pour le moment, il ne s'agit que d'une marche en avant de 8 kilomètres à peine. Elle devra s'exécuter, non pas en colonnes de marche, longues et minces, mais par divisions massées, l'artillerie de corps entre les deux divisions de chaque corps d'armée (1). » Le prince ajoutait, « à titre de renseignement, que le VIII° corps se porterait sur Metz, en arrière et à droite du IX°, le VII° plus

____

(1) *La Guerre franco-allemande*, 1re partie, pp, 654 et 655.

à droite encore. On pourrait compter que le IIe corps déboucherait dans l'après-midi (1). »

Le vieux roi, montrant une activité dont Bazaine ne nous donnera pas le pendant, gravissait, dès six heures du matin, la hauteur méridionale de Flavigny, accompagné du grand quartier général, et s'y installait en permanence, afin de suivre plus facilement les péripéties du drame et de les diriger dans la limite du possible. Des officiers supérieurs d'état-major avaient pour mission spéciale de faire connaître immédiatement à M. de Moltke « tout événement important (2) ».

Quand les ordres ci-dessus rapportés parvinrent aux différents corps, les troupes allemandes occupaient les positions suivantes : à l'extrême droite, à Ars, la XXVIe brigade d'infanterie ; à l'aile droite, le VIIe corps, le long de la Mance ; au centre, au sud de Rezonville, les VIIIe et IXe corps, flanqués de la Ire division de cavalerie ; entre Vionville et Tronville, le IIIe corps et la VIe division de cavalerie, le Xe corps et la Ve division de cavalerie ; à l'aile gauche, près de Mars-la-Tour, le corps saxon et la Garde royale, avec partie des deux divisions de cavalerie attachées à ces deux corps.

L'armée française s'étendant de Rozérieulles à Saint-Privat, les lignes des deux armées formaient ainsi un angle droit. On voit dès lors que le général de Steinmetz était déjà en contact avec notre gauche, que le IXe corps devait, vers midi, se heurter à notre centre, et que le XIIe corps et la Garde s'en prendraient à notre droite beaucoup plus tard dans la journée. C'était la conséquence des arcs de cercle à décrire par ces divers corps, la Ire armée se trouvant au sommet de l'angle, le IXe corps en

(1) *La Guerre franco-allemande*, 1re partie, p. 655
(2) *Ibid.*, p. 651.

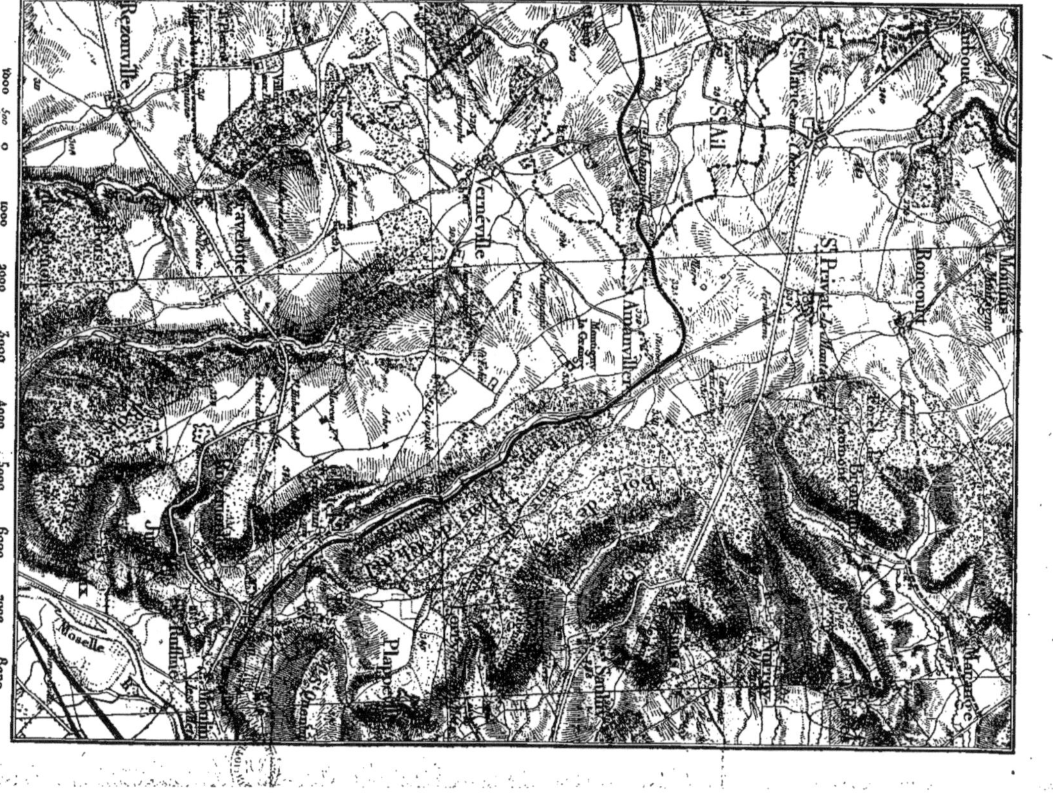

BATAILLE DE SAINT-PRIVAT.

étant un peu plus éloigné, et les Saxons plus écartés encore.

Aussitôt l'ordre reçu, les troupes de première ligne qui, depuis cinq heures du matin, se tenaient en armes, prêtes à partir, se mirent en marche. A cinq heures trois quarts, les Saxons s'ébranlaient pour gagner Friauville et Jarny; à neuf heures, les colonnes de queue quittaient Mars-la-Tour, pendant que l'avant-garde atteignait Jarny, où le XII⁰ corps s'arrêtait provisoirement. De son côté, la Garde royale avait, à neuf heures, levé son camp de Hannonville et allait à Doncourt, par Mars-la-Tour. Le X⁰ corps se disposait à abandonner Tronville pour suivre la Garde. A six heures, le IX⁰ corps pointait vers Saint-Marcel qu'il dépassait trois heures après. Dès six heures, le VIII⁰ corps se dirigeait de Gorze sur Villers-aux-Bois; son avant-garde était inquiétée par les coups de fusil de notre infanterie embusquée sous le bois des Génivaux, près de Verneville, et le général de Gœben prenait le parti de masser ses troupes à Rezonville, en attendant les événements. Le VII⁰ corps, de la lisière orientale du bois de Vaux, tiraillait continuellement avec la brigade Lapasset et les avant-postes du général Frossard. Le III⁰ corps restait à Vionville. Un rideau de cavalerie précédait l'infanterie allemande et formait la liaison entre les différents corps. Il était alors neuf heures passées (1).

Le général de Steinmetz, se méprenant sur les mouvements que nous exécutions et les attribuant à une retraite par Briey, en avertissait M. de Moltke, qui télégraphiait dans ce sens au prince Frédéric-Charles (2). Mais, à dix heures et demie, le grand état-major allemand croyait savoir que nous

---

(1) *La Guerre franco-allemande*, 1ʳᵉ partie, pp. 656 à 661.
(2) *Ibid.*, pp. 662 et 664.

étions en force au bois des Génivaux et que notre droite ne dépassait pas Amanvillers. En conséquence, les instructions suivantes étaient envoyées à la IIe armée : « D'après les divers renseignements recueillis, tout fait supposer que l'ennemi veut se maintenir entre le Point-du-Jour et Montigny-la-Grange. Quatre bataillons français ont pénétré dans le bois des Génivaux. Sa Majesté estime qu'il convient de porter le XIIe corps et la Garde dans la direction de Batilly, de manière à joindre l'adversaire à Sainte-Marie-aux-Chênes, s'il se retire sur Briey, ou à l'aborder par Amanvillers, s'il reste sur les hauteurs. L'attaque aurait lieu simultanément, savoir : pour la Ire armée par le bois de Vaux et Gravelotte ; pour le IXe corps contre le bois des Génivaux et Verneville ; pour l'aile gauche de la IIe armée par le nord.— De Moltke (1). » Le général de Steinmetz ne devait prononcer son mouvement en avant que lorsque la IIe armée aurait gagné du terrain.

Cependant, le prince Frédéric-Charles avait fini par se convaincre que nous étions retirés sous Metz, et quand, à onze heures, il reçut la dépêche de M. de Moltke, il avait déjà préparé le changement de front à droite, mais ne savait pas encore si les Français s'étendaient jusqu'à Saint-Privat ou seulement jusqu'à Amanvillers. En effet, du côté de Batilly et d'Habonville, de nombreux mamelons bornaient la vue, et le prince « continuait à regarder Montigny-la-Grange comme le point extrême occupé par les Français vers le nord (2) ».

Sur ces entrefaites, quelques patrouilles de cavalerie signalaient la présence de nos troupes à

____

(1) *La Guerre franco-allemande*, 1re partie, p. 663.
(2) *Ibid.*, p. 666.— « Le prince supposait que l'extrême droite des Français se trouvait à peu près à la Folie. » (Rüstow, t. Ier, p. 270.) — Commandant von der Goltz, *La Nation armée*, pp. 112 à 114.

Sainte-Marie-aux-Chênes et à Saint-Privat. Aussi, bien que le commandant de la IIe armée ne considérât pas le renseignement comme certain, il expédia, vers onze heures et demie, des ordres hypothétiques, lançant en première ligne le IXe corps sur la Folie, la Garde sur Amanvillers, le XIIe corps sur Sainte-Marie-aux-Chênes ; en seconde ligne, le Xe corps sur Saint-Ail, le IIIe sur Verneville, et le IIe, qui arrivait de Pont-à-Mousson, sur Rezonville pour y former réserve (1).

Tout à coup, pendant que ces mouvements commençaient à s'exécuter « les premiers coups de canon retentissent, vers midi, à Verneville » ; la lutte gigantesque, qui allait décider du sort de notre plus belle armée, était engagée. Les Allemands étaient parvenus à établir leur ordre de bataille définitif, malgré les tâtonnements, les retards, « sans que le commandant en chef de l'armée française eût cherché à contrarier le moins du monde ce délicat déploiement compliqué d'une marche de flanc (2), » et le IXe corps, qui n'avait pas encore reçu les derniers ordres de Frédéric-Charles, venait d'entamer une des plus sanglantes affaires du siècle.

« Par une fatalité, qui commençait malheureuse-

(1) *La Guerre franco-allemande*, 1re partie, p. 667.
(2) Commandant Canonge, t. II, p. 134. — « Le gros de l'armée française, en se jetant, vers huit heures du matin, sur le flanc droit des Allemands, y eût porté une perturbation dont on ne peut calculer toutes les conséquences. Ce pouvait être pour ceux-ci, cherchant l'ennemi à gauche, une surprise dans de très mauvaises conditions. » (Colonel Lecomte, t. II, pp. 243 et 244.) — « Un mouvement enveloppant sur une aussi vaste échelle offre de grandes difficultés d'exécution et, en présence d'un ennemi concentré et actif, présente les plus grands dangers ; car, pendant toute la durée d'un mouvement tournant, l'armée qui l'exécute est en état de crise, et si l'adversaire prend l'initiative de l'attaque, il la surprend en flagrant délit de manœuvre, ce qui la place dans la situation la plus précaire. » (*La Guerre de 1870*, par le lieutenant-colonel Vaudevelde. Bruxelles, imprimerie Guyot, 1871, p. 61.) — « Que dire d'une stratégie qui

ment à n'avoir plus rien de nouveau (1) », le général
de Ladmirault s'était laissé *surprendre* (2), chose
d'autant moins pardonnable que le commandant
du 4ᵉ corps avoue « avoir reçu, à neuf heures, du
maréchal Le Bœuf, l'avis que des masses de troupes
étaient aperçues dans le lointain vers Saint-Ail (3) ».
Le général de Waldner, qui était alors colonel du
55ᵉ de ligne, déclare également que « le matin
du 18, des colonnes prussiennes défilaient sans
discontinuer sous ses yeux, se portant de leur droite

place des masses dans la situation où se trouvaient, le 18 août, les
Iʳᵉ et IIᵉ armées allemandes, formant une ceinture de 50 à 60 kilomètres autour de la place de Metz et de l'armée de Bazaine, avec
leur gros sur la rive gauche de la Moselle, le dos vers Paris, la ligne
de retraite on ne sait où, si ce n'est par les ponts d'amont de la Moselle ? En dépit de l'éclatant succès qui couronna cette hardiesse
plus éclatante encore, nous n'hésitons pas à classer cette sorte d'opération parmi les plus anormales et les plus scabreuses qui se puissent
imaginer. » (Colonel Lecomte, t. II, p. 328.) — « Pendant toute la
matinée du 18, l'armée française assista, l'arme au bras, aux mouvements de l'ennemi, sans chercher en quoi que ce soit à s'y opposer. »
(*Les Vaincus de Metz*, pp. 120 et 121.)

(1) Charles de Mazade, t. Iᵉʳ, p. 167.

(2) « Le IXᵉ corps, à midi, *surprit* le 4ᵉ corps. » (Colonel de Montluisant, p. 19.) — « Le général de Manstein ne voulait laisser
échapper, dans aucun cas, l'avantage de *surprendre* l'ennemi, et il
prenait la résolution d'attaquer sur-le-champ. » (*La Guerre franco-
allemande*, 1ʳᵉ partie, p. 674.) — « Le IXᵉ corps, qui attaqua, à midi,
le corps de Ladmirault... » (*Bulletin de la Réunion des officiers*,
nᵒ du 22 mars 1884, p. 259.)

(3) *Procès Bazaine :* déposition du général de Ladmirault, p. 231.
—(Colonel Fabre, pp. 93 et 94.) « A huit heures, je reviens, je trouve
le camp levé et toutes les troupes en mouvement. On s'attend à une
attaque de l'ennemi. » (*Trois mois à l'armée de Metz*, p. 89.) Cet
officier faisait partie du 3ᵉ corps. — Une compagnie du 64ᵉ de ligne,
de grand'garde en avant de Montigny-la-Grange, avait été chargée
d'observer le terrain qui s'étend devant le hameau de Verneville.
« Vers neuf heures du matin, l'ennemi est signalé par cette compagnie ; quelques soldats, qui étaient allés laver du linge à Verneville, manquent d'être pris par les cavaliers ennemis ; on fait immédiatement prévenir les généraux ; il est répondu : *Vous voyez des
Prussiens partout...* Mais, à onze heures, force est bien d'ouvrir les
yeux... une armée de plus de 160,000 hommes, ayant cavalerie et
artillerie, était, ce jour-là, *surprise* par le fait d'une grande négligence. » (*Rapport rédigé par les officiers du* 64ᵉ *de ligne*, cité par
Bazaine, *Épisodes*, pp. 120 et 121.)

vers leur gauche. Elles débouchaient des bois des Ognons et de Vionville sur différents points, prenant toutes la même direction. Les colonnes ennemies continuaient sans cesse à se porter vers la droite de notre armée et prenaient successivement les emplacements qui leur avaient été assignés. Une grande action était imminente; elle ne pouvait faire doute pour qui voulait voir et réfléchir. Les rapports des colonels de notre côté étaient concluants (1). » Enfin, au bruit de la canonnade, les camps français courent aux armes, l'artillerie prend position, l'infanterie se déploie, les détonations se succèdent rapidement; c'est la grande bataille.

Les Français garnissaient toujours les points occupés par eux la veille au soir. À l'extrême gauche, la brigade Lapasset, de Moulins-les-Metz à Rozérieulles, son centre à Sainte-Ruffine. A la gauche, le 2ᵉ corps, de Rozérieulles au Point-du-Jour, avec la division de cavalerie de Forton près du moulin de Longeau et la division de Valabrègue dans le vallon de Châtel. Au centre, le 3ᵉ corps, de la ferme de Moscou à la ferme de la Folie, avec la division de cavalerie de Clérembault entre la ferme de Leipzick et la voie ferrée (des tirailleurs remplissaient le bois des Génivaux); le 4ᵉ corps, du château de Montigny-la-Grange jusqu'au delà du chemin de fer, avec son centre à Amanvillers et sa division de cavalerie aux alentours de la gare. A la droite, le 6ᵉ corps, à Saint-Privat-la-Montagne, avec des détachements à Sainte-Marie-aux-Chênes et à Roncourt, ce dernier village formant l'extrême droite. La division de cavalerie du Barail s'alignait entre Saint-Privat et la forêt de Jaumont. En arrière, la Garde impériale

____

(1) *Saint-Prival*, par le général de Waldner; *Spectateur militaire*, nᵒ du 1ᵉʳ septembre 1886, p. 373.

et la réserve d'artillerie se tenaient sur les pentes des forts Plappeville et Saint-Quentin, à deux kilomètres environ de Châtel-Saint-Germain (1).

Les positions de l'armée française étaient bonnes (2), sauf celles de la Garde et de la réserve d'artillerie. Notre gauche était protégée par la Moselle d'abord, par le fort Saint-Quentin ensuite, enfin par l'escarpement des hauteurs et la profondeur du ravin de la Mance. De plus, le général Frossard et le maréchal Le Bœuf avaient encore augmenté la puissance de leur ligne de bataille au moyen « de tranchées-abris, d'épaulements de batteries et de communications défilées (3) » qui l'avaient rendue inexpugnable, surtout après les travaux exécutés aux fermes du Point-du-Jour, Saint-Hubert, Moscou, Leipzick et la Folie, travaux qui les avaient transformées en petites forteresses (4).

Le général de Ladmirault n'avait pas songé à imiter ses collègues de gauche ; confiant dans la force de sa position, il n'avait pas jugé utile de *remuer la terre ;* en outre, « par une négligence des plus extraordinaires et des plus heureuses d'ailleurs (pour les Prussiens), il n'avait pas fait occuper le bois de la Cusse, distant de 1,000 pas seulement de son front (5). »

L'installation de Canrobert à Saint-Privat avait

(1) Commandant Canonge. t. II, pp. 131 et 132. — *La Guerre franco-allemande,* 1re partie, pp. 649 et 650. — Général Frossard, pp. 103 et 104.

(2) Relativement, car il eût été préférable de livrer bataille face à l'est, en défendant le passage de la Moselle, par exemple. (Voir à ce sujet : *les Vaincus de Metz.* pp. 113 à 120.)

(3) *La Guerre franco-allemande,* 1re partie, p. 650.

(4) Général Frossard, p. 103. — *La Guerre franco-allemande,* 1re partie, p. 650. — Colonel Borbstaedt, p. 479. — « Malgré une supériorité d'un tiers en artillerie et l'appui des réserves, les attaques des Allemands échouèrent jusqu'au soir contre les abris bien tracés et vigoureusement défendus qui couvraient les 2e et 3e corps. » (Colonel Fabre, p 94.)

(5) Colonel Borbstaedt, p. 479.

des avantages et des inconvénients. Les pentes
douces qui montent jusqu'au village forment un
véritable glacis très favorable aux feux de l'infanterie et de l'artillerie; le gros village de Saint-
Privat pouvait être facilement défendu; mais les
troupes qui s'y massaient étaient fatalement *en l'air*
et il aurait fallu atténuer cet inconvénient considérable par la construction des tranchées-abris et
épaulements dans lesquels avaient excellé le maréchal Le Bœuf et surtout le général Frossard.
Or, le 6ᵉ corps ne possédait ni outils, « ni parc du
génie, ni son contingent de compagnies de sapeurs;
mais le grand parc de l'armée et le génie de la réserve auraient pu lui venir en aide (1). » Bazaine
ne le voulut pas. Enfin, il était facile de remédier
à la faiblesse relative de l'aile droite en plaçant à
proximité de Saint-Privat les réserves qui l'auraient
rendu imprenable; le commandant en chef les maintint à l'aile gauche, dégarnissant ainsi le point
faible pour soutenir le point fort, avec une intelligente tactique que l'on peut hardiment qualifier
de *suspecte,* si l'on n'ose pas employer un autre
mot (2). Les 16,000 hommes de la Garde et la réserve d'artillerie s'étageaient donc sur les déclivités
du Saint-Quentin, à 9 kilomètres de Saint-Privat,
point vulnérable, alors que ces redoutables vétérans
auraient dû appuyer Canrobert, laissant à Frossard
et à Le Bœuf le seul appui de leurs bonnes positions et du fort Saint-Quentin.

(1) Général Frossard, p. 105 en note.
(2) « La configuration du terrain n'offrait pas un point d'appui aussi
sûr à l'aile droite, établie aux environs de Saint-Privat-la-Montagne;
et comme, de plus, le 6ᵉ corps manquait complètement d'un parc de
génie, à part quelques tranchées-abris, on n'y avait créé aucun ouvrage de nature à protéger efficacement le flanc droit, *depuis Roncourt jusqu'aux massifs peu éloignés de l'impraticable forêt de
Jaumont.* Ces conditions auraient sans doute *exigé que les réserves
fussent placées en arrière* de cette aile. » (*La Guerre franco-allemande,* 1ʳᵉ partie, pp. 650 et 651.)

Quant au général en chef, nous allons le voir installé à Plappeville, dans le salon d'une maison bourgeoise, d'où il ne sortira qu'à la fin de la journée pour faire une promenade inutile du côté du mont Saint-Quentin, s'obstinant à vouloir ignorer ce qui se passe à sa droite, s'amusant à pointer des canons sur les inoffensifs tirailleurs du VII° corps, se refusant à donner aucun ordre, abandonnant à eux-mêmes ses quatre chefs de corps; enfin, laissant, avec intention, écraser Canrobert qui se débat dans une résistance héroïque. Mais il est temps de commencer le récit de cette lutte grandiose, qui va coucher dans les sillons ensanglantés plus de 27,000 combattants.

ATTAQUE DU IX° CORPS. — COMBATS A CHANTRENNE ET AU BOIS DE LA CUSSE. — PRISE DE SAINTE-MARIE-AUX-CHÊNES PAR L'AILE GAUCHE ALLEMANDE. — ATTAQUE DE LA I™ ARMÉE. — PERTE DE SAINT-HUBERT.

De onze heures à cinq heures.

1. — *Attaque du IX° corps. — Combats à Chantrenne et au bois de la Cusse.*

Un peu avant la canonnade qui commença l'action, nous avions laissé le IX° corps à la ferme de Caulre. Il s'avançait, doucement, du côté de Verneville, qu'il occupait après dix heures. Sur ces entrefaites, le général de Manstein reçoit, à onze heures moins le quart, l'ordre de s'emparer de la ferme de la Folie, au sud de Montigny-la-Grange. Le général de Blumenthal, commandant la XXXV° brigade (XVIII° division), s'approche d'abord de la ferme de Chantrenne, qu'il ne peut enlever. C'est alors que, des hauteurs de Verneville, le commandant du IXe corps découvre, « près d'Amanvillers, un camp dans lequel semblait régner une immense quiétude (1). » Le bois de la Cusse cachant le VIe corps posté à Sainte-Marie-aux-Chènes et à Saint-Privat, le général de Manstein croit que la droite française est à Amanvillers et se décide à nous « *surprendre* (2) ». A onze heures trois quarts, « plus tôt et plus vivement qu'on ne l'aurait désiré à l'état-major allemand (3) », du monticule situé à l'est de Verneville, partaient les premiers coups de canon, et les obus commençaient à tomber aux alentours d'Amanvillers. Bientôt, huit batteries s'installaient en ligne sur la croupe qui court de ce dernier village à Verneville, présentant le flanc à notre artillerie, qui était entrée en action dès les premières détonations et qui répondait vigoureusement aux canonniers prussiens.

Et, de fait, le général de Ladmirault n'avait pas perdu un instant. Il avait établi : la division de Cissey à cheval sur le chemin de fer, entre Habonville et Amanvillers, vis-à-vis le bois de la Cusse ; la division Grenier à la ferme de Champenois, et la division de Lorencez à Amanvillers. Nos nombreux obus s'abattaient au milieu des artilleurs allemands et rendaient leur position « fort précaire (4) »,

<hr>

(1) *La Guerre franco-allemande*, 1re partie, p. 674.

(2) *Ibid.*

(3) Colonel Lecomte, t. II, p. 185. — « Le IXe corps engagea prématurément un combat décisif. » — (Commandant von der Goltz, *La Nation armée*, p. 338.)

(4) *La Guerre franco-allemande*, 1re partie, p. 676. — « Dès le commencement, les Français s'entendaient fort bien à tirer bon parti de leurs masses d'artillerie ; très souvent, la quantité énorme des projectiles parvenait à compenser, chez eux, ce qui leur manquait sous le rapport de l'exactitude du tir, si bien que celui-ci n'en avait pas moins une efficacité très grande. » (Général de Hohenlohe, *Lettres sur l'artillerie*, p. 109.)

pendant que nos fantassins les criblaient d'un feu meurtrier. « Toutes les batteries, et notamment celles de gauche, étaient très éprouvées, et les efforts que l'infanterie dirigeait contre elles ne tardaient pas, bien que partiels, à compromettre sérieusement la situation (1) ». Il s'agissait, pour les Allemands, de garer un peu leur artillerie des feux de nos tirailleurs. A cet effet, de l'infanterie est envoyée à la droite et à la gauche des batteries compromises.

Quelques-uns de nos soldats (2) gardaient la ferme de l'Envie; les Prussiens courent les attaquer. La petite troupe se défend vaillamment, inflige à l'ennemi de rudes pertes; mais, devant la supériorité de l'agresseur, « le détachement français se replie (3) et les Prussiens se hâtent de créneler et de barricader les jardins et les bâtiments de la métairie.

Le bois de la Cusse et le chemin de fer qui le borde au nord sont également occupés par les Allemands, qui échangent force balles avec les tirailleurs du général de Cissey. A une heure, d'autres troupes s'engagent à leur tour sous les taillis. Mais la place est loin d'être bonne. Nos obus tombent dans le bois, dont les clairières sont battues par des averses de projectiles. « La levée du chemin de fer n'offre que bien peu d'abri, et les compagnies prussiennes s'affaiblissent sensiblement (4). »

Sur la droite des batteries, l'ennemi fait un pas en avant; il occupe Chantrenne et pénètre dans la partie du bois des Génivaux, qui pousse à l'ouest du ruisseau de la Mance. Divers régiments, appartenant aux divisions Montaudon, Nayral et Metman, du 3ᵉ corps, gardaient le bouquet d'arbres qui se

<hr>

(1) *La Guerre franco-allemande*, 1ʳᵉ partie, p. 677.
(2) *Ibid.*, p. 678.
(3) *Ibid.*, p. 679.
(4) *Ibid.*

trouve entre Chantrenne et la Folie, ainsi que les pentes touffues qui s'élèvent à l'est de la Mance. Les nôtres arrêtent facilement les premiers arrivants; impossible de franchir le ruisseau. Le général de Blumenthal se dirige alors de Chantrenne sur la Folie et essaye de gravir la montée le long du versant de laquelle est bâtie cette ferme. Mais notre artillerie de Montigny-la-Grange et une batterie de mitrailleuses établie sur le piton de la Folie balayent de telle sorte le champ à parcourir que les Allemands renoncent à leur entreprise et se hâtent de rappeler à Chantrenne les troupes des Génivaux, afin de défendre la ferme contre une attaque probable des Français.

A ce moment, les Prussiens sont fouettés par nos balles et ne savent où se cacher. Ils prennent le parti de se précipiter vers la lisière du bois des Génivaux, où nos tirailleurs sont embusqués. Ils parviennent jusqu'aux taillis; mais là, une lutte acharnée s'engage, et les Allemands se retirent à la débandade. Les Français ne poursuivent pas leur succès, et « le combat dégénère en une fusillade incessante et opiniâtre (1) ».

Cependant, les batteries prussiennes se trouvaient toujours « dans une situation extrêmement critique (2) ». Le général de Ladmirault avait placé des mitrailleuses sur une hauteur en avant d'Amanvillers; ces pièces enfilent la longue ligne des batteries ennemies avec un tel bonheur qu'en « quelques minutes la 4ᵉ batterie lourde, déjà sérieusement éprouvée par la mousqueterie, perdait plusieurs officiers, 5 chefs de pièces et 40 hommes; quant aux che-

---

(1) *La Guerre franco-allemande*, 1ʳᵉ partie, p. 682. — « Les canons, les mitrailleuses et les chassepots firent beaucoup de mal à la gauche de l'artillerie de Manstein. » (Rustow, t. Iᵉʳ, p. 273.)
(2) *La Guerre franco-allemande*, 1ʳᵉ partie, p. 684.

vaux, ils étaient presque tous tués ou blessés (1) ».

A la vue de cette trombe meurtrière, le général Bellecourt, de la division Grenier, lance le 5e chasseurs à pied et le 13e de ligne à l'assaut de la batterie démontée. Les Prussiens fuient en toute hâte, ne pouvant emmener que deux pièces avec eux ; les autres restent en détresse (2). Aucun ordre n'est donné pour les retirer, et, sans la résolution d'un chasseur à pied, nommé Hammoniaux, qui s'en va, en compagnie d'un caporal et d'un clairon du 13e de ligne, reconnaître les canons abandonnés et prévenir des chefs d'attelage, tous auraient été repris. Deux seulement sont ramenés par le lieutenant Palle ; les autres retombent bientôt au pouvoir des Allemands (3). Il y avait pourtant là une belle occasion, que le général de Ladmirault n'a pas saisie. Nul doute qu'à cette heure, un mouvement offensif des trois divisions de Cissey, de Lorencez et Grenier n'eût entraîné la déroute et procuré la capture des nombreuses batteries qui combattaient avec tant de peine en face de la ferme Champenois. La brigade de Blumenthal n'était pas en état de s'opposer à la marche en avant du 4e corps, les autres troupes de la division de Wrangel et la division hessoise ne se montrant pas encore prêtes à défendre l'artillerie compromise. De fait, il était un peu plus d'une heure, et, à deux heures, la brigade de Below était toujours en marche « de Verneville pour *soutenir la grande ligne d'artillerie* (4) ».

---

(1) *La Guerre franco-allemande*, 1re partie, pp. 682 et 683.

(2) *Ibid.*, p. 683. — Le Faure, t. 1er p. 214. — Commandant Canonge, t. II, p. 135.

(3) *Historique du 5e bataillon de chasseurs.* — Commandant Canonge, t. II, p. 135. — *Procès Bazaine*, déposition du général de Ladmirault, p. 231.

(4) *La Guerre franco-allemande*, 1re partie, p. 691, note*. — Le restant de la division de Wrangel n'arriva à Verneville qu'à deux heures. (*Ibid.*, p. 685.)

Quant à la division du prince de Hesse, elle se tenait à Arnoux-la-Grange et à Habonville, à plus d'une lieue des pièces menacées. Seules, quelques batteries hessoises et une petite avant-garde s'étaient logées dans le bois de la Cusse; mais elles avaient assez à faire de répondre à l'artillerie du général de Cissey et de se garder contre un mouvement de Canrobert, qui occupait Sainte-Marie-aux-Chênes et Saint-Privat (1). Selon les aveux répétés des Prussiens, la situation était donc *excessivement critique* pour eux; le général de Ladmirault ne le comprit pas; imitant Frossard à Forbach, il conserva une défensive inexplicable et lâcha de ses mains le succès qu'il tenait si bien. Tant il est vrai qu'à la guerre l'audace a réussi de tout temps et que les généraux trop prudents ont toujours été battus.

Du reste, si le général en chef avait été à sa place, c'est-à-dire, au centre de l'action, à Amanvillers, il aurait vu ce que Ladmirault n'a pas saisi, ou il aurait osé ce que le chef de corps a craint d'entreprendre. Alors, ce ne sont pas seulement les trois divisions de Cissey, de Lorencez et Grenier qui auraient heurté la brigade Blümenthal et l'avant-garde hessoise, c'est encore partie des 3ᵉ et 6ᵉ corps qui auraient concouru à cette attaque écrasante, avec l'appui de la Garde impériale, en réserve en arrière, entre notre droite et notre centre. Toute l'artillerie du IXᵉ corps y passait; la division Wrangel et les Hessois étaient entraînés dans le désastre... mais le maréchal Bazaine déjeunait tranquillement à Plappeville, et la Garde veillait sur le fort Saint-Quentin (2)!

(1) *La Guerre franco-allemande*, 1ʳᵉ partie, pp. 686 et 687.
(2) « L'après-midi, sept à huit divisions qui eussent débouché entre les deux armées allemandes, sur le front du IXᵉ corps, eussent probablement refoulé ce corps ainsi que le IIIᵉ après lui, et cette trouée devenait désastreuse aux Prussiens dans l'étrange situation où ils s'étaient mis. Pour une telle offensive, le commandant en chef

Enfin, le combat continue et nous nous contentons d'inonder de nos projectiles les artilleurs prussiens. Aussi, quoique nos ennemis aient échappé au danger d'être enlevés par nos nombreux bataillons, ils souffrent toujours de notre feu. Selon l'expression que le rédacteur officiel emploie à chaque instant, la situation de l'artillerie « *n'en était pas moins de plus en plus critique* (1) ». Cependant, « bien que fort horriblement maltraitée par la supériorité des feux des Français, elle continuait la canonnade ; mais la physionomie du combat et la configuration du terrain rendaient difficile de réapprovisionner les pièces en temps utile, de sorte que, vers deux heures, c'était à peine si l'artillerie de corps était encore en mesure de combattre (2) ».

Sur ces entrefaites, la division hessoise avait achevé de remplir le bois de la Cusse. Le commandant du IX° corps, qui avait reçu de Frédéric-Charles l'ordre d'attaquer notre *droite* avec la coopération de la Garde royale (3), et qui avait, maintenant, la certitude que cette *droite* touchait

---

français aurait pu disposer (sans trop affaiblir ses positions de première ligne et les ailes engagées ni les réserves nécessaires) du gros des divisions Bastoul, Nayral, Metman, Montaudon, Grenier, Lorencez, Lafont ou Tixier, avec deux à trois brigades de la Garde, peut-être plus encore en utilisant mieux la cavalerie. Mais, tout d'abord, il aurait fallu un commandant en chef, et l'armée française n'en eut à peu près point, ce jour là, tandis qu'elle en avait eu de trop, les jours précédents. » (Colonel Lecomte, t. II, p. 244.)

(1) *La Guerre franco-allemande*, 1re partie, p. 684.

(2) *Ibid.* — « A midi, 54 pièces précédèrent l'infanterie et se laissèrent emporter par leur zèle si loin avant dans le feu le plus efficace de l'artillerie et de l'infanterie de l'adversaire, qu'une batterie fut anéantie par les projectiles ennemis, et que les autres, après avoir tiré deux heures durant, ne pouvaient guère plus être considérées comme étant capables de soutenir la lutte. » (Général de Hohenlohe, *Lettres sur l'artillerie*, p. 38.)

(3) Cet ordre a été donné par le prince à onze heures et demie et est arrivé au général de Manstein vers midi et demi. (*La Guerre franco-allemande*, 1re partie, pp. 667, 685, 686 et supplément n° 23.)

Saint-Privat, essayait de se dégager du côté de Chantrenne pour aller dans la direction de Saint-Ail. C'est pourquoi il établissait le prince de Hesse au nord du bois de la Cusse. Mais il est malaisé de déplacer ainsi le centre d'une action, et, du bois des Génivaux à Amanvillers, Le Bœuf et de Ladmirault l'écrasaient de projectiles. De plus, en raison de la violence de notre tir, son artillerie, si imprudemment engagée, ne peut songer à une retraite qui se changerait immédiatement en débâcle. Il lui faut attendre, sur place, un secours qui lui permette de faire un mouvement. Aussi est-il forcé d'établir cinq batteries hessoises à cheval sur la voie ferrée, à l'est d'Habonville, près du dernier bouquet du bois de la Cusse. Il les fait appuyer par toute la division, à mesure qu'elle arrive sur le champ de bataille.

Le duel d'artillerie commence tout de suite. Le général de Cissey lâche les batteries de Verneville pour répondre à ces nouveaux adversaires, que Canrobert canonne de flanc. Cela donne un certain répit aux malheureuses batteries du IX° corps, et voici que les obus du 6° corps cessent, à leur tour, de pleuvoir sur les Hessois. car la Garde royale entre en action du côté de Saint-Ail et le maréchal est obligé de se mettre en mesure de repousser l'attaque qui se prépare.

En somme, à deux heures, malgré l'arrivée de la Garde royale, la situation est mauvaise pour nos ennemis. Toute l'artillerie du IX° corps, la brigade de Blumenthal et la division hessoise sont à la merci de Ladmirault et de Le Bœuf (1) ; c'est pour-

____

(1) « Il est arrivé, en outre, que de grandes lignes d'artillerie se portassent en avant de leurs corps d'armée tout entiers, non quelquefois sans s'exposer au danger d'une *catastrophe imminente* (IX° corps à Saint-Privat.) » (Général de Hohenlohe, *Lettres sur l'artillerie*, p. 131.)

quoi le général de Manstein, s'attendant avec raison
à une offensive de notre part, s'empresse de
« mettre en état de défense, à toute éventualité,
les bâtiments de Verneville les plus propres à la
résistance, et surtout le cimetière (1) ». Mais nous
ne bougeons toujours pas. Il semble que la fusillade
et la canonnade soient nos seules manières de combattre; nos généraux ont oublié les charges à la
baïonnette de Magenta et de Solférino. « Cependant,
de l'infanterie française était venue peu à peu
s'embusquer en face même de la ligne des batteries,
dans un pli de terrain de la hauteur située à l'est,
et dans la ferme de Champenois. Chaque instant
pouvait amener une catastrophe comme celle que
nous avons déjà décrite (2). »

Seules, des attaques partielles, sans liaison entre
elles, se produisent contre la ligne des pièces allemandes, et ces essais décousus ne laissent pas d'inquiéter l'ennemi (3). Un bataillon du 85e prussien
se jette en avant pour conjurer une de ces tentatives
des Français. Son commandant est mortellement
atteint, et ses soldats fuient en désordre, abandon-

(1) *La Guerre franco-allemande*, 1re partie, pp. 690 et 691. —
« La grande ligne d'artillerie se trouvait déjà presque hors d'état de
combattre et sa situation était devenue excessivement critique. Malgré sa supériorité numérique, l'adversaire s'abstenait de toute attaque
vigoureuse. » (*Ibid.*, p. 692.)

(2) *Ibid.* — Il s'agit de l'enlèvement de la 4e batterie lourde par
des hommes de la division Grenier.

(3) C'étaient « des attaques réciproques nombreuses mais morce-
lées, surtout de la part des Français ». (Colonel Lecomte, t. II, p. 193.)
— « A part quelques pointes d'un ou deux régiments, incohérentes,
plutôt d'élan que de calcul, il n'y eut sur toute la ligne française
que de la défense stricte. » (*Ibid.*, p. 243.) — Malgré leur grande
infériorité numérique (à la fin de la journée), les troupes françaises
eussent remporté d'éclatants succès si elles avaient été mieux commandées. Mais de direction générale, aucune; de mouvements coor-
donnés aucun; de but précis, aucun !... de l'héroïsme individuel et
par groupes, partout, sur tous les coins de l'échiquier de la bataille;
les commandants de corps d'armée affrontent le danger avec un entrain et un grand mépris de la mort, mais à cela se borne, à peu de
chose près, leur rôle. » (Général Deligny, p. 8.)

nant 12 officiers et 400 hommes tués ou blessés (1). Loin de profiter de cette déroute et de s'emparer des canons prussiens ainsi laissés à notre discrétion, nos généraux s'arrêtent, permettant à l'artillerie allemande de quitter une position devenue intenable. La retraite s'opère avec des difficultés inouïes, sous le feu de notre infanterie qui fouette d'une grêle de balles les survivants des batteries. La plupart des caissons et même un canon sont abandonnés sur place; à trois heures, des neuf batteries primitivement en action, il ne reste plus que les trois de droite, du côté de Verneville, qui tiennent afin de couvrir la retraite, afin de nous dissimuler l'étendue de l'échec (2). Mais, nous le répétons, nos généraux demeurent toujours impassibles et immobiles, semblant ne pas se douter du mal qu'ils ont fait à l'ennemi.

La batterie hessoise, qui s'était détachée de la division et était venue se poster sur le mamelon situé à l'est de Verneville, près de Champenois, n'avait pas été plus heureuse. Contrainte d'abord à quitter sa première position, elle s'était « reconstituée et réparée de son mieux, et revenait en ligne avec 5 pièces (3) » et l'ordre de bombarder la ferme de Champenois, que les trois batteries restantes canonnaient déjà. Malgré les pertes essuyées de nouveau par les artilleurs allemands, malgré les pièces mises hors de service, la ferme finit par prendre feu; de gros nuages de fumée noire

____

(1) *La Guerre franco-allemande*, 1re partie, p. 693.

(2) *Ibid.*, pp. 693 à 695. — « Incapable de résister à cette écrasante supériorité, l'artillerie prussienne battait en retraite laissant sur place cinq voitures de munitions et quelques pièces. » (Capitaine Bonnet, t. Ier, p. 141.) — « Tout à l'heure, presque toute l'artillerie de corps du IXe corps d'armée s'est fait horriblement malmener à droite du bois de la Cusse; tâchez, pour votre compte, d'éviter une *catastrophe* comme celle-là. » (Paroles du général de Colomier à Saint-Privat : général de Hohenlohe, *Lettres sur l'artillerie,* p. 290.)

(3) *La Guerre franco-allemande*, 1re partie, p. 695.

s'élèvent bientôt au-dessus des bâtiments. Un bataillon hessois gagne alors la ferme de l'Envie, déjà remplie de Prussiens, et qui brûle, incendiée par nos obus. De là, l'ennemi se précipite sur Champenois, que nous abandonnons avant son arrivée. Il était quatre heures et demie, et le danger commençait à disparaître pour le IXe corps, car les renforts s'approchaient rapidement.

A la droite du général de Manstein, la lutte continuait depuis deux heures de l'après-midi; quelques bataillons tenaient en échec le maréchal Le Bœuf, qui ne jugeait pas à propos de les enlever et restait sur la défensive. En présence de cette attitude résignée, les Prussiens, fort mal à l'aise dans la métairie de Chantrenne, but de nos projectiles, se hasardent à courir sur le bouquet de bois de la Folie gardé par la brigade Clinchant. Fusillés de face et de flanc, ils sont reçus de la belle façon et se retirent à toutes jambes sur la lisière des Génivaux, après « avoir subi des pertes énormes (1) ».

Un autre bataillon passait la Mance et s'engageait sous bois, où il se heurtait à la 2e brigade de la division Nayral. C'est à la baïonnette que nos troupes le rejettent, d'autant plus facilement que le petit nombre des assaillants simplifie singulièrement cette besogne.

(1) *La Guerre franco-allemande*, 1re partie, p. 700. — « La brigade Blumenthal est refoulée avec de dures pertes. » (Colonel Lecomte, t. II, p. 191.) — « La division de Wrangel se maintenait *péniblement* vers la ferme de Chantrenne et dans la partie nord-ouest des Génivaux. » (*Ibid.*, p. 193.) — L'artillerie ennemie canonnait le bois de Chantrenne et nous forçait à nous dissimuler, mais « aussitôt que les tirailleurs allemands essayaient de franchir la prairie qui s'étendait en avant de la forêt, en masquant les batteries, les Français étaient à leur poste et recevaient les assaillants par un feu tellement formidable que, devant lui, l'attaque des meilleures troupes devait forcément échouer. Aussi la forêt ne fut-elle pas enlevée: durant la nuit, les Français l'évacuèrent de leur plein gré. » (Général de Dresky, cité par le général de Hohenlohe, *Lettres sur l'artillerie*, p. 94.)

De Chantrenne au bois des Génivaux, la fusillade fait rage ; les munitions des Prussiens s'épuisent ; leurs hommes tombent les uns après les autres ; le colonel de Brandenstein est tué, le général de Blumenthal est blessé... Montaudon et Nayral ne bougent point ; à l'exemple de Ladmirault, ils ne songent pas à pousser en avant, et pourtant, de ce côté, « un peu après quatre heures, il ne restait plus guère, pour continuer l'action en première ligne, que quatre compagnies (1) » ; et, à cinq heures, la situation n'avait pas changé !

A la gauche du IXe corps, les Hessois combattent toujours dans le bois de la Cusse. Un bataillon de chasseurs parvient même à se maintenir sur le versant nord-est de la croupe où la 4° batterie lourde a été perdue, et, grâce à la prise de Champenois, l'artillerie ennemie regagne ses premières positions et recommence le combat qu'elle soutient depuis plus de cinq heures.

Le général de Manstein se tenait à l'extrême gauche de son corps d'armée, suivant, avec un intérêt bien compréhensible, les progrès de la Garde royale qui allait le dégager. Les cinq batteries hessoises, étagées sur le chemin de fer, en face de la division de Cissey, tiraient sans cesse, en dépit des lourdes pertes qu'elles éprouvaient. Le prince de Hesse cherchait à faire manœuvrer ses troupes

---

(1) *La Guerre franco-allemande*, 1re partie, pp. 700 et 701. — La canonnade avait été « en croissant de part et d'autre jusqu'à 4 heures. Les batteries du général de Puttkamer font de grands dégâts dans les rangs français, mais elles en subissent d'aussi graves. Douze de ses pièces étaient démontées, outre les deux tombées aux mains des Français. (Les Prussiens ont même avoué quinze pièces démontées. Voir le *Rapport du prince Frédéric-Charles*, texte du journal officiel de Berlin, transcrit par le général de Montluisant, p. 137.) L'artillerie de Ladmirault avait perdu beaucoup de monde ; plusieurs pièces étaient démontées. Les munitions commençaient à devenir rares des deux côtés *et surtout du côté du IXe corps.* » (Colonel Lecomte, t. II, p. 192.)

dans le bois de la Cusse, mais il rencontrait des obstacles de toutes sortes ; la voie ferrée, notamment, qui aurait facilité les mouvements, se trouvait encombrée par des voitures renversées et des fils métalliques que les Français avaient tendus. Il fallait se contenter de garder le bois et les batteries en attendant que la Garde apparût à son tour (1).

Mais un grand renfort venait d'arriver au IXe corps. Le prince Frédéric-Charles avait en toute hâte, vers deux heures, donné l'ordre à l'artillerie du IIIe corps de voler à Verneville au secours du général de Manstein. A trois heures et demie, quatre batteries s'établissent entre le château de Verneville et le bois des Génivaux, d'où elles canonnent l'artillerie de Ladmirault, pendant que l'infanterie du IIIe corps se range à deux kilomètres au sud-ouest de Verneville. On sait en quel piteux état la bataille de l'avant-veille avait mis les soldats du comte d'Alvensleben II. Frédéric-Charles n'ose pas leur imposer de nouveaux sacrifices et se contente de les maintenir comme réserve suprême.

Quoi qu'il en soit, nonobstant les pertes subies et les pièces démontées (2), à cinq heures du soir, treize batteries allemandes entretiennent le feu, du sud-est du bois de la Cusse au bois des Génivaux ; à la même heure, cinq batteries hessoises et une batterie de corps tonnent en avant d'Habonville. C'est donc 109 pièces qui couvrent le IXe corps, lui permettant enfin de respirer et de se consolider à Chantrenne, à l'Envie, à Champenois et dans la partie nord-est du bois de la Cusse. « En réalité,

____

(1) « Pendant toute l'après-midi, les Français criblèrent le bois de la Cusse avec leurs mitrailleuses et leur mousqueterie ; les troupes qui y combattaient éprouvaient des pertes cruelles. » (*Rapport du prince Frédéric-Charles*, cité par le général de Montluisant, p, 137.)

(2) « Les 2e, 3e et 4° lourdes ne reparaissaient plus sur le champ de bataille. » (Capitaine Bonnet, t. Ier, p. 142.)

les Allemands du IXe corps sont tenus en échec et ne doivent qu'à leur puissante artillerie de pouvoir se maintenir dans leurs positions (1). »

II. — *Prise de Sainte-Marie-aux-Chênes par l'aile gauche de l'armée allemande.*

Le prince Frédéric-Charles avait assisté du haut d'une colline, près d'Habonville, aux combats que venait de livrer le IXe corps. Il avait eu les mêmes inquiétudes que le général de Manstein et avait, en fait, dirigé la bataille. Vers une heure trois quarts, il recevait de M. de Moltke l'ordre suivant, qui montre bien que le grand état-major ne se doutait pas de la situation : « Le IXe corps a déjà engagé la canonnade en avant du bois de Doseuillons. L'attaque *générale* et à fond ne doit avoir lieu *sur toute la ligne* (*sic*) que quand on sera en mesure de lancer des forces imposantes sur Amanvillers (2). » Or, ce n'était pas Amanvillers qui formait notre extrême droite, ce n'était même pas Saint-Privat, c'était Roncourt. Le commandant de la IIe armée, qui savait, à cette heure, à quoi s'en tenir, ne pouvait donc exécuter les ordres du roi. Il prit la résolution de faire attaquer Saint-Privat par la Garde et Roncourt par les Saxons ; mais, avant, il fallait enlever Sainte-Marie.

La Garde était arrivée petit à petit au nord d'Habonville. « A une heure, elle tirait son premier coup de canon (3), » et non à onze heures et demie, comme le dit le maréchal Canrobert (4). L'artillerie dont pouvait disposer le 6e corps ripos-

(1) Commandant Canonge, t. II, p. 136.
(2) *La Guerre franco-allemande*, 1re partie, p. 709.
(3) *Ibid.*, p. 711.
(4) *Procès Bazaine*, déposition du maréchal Canrobert, p. 224.

tait sans désemparer et forçait les batteries ennemies à « chercher une position plus avantageuse (1). »
Neuf batteries allemandes, comptant 54 pièces, s'installent dans le triangle formé par Habonville, Saint-
Ail et Batilly, avec leur droite à ce premier village
et leur gauche à peu près à égale distance des deux
autres. Et le feu recommence. Mais nos tirailleurs
ne chôment point : de Sainte-Marie et des alentours
de Saint-Ail, ils fusillent sans relâche les artilleurs
ennemis. Aussi le premier soin du général de Pape,
commandant la 1re division de la Garde, est-il de
s'emparer de Saint-Ail pour s'abriter de nos balles.
Vaines précautions ; les chassepots frappent toujours les Allemands, tandis que nos soldats « savent
fort bien se mettre hors de la portée du fusil à ai-
guille (2). » La prise de Sainte-Marie s'imposait de
plus en plus.

Le colonel de Geslin, à la tête du 94e de ligne, de
la division Lafont de Villiers, occupait le village.
C'était une forte position, composée de bâtiments
bien groupés, entourés d'une ceinture de haies et
de murs qui la rendait plus redoutable encore. Par
malheur, le colonel n'avait rien fait pour la rendre
imprenable ; pas d'épaulements, pas de meurtrières ;
« il avait même négligé d'en barricader les en-
trées (3) ! » Une batterie, établie à l'est, appuyait
les défenseurs, et nos pièces de Saint-Privat net-
toyaient le terrain entre Saint-Ail et Sainte-Marie.

Le prince Auguste de Wurtemberg, commandant
de la Garde royale, décide le bombardement du
village. A trois heures de l'après-midi, quatorze
batteries prussiennes et saxonnes, échelonnées à la
gauche de Saint-Ail, tonnaient contre Sainte-Marie.

(1) *La Guerre franco-allemande*, 1re partie, p. 711.
(2) *Ibid.*, p. 715.
(3) *Ibid.*, p. 717.

Bientôt, les divisions de **Pape** (Garde) et de Nehrhoff (saxonne) s'élancent sur le 94ᵉ de ligne (1). Une fusillade meurtrière les accueille; mais que pouvait faire un régiment devant cette nuée d'assaillants? Les Allemands pénètrent par les rues ouvertes et nous refoulent du côté de Saint-Privat. L'imprévoyance de nos généraux avait, une fois de plus, facilité le succès de l'ennemi. A trois heures et demie, les officiers prussiens et saxons tâchaient de remettre de l'ordre dans les rangs confondus par la lutte et leurs soldats fortifiaient Sainte-Marie (2), sans que l'artillerie française profitât de l'occasion pour bombarder ce village, où 15 bataillons étaient concentrés et s'agitaient dans le plus grand désordre. Hélas! nos obus ne tombent pas au milieu de cette masse d'Allemands et s'en prennent naïvement aux batteries de la Garde (3).

Cependant, « dès trois heures de l'après-midi, trois corps ennemis, d'un effectif d'environ 75,000 hommes, avec 240 bouches à feu, serraient le corps Canrobert, d'environ 35,000 hommes avec 102 pièces, et attendaient pour se jeter sur la droite française le signal qui devait être donné par l'attaque saxonne de l'extrême gauche (4). »

Le prince de Hohenlohe, commandant de l'artillerie de la Garde, plus prudent qu'on ne l'avait été au IXᵉ corps, n'avait ordonné la marche en avant de ses batteries qu'au fur et à mesure des progrès effectués par l'infanterie. Par suite de la prise de Saint-Ail et de Sainte-Marie, rien ne s'opposait à l'établissement des pièces sur les hauteurs orien-

<hr>

(1) *La Guerre franco-allemande*, 1ʳᵉ partie, p. 723. — « L'enlèvement de Sainte-Marie-aux-Chênes fut préparé par le feu de 86 pièces. » (Général de Hohenlohe, *Lettres sur l'artillerie*, p. 73.)
(2) *La Guerre franco-allemande*, 1ʳᵉ partie, p. 725.
(3) Capitaine Bonnet, t. Iᵉʳ, pp. 143 et 144.
(4) Colonel Lecomte, t. II, p. 189.

tales de Saint-Ail; aux coups de quatre heures, elles entamaient de nouveau le feu contre nos batteries de Saint-Privat (1).

Le maréchal Canrobert veut essayer d'un retour offensif et, de quatre heures à quatre heures et demie, le fait suivre de plusieurs autres tentatives ; mais, gêné dans ses mouvements par le petit nombre de combattants dont il dispose et par l'infériorité de son artillerie, battu en écharpe par le feu des batteries ennemies, ses efforts demeurent infructueux et il est contraint de laisser leur conquête à la Garde et aux Saxons, après avoir tué le colonel d'Erckert, qui défendait les premières maisons de Sainte-Marie. A partir de ce moment, la lutte s'arrêtait de ce côté comme du côté de Verneville, et l'artillerie envoyait seule de temps en temps quelques bordées inoffensives (2).

A l'heure où l'on se battait ainsi à Sainte-Marie et entre Saint-Ail et Saint-Privat, une partie des Saxons se portait vers Roncourt, où le général Péchot les recevait si bien qu'ils ne tardaient pas à prendre la fuite et à se cacher dans le bouquet de bois qui pousse à mi-chemin de Sainte-Marie et de Montois. Le général de Nehrhoff, préoccupé de cet engagement, enjoignait à ses troupes de rallier le gros de la division à Sainte-Marie, et ce fut seulement à cinq heures que cette retraite put s'achever (3).

Le prince royal de Saxe assistait à tous ces combats. Il crut que nous occupions en forces non seulement Roncourt, mais encore Montois. Le prince Georges de Saxe, commandant la XXIII° division,

<hr>

(1) *La Guerre franco-allemande*, 1ʳᵉ partie, p. 726. — Le prince dirigeait déjà l'artillerie de la Garde à la bataille de Sadowa. (Colonel Lecomte, t. II, p. 186.)

(2) *La Guerre franco-allemande*, 1ʳᵉ partie, p. 726.

(3) *Ibid.*, p. 730.

qui avait la mission de marcher d'Auboué sur Roncourt, n'allait donc pas se trouver en présence de notre extrême droite. Le prince royal détache alors la brigade de Schultz de la XXIVe division et l'envoie au prince Georges avec ordre de tourner Montois (1). Le colonel de Schultz se met en mesure de rejoindre la XXIIIe division. Celle-ci avait marché et, à quatre heures, la brigade de Craushaar entrait à Auboué. Le bois qui se trouve à l'est de ce village est « formé d'epais taillis semblables à des fourrés de broussailles (2). » Quelques tirailleurs français étaient embusqués dans la portion orientale de ce bois. Dès qu'ils aperçoivent les Saxons, empêtrés par les ronces et les lianes, les coups de chassepot se succèdent à l'envi. Tirant à leur aise, bien abrités, nos soldats ne se retirent que pied à pied, et les bataillons allemands ne parviennent à la lisière des fourrés qu'après avoir été « fort éprouvés (3) ».

En somme, vers cinq heures, les Saxons et la Garde s'étendaient du bois d'Auboué à celui de la Cusse en passant par Sainte-Marie. Les débris de Rezonville, qui formaient le Xe corps, avaient atteint Batilly et s'y tenaient cachés, en réserve, aux côtés de la Ve division de cavalerie (4). Mais, à cette heure, comme nous l'avons déjà dit, l'épuisement des deux parties entraînait « une suspension générale de la lutte (5) » soutenue par le prince Frédéric-Charles.

Racontons maintenant les faits et gestes de la Ire armée et la vaillante résistance que lui opposèrent Le Bœuf et Frossard.

(1) *La Guerre franco-allemande*, 1re partie, pp. 729 et 731.
(2) *Ibid.*, p. 732.
(3) *Ibid.*, p. 733.
(4) *Ibid.*, p. 739.
(5) *Ibid.*, p. 738.

III. — *Attaque de la Ire armée. — Perte de Saint-Hubert.*

On se rappelle que les troupes de la Ire armée, placées à Rezonville, étaient le pivot de la grande conversion exécutée par la IIe armée. Elles n'avaient qu'à marquer le pas ou à s'avancer légèrement du côté des Français, pendant que Frédéric-Charles faisait décrire à ses différents corps les courbes plus ou moins longues qui devaient les amener à attaquer et à tourner notre centre et notre droite.

En raison de cette mission, le général de Steinmetz, entendant la canonnade du IXe corps, fait occuper Gravelotte par le VIIIe (général de Gœben) vers midi et demi. A la même heure, l'artillerie de la XIVe division du VIIe corps (général de Zastrow) commençait, au sud de Gravelotte, la lutte avec nos batteries du Point-du-Jour. Mais son commandant est bientôt obligé de faire donner l'artillerie de la XIIIe division, afin de permettre de résister à « l'évidente supériorité numérique (1) » de notre canon.

A trois heures, le général de Steinmetz recevait de M. de Moltke l'ordre de rester dans l'expectative. « Le combat partiel que l'on entend en ce moment en avant de Verneville *n'exige pas* que la Ire armée s'engage tout entière. Elle évitera de montrer des forces considérables et se bornera, le cas échéant, à faire agir son artillerie pour préparer *l'attaque ultérieure* (2). » Ainsi, à l'instant où le IXe corps était écrasé, où la Garde et les Saxons allaient à leur

---

(1) *La Guerre franco-allemande*, 1re partie, p. 741. — Les batteries françaises du Point-du-Jour « ripostent si bien que le général de Gœben doit renforcer les batteries de la XIVe division et celles du corps et que le général de Steinmetz appelle aussi en ligne les batteries de la XIIIe division (Glümer) vers celles de la division Kameke. » (Colonel Lecomte, t. II, p. 195.)

(2) *La Guerre franco-allemande*, 1re partie, pp. 668 et 741.

tour être anéantis si la Garde impériale appuyait Canrobert, comme c'était indiqué, M. de Moltke prescrivait à son lieutenant de ne pas bouger, c'est-à-dire de laisser consommer l'écrasement du centre et de la gauche de l'armée allemande (1)! Qu'on ne vienne plus vanter, après cette grossière erreur de tactique, l'excellence de l'état-major prussien et l'impeccable habileté de M. de Moltke. Ne nous lassons pas de le répéter : le général en chef français à Amanvillers, et c'en était fait des armées du roi Guillaume !

Aussi bien, Steinmetz ne se conformait qu'en partie à ces prescriptions. Depuis une heure de l'après-midi, les artilleurs du VIII° corps, installés au nord de Gravelotte, avaient dirigé leurs feux sur la ferme de Moscou et les environs, protégés par des tirailleurs qui faisaient le coup de fusil en avant des batteries. C'étaient donc, en réalité, si l'on compte l'artillerie du VIII° corps et celle de la 1re division de cavalerie, 108 pièces qui tiraient contre notre gauche (2), et *préparaient l'attaque ultérieure*. Mais le général de Steinmetz n'avait pas su, conformément aux instructions de M. de Moltke, retenir longtemps ses soldats qui, dès une heure et demie,

(1) « Cet avis, qui n'avait pu prévoir les sérieux combats engagés depuis midi devant Verneville (pourquoi, puisqu'il était trois heures ?) arrivait heureusement trop tard (pour les Prussiens). Le furieux feu qui grondait de ce côté l'annulait, de reste, et, à moins de laisser le IX° corps seul aux prises contre des forces supérieures, il fallait bien que la 1re armée intervînt. » (Colonel Lecomte, t. II, p. 196.)

(2) *La Guerre franco-allemande*, 1re partie, p. 747. — Ces batteries étaient alignées derrière la ferme de Megador, transformée en ambulance et sur laquelle flottait le drapeau blanc à croix rouge. C'était vouloir faire bombarder l'ambulance ou profiter de la situation pour pouvoir tirer sans crainte de riposte contre les batteries françaises. Nos artilleurs n'avaient pas à hésiter : ils ne pouvaient que viser les canons prussiens sans se laisser arrêter par le drapeau de Genève qui, dans l'espèce, protégeait non des blessés, mais des combattants. Malheureusement, plusieurs de nos obus manquèrent le but et incendièrent la ferme, où un grand nombre de soldats français péri-

bataillaient avec Le Bœuf et Frossard (1). Cela se comprend de reste, car il est bien difficile, quand le canon tonne, quand les adversaires sont à quelques pas les uns des autres, de garder une expectative énervante. En dépit des intentions du général en chef, la conflagration s'était déjà produite : on ne met pas en face l'une de l'autre deux électricités aussi contraires sans que le coup de tonnerre se fasse bientôt entendre. Rapportons ces premiers engagements.

À une heure de relevée, des troupes de la brigade de Wedell (VIII° corps) avaient gagné les fourrés, chassant devant elles les rares sentinelles qui gardaient les sentiers. Les Prussiens traversent aisément le ravin de la Mance et remontent l'escarpement opposé. Ils arrivent alors à la lisière du bois et se trouvent en face de nos chassepots et de nos canons. De terribles décharges les accueillent; « le major de Reinhard est mortellement blessé; une grande partie des officiers et des soldats tombent à ses côtés (2); » et les débris du bataillon s'empressent de se jeter, pour s'abriter de la fusillade, dans un trou à gravier creusé en avant de Saint-Hubert. Nos généraux ont le tort de ne pas les écraser jusqu'au dernier; nous les verrons sortir de leur terrier quand les renforts prussiens attaqueront Saint-Hubert.

En face du Point-du-Jour, d'autres troupes alle-

rent au milieu des flammes. Mais les Prussiens sont seuls responsables de cette abominable tragédie, car le premier devoir d'un homme de cœur est de ne pas abriter une batterie derrière un hôpital. (Voir : *la Guerre franco-allemande*, 1re partie, p. 748, note, et le croquis de la même page.) — « L'assaillant ne trouve, au début du combat, qu'une seule position d'artillerie sur la crête des hauteurs près de Gravelotte. » (Major Meckel, p. 221.)

(1) « Les attaques sur le front devinrent bien vite plus sérieuses qu'on ne l'avait voulu. » (Commandant von der Goltz, *La Nation armée*, p. 116.)

(2) *La Guerre franco-allemande*, 1re partie, p. 750.

mandes prenaient possession du bois, mais ne pouvaient en dépasser la lisière, contenues par le 76ᵉ de ligne et le 3ᵉ chasseurs à pied (division Vergé). « Nos feux de mousqueterie et celui des mitrailleuses avaient arrêté les colonnes ennemies, les avaient écrasées et rejetées dans le ravin, nonobstant la violente canonnade qui avait protégé leur mouvement offensif. La batterie de mitrailleuses du capitaine Dupré, postée un peu trop en avant sur la route, avait perdu en quelques minutes un grand nombre de canonniers et de chevaux. Un bataillon du 23ᵉ et le 12ᵉ chasseurs, qui l'appuyaient, avaient aidé le commandant de cette batterie à se dégager et à ramener ses pièces (1). »

Au même moment, la brigade de Strubberg (VIIIᵉ corps) s'emparait péniblement du versant ouest des taillis situés au nord de la grande route; mais des coups de fusil partent du bois des Génivaux et de la pente orientale du ravin, et font éprouver aux Allemands des pertes sérieuses. Néanmoins, ils emportent le versant opposé et apparaissent sur le côté est du bois. Là, comme sur les autres points, s'arrêtent les progrès de l'ennemi : Moscou le crible de balles. Il est deux heures trois quarts (2).

Malheureusement, le déplorable système qui consistait à ne risquer aucune offensive encourageait les Prussiens à toutes les audaces. Il est vrai qu'une formidable artillerie protège l'infanterie adverse et explique, de notre part, une certaine circonspection. En effet, entre deux et trois heures, vingt-deux batteries des VIIIᵉ et VIIᵉ corps et de la Iʳᵉ division de cavalerie se sont portées, grâce au mouvement de l'infanterie du VIIIᵉ corps qui a refoulé nos tirailleurs, en avant de Mogador et de Gravelotte (3),

<hr>

(1) Général Frossard, p. 108.
(2) *La Guerre franco-allemande*, 1ʳᵉ partie, p. 754.
(3) *Ibid.*, pp. 758 et 762. Voir les croquis de ces deux pages.

d'où elles tirent sans relâche, « prenant quelque ascendant sur notre artillerie (1). » Nos braves canonniers se servent avec une admirable habileté de leurs vieilles pièces rayées et suppléent, par leur sang-froid, à l'infériorité de leurs bouches à feu ; mais plusieurs affûts sont démolis, notre tir diminue d'intensité et les Allemands en profitent pour canonner à outrance nos réserves, heureusement abritées, et la ferme du Point-du-Jour, que les flammes dévorent rapidement et « dont nous sommes obligés d'évacuer les bâtiments (2). »

Quoi qu'il en soit, nous conservons la défensive et l'ennemi ne lâche pas pied. Malgré les projectiles qui sillonnent les abords de Saint-Hubert, des compagnies prussiennes se blottissent dans les plis de terrain au nord de cette ferme, de sorte qu'elle est pour ainsi dire investie : au sud par les survivants du bataillon caché dans le trou à gravier, à l'ouest et au nord par les fantassins de la brigade Strubberg. Il sera commode, tout à l'heure, de partir de ces positions pour bondir sur la ferme, quand les impatiences du général de Steinmetz lui feront enfreindre les ordres du roi.

Afin de terminer l'exposé des mouvements offensifs préliminaires de la Ire armée, disons qu'un ré-

_____

(1) Général Frossard, p. 108.

(2) *La Guerre franco-allemande*, 1re partie, p. 763. — « Les maisons du Point-du-Jour, qui servirent de but toute la journée, à l'artillerie ennemie, furent promptement détruites et rendues impropres à un abri. Elles prirent feu vers midi, le soir à sept heures elles fumaient et brûlaient encore. Notre artillerie s'était portée un peu à droite et à gauche des jardins ; le 3° bataillon de chasseurs à pied en partie en avant, en partie à l'appui des pièces. Le Point-du-Jour était évacué. N'importe, il recevait la masse des projectiles ennemis étant seul en vue ; il servait de direction, de but au pointage, il fut par cela seul de la plus grande utilité à la défense. Notre artillerie y avait beaucoup souffert ; néanmoins son feu n'était pas éteint. Elle répondait peu à l'ennemi, se réservant pour les assauts. » (*Saint-Privat*, par le général de Waldner, *Spectateur militaire*, n° du 1er septembre 1886, pp. 377 et 378.)

giment de la brigade de Wedell était parvenu à se loger dans une autre excavation se trouvant à deux ou trois cents pas de la lisière du bois, en face du Point-du-Jour. Aux environs de trois heures, le VIII° corps s'étendait donc de cette excavation au saillant sud des Génivaux, abrité, tant bien que mal, derrière les fourrés du bois de Vaux et les dépressions que le terrain pouvait offrir, ce qui ne l'empêchait pas « d'être ravagé par le feu de l'adversaire (1). »

L'infanterie du VII° corps s'était plus exactement conformée aux ordres du grand quartier général et ne s'était guère hasardée en dehors du bois de Vaux, en face de Rozérieulles et de Sainte-Ruffine (2). Vers quatre heures, le colonel Frankenberg essaie une attaque contre le Point-du-Jour. Le général Vergé et le colonel de Waldner, du 55° de ligne, voient venir l'ennemi et, quand ils le jugent à bonne portée, le reçoivent par un feu foudroyant (3). Quelques bataillons parviennent à occuper une éminence près de Jussy. De là, une batterie canonne Sainte-Ruffine. Le général de Lapasset, soutenu par une batterie de la Garde et par nos pièces de Rozérieulles, force bientôt l'ennemi à se retirer (4). La brigade de Goltz s'installe entre Jussy et Vaux et va entretenir, de cet emplacement, contre notre gauche, jusqu'à la fin de la journée, une fusillade et une canonnade insignifiantes.

---

(1) *La Guerre franco-allemande*, 1re partie, p. 757.
(2) *Ibid.*, p. 763.
(3) Colonel Lecomte, t. II, p. 209. — Lorsque les XXV° et XXVIII° brigades d'infanterie débouchèrent du bois de Vaux, elles furent accueillies par un feu si violent des embuscades françaises du Point-du-Jour, qu'elles durent rétrograder et chercher un abri dans le bois... Trois batteries et le 4° régiment de uhlans furent également maltraités par le feu de l'infanterie française et des mitrailleuses. » (Rüstow, t. Ier, p. 279.)
(4) Général Frossard, p. 109.

Mais revenons à Gravelotte. Dès que l'artillerie établie près de ce village s'était sentie plus à l'abri de nos projectiles, son premier soin avait été de bombarder Saint-Hubert, et une véritable pluie d'obus était tombée sur la malheureuse ferme. Saint-Hubert se composait d'une grande maison d'habitation à deux étages, bâtie sur le bord de la route de Verdun, et de deux bâtiments plus petits servant de communs. Un grand jardin, clos de murs, attenait aux constructions. Les bâtiments avaient été préparés pour la résistance; mais on avait oublié de fermer les ouvertures de la maison donnant sur la route.

Lorsque les Allemands supposent que le feu de leurs batteries a jeté le trouble parmi les défenseurs de Saint-Hubert, ils lancent à l'attaque toutes les troupes que nous avons vues blotties autour de la ferme. Trois heures sonnaient. Le 80ᵉ de ligne reçoit les assaillants par une volée de balles; les Prussiens tombent en tas; « le court chemin qu'ils ont à parcourir est jonché, en quelques minutes, de blessés et de mourants; un seul bataillon perd 16 officiers (1) ; » mais les survivants de cette noire fourmilière entourent les bâtiments et le jardin et, profitant de la négligence de nos généraux, s'introduisent dans la maison par les ouvertures de la route. Un combat acharné s'engage aux environs et à l'intérieur de ce pâté de maisons. Un bataillon du 80ᵉ repousse d'abord la masse assaillante, la baïonnette accomplit sa sanglante besogne, les soldats des deux nations luttent pied à pied, corps à corps ; mais aucun renfort n'est envoyé à nos troupiers et nous devons abandonner la place. La retraite s'effectue par le jardin, dans le mur duquel

____

(1) Capitaine Bonnet, t. Iᵉʳ, p. 146.

une brèche a été pratiquée afin de faciliter notre mouvement en arrière.

A peine maîtres de Saint-Hubert, les Prussiens s'y installent solidement et se disposent à en faire le point d'appui de leurs attaques contre notre ligne.

A droite et à gauche de la ferme ainsi enlevée, les Allemands n'avaient pas vu leurs efforts couronnés d'un pareil succès. Leurs tentatives sur le Point-du-Jour et sur Moscou avaient entraîné pour eux des pertes terribles; toutes leurs troupes avaient été « refoulées par un feu écrasant (1) ». Il devenait impossible de sortir du bois sans être immédiatement sous les coups de nos chassepots, et les pertes augmentaient de minute en minute. Aussi, « convaincus, à la suite de toutes ces tentatives, de l'impossibilité momentanée de pousser plus loin dans la direction de l'est, les corps de la XVe division se bornaient, à partir de trois heures et demie, à maintenir opiniâtrement le terrain déjà conquis (2). » Au reste, c'était un glorieux succès, pour la division prussienne, que de paralyser ainsi les 2e et 3e corps français; paralysie volontaire de notre part, mais, enfin, paralysie réelle. Et pourtant, là, comme à Forbach, comme à Borny, comme à Rezonville, comme plusieurs fois dans la journée dont nous racontons les sanglantes péripéties, une offensive simultanée et énergique aurait sûrement brisé les résistances allemandes. Nos ennemis en conviennent eux-mêmes : « Dans les luttes qu'elle venait de soutenir, la XVe division avait dû faire œuvre de

____

(1) *La Guerre franco-allemande*, 1re partie, p. 767. — Colonel Lecomte, t. II, p. 200.

(2) *La Guerre franco-allemande*, 1re partie, p. 768. — « En même temps, diverses attaques avaient lieu à droite et à gauche de la ferme. Les unes avaient le Point-du-Jour, les autres Moscou pour objectif. Mais toutes ces attaques, bien que vigoureusement exécutées, étaient repoussées avec des pertes cruelles. » (Capitaine Bonnet, t. Ier, p. 147.)

toutes ses forces dans la plus extrême limite et presque jusqu'à complet épuisement; ses bataillons, cruellement éprouvés, avaient la moitié de leurs officiers tués ou blessés. En outre, il n'avait pas été toujours possible de conserver une ligne de bataille continue et de maintenir rigoureusement la liaison entre les divers groupes tactiques. Postée dans la zone immédiate des feux de la défense, la division se trouvait dans une situation déjà très pénible par elle-même, mais que chaque instant pouvait *aggraver encore, si l'adversaire, profitant de sa supériorité numérique, venait à tenter un vigoureux retour offensif* (1). »

Éternel refrain de cette lamentable épopée : nous sommes obligé de répéter de nouveau, de répéter toujours : nos généraux ne songèrent pas à se porter en avant, et le commandant en chef, absent, ne donna pas l'ordre qui aurait sauvé l'armée et la France (2)!

Le général de Gœben ne jugea pas prudent de laisser plus longtemps le général de Weltzien sous le coup d'une offensive, tellement bien indiquée par les circonstances qu'il fallait s'attendre, de moment en moment, à la voir se prononcer. C'est pourquoi, un peu après trois heures, la brigade du général de Gneisenau (XVI⁰ division), est envoyée à l'aide du

---

(1) *La Guerre franco-allemande*, 1ʳᵉ partie, p. 769.

(2) « Le maréchal Le Bœuf est là, exposé aux obus qui tombent nombreux ; mais c'est à cela que se borne son rôle. Il était là à deux heures, il y est à cinq, il y sera à sept; quant à s'enquérir de ce qui se passe, quant à suivre les phases du combat, pour tirer parti des incidents qui peuvent se présenter, il ne semble pas qu'il s'en occupe. » (*Trois mois à l'armée de Metz*, p. 92.) — « En ce moment, vers trois heures, l'avantage était encore du côté de nos armes. L'ennemi avait remporté deux succès : il venait d'enlever Sainte-Marie à notre droite et Saint-Hubert à notre gauche. Mais ce n'étaient là que des avant-postes, importants sans doute, mais qui ne compromettaient pas notre ligne de bataille. La Garde et les Saxons n'étaient pas en ligne, le IX⁰ corps était repoussé et son artillerie réduite à l'impuissance. Entre le IX⁰ corps et le VIII⁰ existait, en

général de Weltzien, dans la direction de Moscou.

Mais nous continuons à demeurer inertes, cachés derrière nos tranchées-abris. Cette faiblesse apparente enhardit le bouillant Steinmetz et le décide, vers quatre heures, à tenter une offensive générale. Il fait porter en avant sa cavalerie, son artillerie et son infanterie, et « au moment où, du côté des Prussiens, chefs et soldats se prenaient déjà à croire qu'il ne s'agissait que d'un dernier effort contre un adversaire en retraite, l'attaque commencée se heurtait à une résistance aussi vigoureuse qu'inattendue (1) ». En effet, à peine nos artilleurs se sont-ils aperçus de la mise en marche des batteries allemandes que nos pièces, un instant muettes, se remettent à tonner formidablement. Au bout de quelques minutes, deux batteries ennemies sont « dans une situation désespérée (2) ; » les autres sont déchiquetées par les balles de nos chassepots ; une d'elles compte 37 hommes et 75 chevaux hors de combat (3).

Là cavalerie n'avait pas été mieux accueillie. Les pelotons de uhlans, rompus par notre feu, se hâ-

---

face à peu près de Moscou, une large trouée dont un général habile eût su profiter. Bien des attaques partielles, conduites par des chefs résolus, avaient lieu sur ce point, dont la faiblesse était visible pour eux ; mais on ne pouvait espérer aucun succès de ces attaques partielles. Il aurait fallu une poussée vigoureuse de toutes nos troupes sur ce point faible de la ligne ennemie. Notre aile gauche pouvait être considérée comme invulnérable ; notre aile droite, moins bien placée, pouvait toujours, quoi qu'il arrivât, se replier sur Metz et sa retraite ne pouvait être sérieusement compromise. Une attaque sur le centre ennemi avait toute chance de succès ; mais le maréchal Bazaine ne pouvait s'en apercevoir. Il n'avait pas encore paru sur ce champ de bataille qui décidait de nos destinées... et disait que l'engagement dont il entendait le bruit de Plappeville ne pouvait être que peu de chose. » (Capitaine Bonnet, t. Ier, pp. 147 et 148.)

(1) *La Guerre franco-allemande*, 1re partie, p. 774.

(2) *Ibid.*, p. 776. — Les batteries allemandes « sont écrasées de projectiles... Les pièces n'arrivent pas à pouvoir se placer. » (Colonel Lecomte, t. II, p. 207.)

(3) *Ibid.*

tèrent de se replier sur Gravelotte et le moulin de la Mance. La Ire division de cavalerie tout entière suivait bientôt l'exemple des uhlans : à quatre heures et demie elle reprenait ses positions antérieures, entre Gravelotte et la Malmaison (1). Ces mouvements rétrogrades ne se produisaient pas sans exercer une certaine influence sur la lutte soutenue par l'infanterie (2). » La vaillante XVe division commence à plier ; les balles françaises frappent maintenant l'état-major de Steinmetz, qui voit tomber à ses côtés les officiers attachés à sa personne (3). La confusion est si grande, que les Prussiens tirent les uns sur les autres : les troupes du VIIe corps fusillent celles du VIIIe qui occupent Saint-Hubert (4) ; les brigades Jolivet et Valazé sortent de leurs abris et refoulent l'ennemi (5) : il semble que les Français vont enfin se porter en avant et profiter de la déroute pe l'artillerie, de la cavalerie, de l'infanterie adverses ! Non ! Frossard et Le Bœuf se contentent d'esquisser une attaque et, un peu avant cinq heures, nous étions de nouveau blottis derrière nos redoutables épaulements.

---

(1) *La Guerre franco-allemande*, 1re partie, p. 778. — « La cavalerie, qui s'avance à son tour, est plus maltraitée encore. » (Colonel Lecomte, t. II, p. 208.) — « Le général Steinmetz donne à la Ire division de cavalerie l'ordre vraiment incroyable de monter sur le plateau. Le 4e uhlans se déploie à droite de la route ; mais il est criblé, perd un grand nombre d'hommes et se replie en toute hâte sur le bois de Vaux. » (Le Faure, t. Ier, p. 220.)

(2) *La Guerre franco-allemande*, 1re partie, p. 778.

(3) *Ibid.*, p. 779. — « Les Français sortent de leurs retranchements et bientôt les carrières autour de Saint-Hubert sont presque évacuées. Les fuyards, les troupes qui se replient, celles qui avancent, encombrent l'unique chaussée de Gravelotte. Les balles pleuvent autour du général de Steinmetz et plusieurs officiers sont frappés à ses côtés. » (Capitaine Bonnet, t. Ier, p. 149.)

(4) Colonel Lecomte, t. II, pp. 209 et 210.— Le Faure, t. Ier, p. 220.

(5) « De deux heures à cinq heures, nous eûmes à supporter cinq assauts successifs, se produisant dans les mêmes conditions avec les mêmes résultats. La chaîne des tirailleurs prussiens se formait suffisamment compacte, à la lisière des bois de la Mance. Les réserves,

Aussi bien, il était déjà tard, car les renforts arrivaient aux Prussiens. Là, comme devant le IXe corps, nos généraux n'avaient pas su saisir l'instant favorable, et, maintenant, les chances étaient moindres pour nous. Cependant, il n'y avait pas à hésiter ; au premier échec de l'ennemi, il fallait absolument pousser droit devant soi. On resta immobile.

Sur ces entrefaites, le roi Guillaume et M. de Moltke étaient arrivés sur le champ de bataille, alléchés par les rapports triomphants que leur adressait le commandant de la Ire armée (1). Il était alors cinq heures moins le quart. On comprend quel dut être le désappointement de ces hauts personnages à la constatation de la situation véritable. Une cavalerie en retraite, des batteries démontées, une infanterie à moitié détruite ! Mais le propre des officiers prussiens est la persévérance. On leur laissa le temps de se reconnaître : ils en profitèrent

des compagnies avaient pu entrer en ligne, presque sans danger, à l'abri sous bois. La lisière des bois de la Mance est à trois cents mètres environ des bords extérieurs de la Sablière. Cette chaîne compacte de tirailleurs pouvait bien avoir un kilomètre de front. A un signal donné, elle se mettait en marche simultanément. Alors, de notre côté, le feu devenait précipité, plus violent. Dans les parties masquées par la Sablière aux vues des fossés de la route, cette chaîne arrivait à couronner presque la Sablière. Les plus audacieux s'y précipitaient, mais la masse, subitement arrêtée par un fossé imprévu, hésitait, presque toutes nos balles portaient de cinquante à quatre-vingts mètres de distance. L'ennemi rentrait précipitamment sous bois, après avoir subi des pertes sensibles. Les hommes qui s'étaient jetés dans la Sablière ne pouvaient plus en sortir pour suivre le mouvement de recul qui avait entraîné toute la ligne ennemie. A ce moment, nos réserves se précipitaient en avant, ramassaient dans la Sablière les Prussiens qui n'avaient pu s'en échapper, y étant retenus comme dans une souricière. » (*Saint-Privat*, par le général de Waldner ; *Spectateur militaire*, n° du 1er septembre 1886, p. 378.)

(1) « Le roi de Prusse arrivait, sur l'invitation du général de Steinmetz, croyant venir assister au dénouement de l'affaire..... Le général avait prévenu le roi que la bataille était en bonne voie et que le dénouement allait probablement se produire de ce côté. » (Capitaine Bonnet, t. Ier, p. 149.)

merveilleusement. Nous verrons bientôt au prix de quels efforts et de quels sacrifices, grâce à quelle impéritie et à quel crime.

NOUVELLE ATTAQUE DE LA Ire ARMÉE. — PANIQUE DES PRUSSIENS. — TENTATIVES DIVERSES DE LA GARDE ET DU IXe CORPS CONTRE AMANVILLERS ET LA FOLIE. — PREMIÈRE ATTAQUE DE SAINT-PRIVAT. — MASSACRE DE LA GARDE. — PRISE DE RONCOURT ET DE SAINT-PRIVAT.

De cinq heures à la fin de la journée.

I. — *Nouvelle attaque de la Ire armée. — Panique des Prussiens.*

Quand, à six heures du soir, le général de Steinmetz vit apparaître les troupes du IIe corps (de Fransecki), il perdit de plus en plus la juste appréciation des choses. Enervé par son inaction forcée de la matinée, surexcité par la présence du roi auquel il aurait voulu donner le spectacle d'une grande victoire, il répondit de terminer l'affaire par un coup de force et obtint de M. de Moltke l'autorisation de jeter tous ses combattants disponibles sur les positions françaises. Les Allemands se sentaient d'autant plus entraînés à ce dernier effort que nous leur paraissions plus fatigués : le calme régnait le long de nos lignes, la canonnade et la fusillade ayant cessé de se faire entendre (1).

Toutes les dispositions sont prises en consé-

(1) « Les Français ne montraient que peu d'infanterie, ce qui faisait supposer qu'une partie des forces, établies d'abord de ce côté, avaient été déplacées pour soutenir l'aile droite de l'armée française. » (Major de Schell, p. 189.)

quence. Les régiments du VII° corps, postés dans le bois de Vaux, les régiments du II° reçoivent l'ordre d'appuyer le mouvement décisif du VIII° corps. A sept heures, les tambours battent et les Prussiens s'ébranlent, « acclamant de leurs vivats le général de Steinmetz, le général de Moltke, le roi et le nombreux état-major qui les lance à l'attaque au bruit retentissant des fanfares (1). »

Le silence règne toujours autour des menaçantes positions du Point-du-Jour qui semblent dépourvues de défenseurs; l'ennemi s'en croit déjà maître et voici que tout à coup, au moment où les Prussiens vont les aborder, un feu infernal illumine la ligne française et l'enveloppe d'un nuage de fumée. Que s'était-il passé? Le général Frossard avait admirablement mis à profit l'heure de répit qu'on lui avait donnée. Voyant, du haut du Point-du-Jour, les dispositions des Allemands, il avait préparé une résistance qu'ils ne pourraient briser. Le restant de la division Bastoul, la réserve de la division Vergé, une batterie de la Garde ont été envoyés en avant. Le 66° de ligne se relie à la division Aymard, le 67° et le 8° de ligne se tiennent en arrière prêts à combattre (2).

Les Prussiens escaladaient donc les pentes de Moscou et du Point-du-Jour; mais, arrivés à bonne portée, balles et obus tombent sur eux avec une violence inouïe (3). L'ardeur des assaillants se trouve subitement arrêtée et se change bientôt en

(1) Capitaine Bonnet, t. Ier, p. 150.
(2) Colonel Lecomte, t. II, p. 212.
(3) « A un certain moment, le vieux Steinmetz, entraîné par sa témérité, exposait à un véritable désastre une partie de ses troupes, que Frossard et Le Bœuf accablaient de leurs feux. » (Charles de Mazade, t. Ier, p. 167.) — « Les troupes qui venaient de s'avancer furent reçues par un feu de mousqueterie épouvantable, soutenu par des canons et des mitrailleuses, et jonchèrent le sol de leurs cadavres. » (A. Niemann, p. 105.)

une véritable panique. « Les tirailleurs français, débouchant en lignes épaisses, poussent vers Saint-Hubert et surtout vers les bois au sud de la grande route, chassent devant eux les hommes isolés, les petits groupes, le plus souvent sans chefs, épars en rase campagne et *les culbutent jusque dans le ravin de la Mance* (1). » Les défenseurs de Saint-Hubert, se croyant tournés, s'enfuient dans le défilé, entraînant avec eux artillerie et troupes de réserve (2). Un grand désordre se produit dans le chemin creux, surtout quand le flot des fuyards affolés se heurte à la brigade Rex (3) » qui arrive à leur secours. Malgré la bonne contenance de cette brigade, la panique gagne rapidement et fait sentir ses désastreux effets « jusqu'à Gravelotte et à la Malmaison (4) ». « C'est à ce moment-là surtout, à sept heures et demie, que, profitant de la dernière demi-heure du crépuscule qui paralysait les effets de l'artillerie, nous aurions dû dessiner un retour offensif à petite distance, appuyé par la presque totalité de la division Bataille. Cela rappelait Inkermann, Tracktir, plus anciennement Roosback, où les masses ne purent se déployer sur les queues des colonnes attaquées en tête (5). » L'état-major prussien lui-même est pris de peur : ordre est donné de dégager immédiatement les abords des ponts d'Ars et de

---

(1) *La Guerre franco-allemande*, 1re partie, p. 801.

(2) « Des batteries, en s'approchant trop près de l'ennemi, ont été anéanties ou à peu près, comme ce fut le cas pour un certain nombre de batteries du IXe corps d'armée entre Verneville et Amanvillers, *ou pour les batteries postées près de la ferme de Saint-Hubert*, car elles perdirent à peu près tous leurs chevaux, tous leurs servants, et peu après les troupes amies et ennemies s'en disputèrent la possession. » (Général de Hohenlohe, *Lettres sur l'artillerie*, p. 114.)

(3) Colonel Lecomte, t. II, p. 213.

(4) *La Guerre franco-allemande*, 1re partie, p. 801. — Major de Schell, p. 202.

(5) *Saint-Privat*, par le général de Waldner. (*Spectateur militaire*, n° du 1er septembre 1886, p. 391.)

Corny pour activer la retraite (1). Nous n'avons qu'à le vouloir et nous sommes vainqueurs !

Malheureusement, Frossard et Le Bœuf, abandonnés à eux-mêmes, n'osent pas s'éloigner des lignes qu'ils ont mission de défendre : nous nous arrêtons, bien moins à cause de la ferme attitude de la brigade Rex que par l'hésitation de nos généraux (2). Quoi qu'il en soit, cette brigade composée de robustes Poméraniens, heureux de partager les dangers de leurs camarades et qui viennent d'être harangués par le roi lui-même et par M. de Moltke, essaie de rétablir le combat. « L'air retentit de leurs joyeux cris et de leurs belliqueux hourras, se confondant avec le bruit des tambours et des clairons donnant le signal de la charge. Tous semblent impatients de devancer la nuit qui s'approche. Déjà la brigade du Trossel presse les soutiens des tirailleurs et voudrait passer outre et sauver la brigade Rex... mais un bruit strident vient de couvrir les hourras. Ce sont les mitrailleuses du Point-du-Jour, les chassepots et l'artillerie de toute la ligne, des

(1) Le Faure, t. I⁰ʳ, p. 221. — « De l'état-major même part l'ordre, à Ars et à Corny, de dégager les abords des ponts sur la Moselle pour une éventualité de retraite sur la rive droite. » (Colonel Lecomte, t. II, p. 214.) — « Le roi et son état-major étaient plongés, par la panique, dans une inquiétude telle que l'ordre fut formellement donné, quoi qu'on ait pu dire depuis, de démasquer les ponts jetés sur la Moselle. » (Commandant Canonge, t. II, p. 140.) — Les troupes de Steinmetz « avaient été repoussées, décimées à tel point que la panique s'y produisit, qu'une sorte de déroute commença et que l'ordre fut envoyé en toute hâte de débarrasser les ponts de la Moselle et leurs abords pour permettre la retraite sur la rive droite. » (Général d'Andlau, p. 93.) — « Ce renseignement fut confirmé par un hussard du 8⁰ régiment qui avait été chargé de porter l'ordre en question et qui, depuis, fut fait prisonnier; c'était un commerçant de Cologne, rappelé par la guerre sous les drapeaux. » — (Ibid., en note.) — Un article du Spectateur militaire ne laisse aucun doute sur l'existence de cet ordre. (Colonel Derrécagaix, p. 192. — J. Valfrey, p. 19.)

(2) Les Français n'avaient pas « l'initiative que donne un contre-projet. Ils restaient ainsi sur la défensive, se prêtant à la situation militaire qui leur était imposée par les Allemands. » (A. Niemann, p. 105.)

carrières de Rozérieulles à la ferme de Moscou, qui
dirigent un feu roulant sur les assaillants... Les
tirailleurs prussiens, puis leurs soutiens, en petites
et grosses colonnes, sont inondés de projectiles et
contenus. Ne pouvant avancer sur ce terrain découvert et dangereux, il ne leur reste qu'à se replier et
l'opération se complique des amas de réserves plus
en arrière et de la nuit qui s'approche à grands
pas (1). »

Une nouvelle panique se produit en face de
Moscou. « Les rangs sont rompus, les soldats n'en-
tendent plus leurs chefs, les uns fuient, les autres
veulent pousser de l'avant. La cohue est indescriptible : les voitures d'artillerie augmentent le désordre, le feu des tirailleurs français s'avance et redouble la confusion. Au nord et au sud, la route
est profondément escarpée ; des broussailles, des
taillis épais couvrent les pentes sans débouchés
suffisants pour donner accès à cette foule débandée.
Poussés les uns par les autres, les Allemands
tombent, roulent en s'entretuant. Le ravin de la
Mance reçoit de nombreux cadavres (2). »

Si, à ce moment, le commandant en chef avait
été présent sur le champ de bataille, s'il avait connu
les succès remportés par sa gauche, il aurait pu,

______

(1) Colonel Lecomte, t. II, pp. 215 et 216. — « Les mitrailleuses et
les chassepots, établis dans les tranchées-abris étagées, font pleuvoir
un feu vraiment infernal sur les bataillons de tête. Cette pluie de
projectiles tombait non seulement sur les bataillons qui débouchaient de Saint-Hubert, mais elle allait frapper encore dans la masse
épaisse de ceux qui se précipitaient sur la route, et elle en atteignait
même le gros, laissé de l'autre côté du défilé, abattant ainsi des
morts et des blessés en grand nombre. » (Colonel Borbstaedt, p. 523.)

(2) Le Faure, t. 1er, p. 222. — « Les troupes avancées des VIIIe
et IIe corps se mêlent confusément sur la grande route battue par la
ferme de Moscou, car, en arrière, le chemin n'est plus libre. Il est
obstrué par les réserves de d'artillerie de la VIIIe brigade qui s'avance
encore. Une cohue désordonnée s'y forme, les uns voulant évacuer le
défilé en arrière, les autres passer en avant pour secourir les troupes
au feu. L'obscurité augmente bientôt le désordre. Des officiers à che-

puisqu'il n'entendait pas secourir sa droite, porter toute la Garde contre la Ire armée et, dans un effort suprême, comme étaient capables de le produire les admirables soldats de cette troupe d'élite, Bazaine aurait pu achever la déroute de Steinmetz et tourner la droite des Allemands, qui se seraient trouvés coupés de leur ligne de retraite et de ravitaillement, aventurés en pays ennemi, sans vivres et sans munitions. Et, de fait, Manteuffel, avec son Ier corps, n'aurait pas été à même de rétablir les communications par Gorze, Ars ou Corny, et, comme nous étions en relation directe avec Metz, où se trouvaient nos parcs et nos vivres, comme il suffisait alors de tenir le plus longtemps possible au Point-du-Jour, à Gravelotte et à Rezonville, pour affamer les Allemands et les priver de munitions, l'entreprise était tentante, possible, décisive, car elle aurait entraîné des résultats extraordinaires, semblables à ceux de Sedan. Napoléon Ier n'eût pas hésité, mais il avait l'habitude d'assister aux batailles qu'il livrait. Bazaine, lui, avait changé tout cela et se désintéressait des péripéties d'une lutte où plus de 300,000 hommes se heurtaient dans un duel gigantesque(1).

Qu'on ne vienne pas dire que Bazaine ne pouvait pas être instruit de ce qui se passait sur un champ de bataille aussi étendu. Mieux que personne,

val, de nombreux fantassins, sont jetés dans les précipices au sud, tandis que d'autres tombent sur la route depuis les crêtes qui la surplombent au nord; des coups de feu partent de tous côtés, au hasard, éclairant seuls ce lugubre tableau. » (Colonel Lecomte, t. II, pp. 216 et 217.) — La relation officielle prussienne de la guerre franco-allemande est plus que sobre de détails touchant cette partie de la lutte; cependant on peut surprendre des demi-aveux au sujet de cette panique, notamment à la page 866. Voir aussi l'aveu du colonel Borbstaedt, p. 524. — « Les bataillons prussiens, réduits par les grandes pertes du combat qui avait eu lieu dans le ravin, *furent culbutés et on craignit un instant de voir la ligne allemande rompue.* » (A. Niemann, p. 110.) Voir aussi : *Ibid.*, p. 111.

(1) « Il est à regretter vivement que l'ordre général d'une attaque par les 2e et 3e corps n'ait pas été donné, les résultats eussent été incalcu-

mieux que le roi de Prusse, il était en mesure de suivre, heure par heure, les phases de la lutte, puisqu'il disposait d'un nombreux état-major, d'une cavalerie inactive et des excellents observatoires du Saint-Quentin et du clocher de la cathédrale, qui lui permettaient d'embrasser l'ensemble des opérations, non seulement du côté de Gravelotte et de Saint-Privat, mais encore du côté de Magny-sur-

lables. A différentes reprises, dans la journée, les occasions se sont trouvées favorables. Ce mouvement général était demandé à grands cris. » (*Saint-Privat*, par le général de Waldner, *Spectateur militaire*, n° du 1ᵉʳ septembre 1886, p. 379.) — « Que fût-il arrivé si, au moment de la retraite du IIᵉ corps et de la panique qui en résulta, Frossard et Le Bœuf, renforcés seulement de la division de voltigeurs à proximité, eussent pris une énergique offensive ? La droite prussienne se fût repliée en désordre jusqu'à la Moselle et le reste eût fait une retraite difficile le lendemain. » (Colonel Lecomte, t. II, p. 247.) — « Ce n'est pas trop de dire que les Allemands furent battus sur leur droite et au centre. Si la situation de Bazaine lui avait permis de prendre l'offensive avec sa gauche, le résultat aurait pu être très différent. » (*Défense de Bazaine*, par Archibald Forbes, p. 13.) Qu'est-ce qui l'en empêchait ? Le défenseur de Bazaine oublie de nous le dire. — « Le dénouement de la bataille eût pu être différent par la seule entrée en ligne des réserves françaises disponibles et impatientes d'agir. Devant un général plus entreprenant que Bazaine, même sans être un grand capitaine, les Prussiens eussent payé cher leur audace. Pendant le gros de l'action et surtout depuis le second échec de la Iʳᵉ armée, suivi de celui du IIᵉ corps, leur situation était fort critique. L'issue venant à tourner à leur détriment, ou seulement à rester douteuse comme le 16, *l'armée entière se trouvait compromise, sa ligne de retraite de Pont-à-Mousson menacée, ses innombrables et indispensables charrois à la merci des Français demi-victorieux.* Saisir les communications ennemies est fort bien, dit Jomini, mais à la condition de ne pas livrer les siennes. Moltke ne prit pas assez garde au second terme de ce grand principe de guerre. Il tourna parfaitement les Français, mais en se trouvant, au bout du compte, *tout aussi tourné qu'eux.* « (Colonel Lecomte, t. II, pp. 328 et 329.) — « On ne s'est pas rendu le moins du monde compte dans l'armée, au moment même de l'action, que le 18 août 1870, on livrait une grande bataille avec le front renversé et *qu'on avait renoncé à toutes les communications en évoluant pour envelopper l'armée française.* » (Commandant von der Goltz, *La Nation armée*, p. 345.) — L'ennemi « craignait surtout qu'on allât le *couper du côté d'Ars et de Novéant, ce qui eût entraîné pour lui une véritable déroute.* » (*Procès Bazaine*, déposition du commandant Robert, commandant le fort Saint-Quentin, qui a suivi la bataille depuis le commencement jusqu'à la fin, p. 529. — Général Iung, p. 31.)

Seille et de Borny. Le maréchal Le Bœuf, qui
n'était qu'un simple chef de corps, avait bien trouvé
le moyen de se mettre au courant des progrès de
l'ennemi. « J'avais, dit-il, afin de savoir ce qui se
passait, pris des officiers d'état-major qui se rele-
vaient. J'en avais toujours en arrière du maréchal
Canrobert et du général de Ladmirault (1). » Pourquoi Bazaine n'en a-t-il pas fait autant? Pourquoi
des cavaliers ne lui apportaient-ils pas, de quart
d'heure en quart d'heure, en double, des nouvelles
de chaque corps d'armée? Un régiment de hussards
ou de chasseurs, affecté à ce service, eût été plus
que suffisant pour l'instruire des fluctuations de
cette grande bataille. Il préféra rester dans l'ignorance : c'est qu'il avait ses raisons.

Quant au général Frossard, privé de direction,
incertain de ce qu'il devait faire, parfaitement sûr
de la mauvaise volonté du général en chef à son
égard, n'osant pas trop s'éloigner des lignes qu'il
avait à défendre, ne pouvant disposer de la Garde,
ayant vu, de plus, tomber grièvement blessés les
colonels Février du 77ᵉ, Haca, du 8ᵉ, le commandant Petit, « de ce brave 3ᵉ chasseurs, resté si fer-
mement à la droite des mitrailleuses, dans les maisons en flammes du Point-du-Jour (2) », le général
Frossard, disons-nous, se contente de repousser les
assauts de Steinmetz, qui n'est pas *puni* de sa présomption ainsi qu'il l'aurait mérité. « Napoléon Iᵉʳ
a dit plusieurs fois qu'on ne peut bien se défendre
qu'en attaquant; qu'accepter une bataille purement
défensive est toujours une faute, attendu que, même
si l'on est victorieux, on a couru des risques dont
on ne retire aucun profit. On n'a que des avantages
négatifs (3), » à moins que l'on ne se trouve dans

(1) *Procès Bazaine*, déposition du maréchal Le Bœuf, p. 229.
(2) Capitaine Bonnet, t. Iᵉʳ, p. 167.
(3) *Ibid.*

des conditions particulières, par exemple : les Anglais à Torrès-Vedras.

Aussi bien, l'échec de la droite prussienne était patent. Le roi Guillaume, qu'on avait invité à un triomphe, n'avait été témoin que d'un désastre et M. de Moltke était en proie aux plus horribles angoisses, car on ignora longtemps, au grand quartier général, le succès de Saint-Privat qui changea en victoire une bataille perdue (1).

II. — *Tentatives diverses de la Garde et du IXe corps contre Amanvillers et La Folie.*

Nous avons laissé, à Verneville, le IXe corps fort mal en point et ne conservant ses positions que grâce à la réserve inexplicable du général de Ladmirault. La IIIe brigade d'infanterie de la Garde royale avait été envoyée au secours du général de Manstein. Celui-ci, voyant que les Français ne cherchaient pas à l'enfoncer, pensa qu'il était préférable de pousser sur eux plutôt que d'attendre leur attaque, espérant sans doute leur donner le change (2). À cet effet, à cinq heures et demie, le prince Frédéric-Charles lance contre Amanvillers les régiments de grenadiers Empereur-Alexandre et Reine-Elisabeth, sous les ordres du colonel Knappe de Knappstedt, et le bataillon de tirailleurs de la Garde, ces

(1) « Pendant plusieurs heures, l'entourage du roi est autorisé à croire que la bataille est perdue. » (Commandant Canonge, t. II, p. 147.) — « Ce ne fut que le lendemain que l'on reconnut les grands résultats de cette bataille sanglante. » (Colonel Vandevelde, *Commentaires*, p. 65.)

(2) « Les pertes du IXe corps étaient si considérables à cinq heures que le prince Frédéric-Charles retint la brigade Knappe, le bataillon de chasseurs (tirailleurs) et une batterie, afin de les employer surtout à soutenir le IXe corps. » (Rüstow, t. Ier, p. 280.)

derniers par le bois de la Cusse, et le régiment Empereur-Alexandre par la route de la vallée.

Au sortir du bois, les tirailleurs courent sur Amanvillers.

Reçus à 400 pas de la tranchée du chemin de fer, par une effroyable pluie de balles de la division de Cissey, les assaillants ne peuvent plus avancer et s'obstinent à ne pas reculer. Leur chef, « le major de Fabeck, avait été tué; la plupart des commandants de compagnie gisaient morts ou blessés. Dans l'action de mousqueterie, qui succédait à cette première attaque, le bataillon achevait de perdre successivement tous ses officiers, jusqu'à ce qu'un enseigne finît par prendre le commandement des hommes encore en état de combattre (1). »

Le régiment Empereur-Alexandre accourt à la rescousse. Il se heurte à la division Grenier qui le contient; le régiment Reine-Elisabeth apparaît à son tour et toutes ces troupes se campent sur le point culminant des collines à 800 pas d'Amanvillers. Mais là elles essuient des décharges meurtrières; les officiers surtout sont frappés et le commandant de la brigade, colonel de Knappstedt, est obligé de quitter le combat, la main fracassée par une balle (2).

A la même heure, les Hessois se battaient toujours. De chaque côté du chemin de fer, les soldats du général de Wittich s'évertuaient à reprendre

____

(1) *La Guerre franco-allemande*, 1re partie, p. 811. — « Le bataillon s'arrête écrasé. Tous les officiers étaient tués ou blessés. » (Capitaine Bonnet, t. Ier, p. 152.)

(2) *La Guerre franco-allemande*, 1re partie, pp. 812 et 813. — « La brigade Knappe, au détour d'une pointe du bois qui l'avait un moment masquée, est accueillie par un feu roulant d'artillerie et d'infanterie, de front et de flanc, d'Amanvillers et de Champenois, qui, en quelques instants, éclaircit cruellement ses rangs. Elle essaye de braver cette grêle meurtrière. Les pertes ne font que s'augmenter inutilement... Il faut battre en retraite. » (Colonel Lecomte, t. II,

l'offensive. Les uns escaladaient les pentes de la crête 325, au nord de la voie, et ne parvenaient qu'à se maintenir péniblement dans un vallon gazonné qui remonte vers Saint-Privat; les autres s'efforçaient d'enlever la maisonnette du garde-barrière du chemin qui relie Habonville à Amanvillers. Les Hessois finissent par s'emparer de cette position et veulent aller appuyer les tirailleurs de la Garde, qui souffrent cruellement. « Mais ces diverses tentatives, bien qu'exécutées avec une héroïque abnégation, échouent, sans exception, devant le feu, réellement écrasant, sous lequel le défenseur tenait toute la pente en forme de glacis qui descend vers l'ouest. Les contingents, fort maltraités, de la XLIXe brigade sont rejetés jusqu'à hauteur de la maison du garde; les compagnies du 3e régiment sont ramenées vers le bois de la Cusse (1). »

A la faveur de ces différents combats d'infanterie, les artilleurs allemands se remettent peu à peu et recommencent la lutte. « 240 bouches à feu tonnent contre les positions françaises d'Amanvillers et de Saint-Privat, battues en même temps par l'artillerie saxonne plus à gauche. A ce feu convergent d'au moins 300 pièces, Canrobert et Ladmirault peuvent en opposer, avec le concours d'une partie du 3e corps et de la réserve, près de 240, y

pp. 221 et 222.) — « La IIIe brigade était désorganisée par les pertes énormes qu'elle avait subies. » (Capitaine Bonnet, t. Ier, p. 153.) — « Le 1er régiment de grenadiers Empereur-Alexandre compte, sur deux bataillons seulement engagés, 847 hommes hors de combat, dont 27 officiers. Le 3e régiment de grenadiers Reine-Elisabeth a été aussi durement éprouvé. » (Commandant Canonge, t. II, p. 140.)

(1) *La Guerre franco-allemande*, 1re partie, p. 816. — « Le général de Wittich est réduit à la défensive derrière le chemin de fer. » (Colonel Lecomte, t. II, p. 220.) — « Trois fois les Hessois renouvellent leur attaque, soutenue bientôt par toute la XXVe division ; ces efforts demeurent inutiles. » (Le Faure, t. Ier, p. 222.) — Il devenait de toute impossibilité de pousser plus avant. » (Colonel Borbstaedt, p. 518.)

compris les mitrailleuses (1). » Cependant, et malgré la grande supériorité de l'artillerie allemande,
du côté de Chantrenne la situation prenait, de nouveau, une mauvaise tournure pour nos ennemis. En
avant de la ferme de La Folie pousse un petit bouquet de bois que le maréchal Le Bœuf avait garni de
tirailleurs et flanqué de deux mitrailleuses. Tous
les efforts des Allemands afin de s'en emparer
étaient venus se briser contre une résistance obstinée, qui se change bientôt en une offensive trop
timide mais redoutable, toutefois, en présence de
troupes épuisées de fatigue (2).

A sept heures, le général de Manstein remet à
son artillerie le soin de dégager son infanterie.
Huit nouvelles batteries grondent à côté des canons
déjà en ligne et bombardent le bouquet de bois.
Mais, si nous n'avançons point, nous ne reculons
pas non plus, et la position, si vaillamment défendue
et attaquée, reste en notre pouvoir.

Le prince Frédéric-Charles ne laissait pas d'être
toujours inquiet du IXe corps. Vers sept heures, il
s'approche du bois de la Cusse et s'y rencontre
avec le général de Manstein. Il décide que le IIIe
corps secondera un nouvel assaut d'Amanvillers.
Mais la canonnade redouble tellement dans la direction du Point-du-Jour, que les Prussiens n'osent
pas s'aventurer et le IIIe corps est chargé de défendre le IXe, du côté du bois des Génivaux, par
où l'on s'attend à voir les Français déboucher (3).
Or, la nuit arrive rapidement et la défaite du maré-

---

(1) Colonel Lecomte, t. II, pp. 218 et 219. — Nous n'avions pas 240
bouches à feu.

(2) « Il faut signaler comme particulièrement remarquable la défense
du bois de La Folie par le 3º corps. » (Capitaine Bonnet, t. Ier, p. 173.)

(3) « Des rapports firent supposer un mouvement offensif des Français contre le bois des Génivaux ; le général Alvensleben suspendit
donc le mouvement déjà commencé. » (*Rapport du prince Frédéric-
Charles.*)

chal Canrobert, que nous allons faire connaître, entraîne la retraite du 4ᵉ corps, qui a lieu en bon ordre et en infligeant de lourdes pertes à la IIIᵉ brigade d'infanterie de la Garde, quand elle tente de serrer de trop près les arrière-gardes du général de Lérencez, chargées de protéger le mouvement de recul. Champenois est abandonné ; mais Montigny-la-Grange et le plateau d'Amanvillers ne peuvent être emportés. Les Allemands, plus que décimés et harassés, s'arrêtent devant les grenadiers de la Garde impériale qui s'étaient déployés « face à Saint-Privat avec un crochet du côté d'Habonville (1). »

C'est à ce moment de la journée que se passa un fait révoltant que l'histoire ne saurait oublier. « Un bataillon prussien se présenta, les crosses en l'air, devant le 6ᵉ de ligne (brigade Brayer, division de Cissey), à 600 mètres en avant de la ferme voisine d'Amanvillers. Croyant à une reddition avouée, les soldats français laissèrent avancer l'ennemi qui commença, à 300 mètres, des feux de peloton. Le 6ᵉ de ligne, exaspéré, décima cette troupe par un feu persistant et bien nourri, et il publia hautement cette ruse de guerre indigne de notre époque civilisée (2). »

En réalité, au centre, comme à sa droite, l'armée allemande avait été partout repoussée et avait subi des saignées épouvantables, qui faisaient que M. de Moltke croyait la journée perdue (3). Par malheur,

---

(1) Colonel Lecomte, t. II, p. 232.

(2) Général de Montluisant, p. 22. — L'*Indépendant de la Moselle*, nᵒ du 20 août 1870. — Les Prussiens avaient employé le même procédé à Borny. (Bazaine, *Épisodes*, p. 117.)

(3) « Sur le front, les troupes allemandes n'avaient pu obtenir que quelques emplacements d'avant-postes français, soit : Vaux, Jussy, bois de Vaux, Saint Hubert, bois des Génivaux, Chantrenne, Champenois, bois de la Cusse. » (Colonel Lecomte, t. II, p. 233.) — « Vers midi, le combat s'engageait sur toute la ligne... à six heures aucun

pendant que ces engagements meurtriers pour les Prussiens se déroulaient devant le Point-du-Jour et Amanvillers, la gauche ennemie nous tournait à Saint-Privat et allait nous enlever le bénéfice des échecs de sa droite et de son centre. C'est ce que nous allons écrire.

III. — *Première attaque de Saint-Privat. — Massacre de la Garde.*

A cinq heures du soir, le prince Auguste de Wurtemberg, commandant la Garde royale, donne, avec l'agrément du prince Frédéric-Charles, l'ordre d'enlever Saint-Privat, sans retard (1). Le mouvement tournant des Saxons, par Roncourt, ne se dessinait pas encore et le général de Pape en fit l'observation. Mais la manœuvre était commencée et l'on sait combien il est difficile et dangereux d'arrêter une troupe en marche; aussi persistait-on dans l'entreprise. A cinq heures trois quarts, la division de Pape marchait droit sur les maisons de Saint-Privat pendant que la brigade de Berger (division Budritzki) se portait sur Jérusalem, hameau situé à quelques mètres de Saint-Privat (2).

Les habitations, les jardins du village étaient remplis par les soldats de la division Levassor-Sorval et ceux d'une brigade de la division Tixier

point de la position principale n'était encore aux mains des Allemands. Les VII⁰ et VIII⁰ corps étaient presque épuisés, le IX⁰ corps ne se contenait qu'avec peine et au prix de pertes considérables... La Garde avait été repoussée après une attaque mal préparée sur Saint-Privat, qui lui avait coûté des sacrifices énormes; seul, le XII⁰ corps était encore intact. (*La Campagne de Metz,* par un général prussien, pp. 33 et 34.)

(1) « Avec l'assentiment du commandant en chef de la II⁰ armée... » (Colonel Borbstaedt, p. 512.)

(2) *La Guerre franco-allemande,* 1ʳᵉ partie, pp. 820 et 821.

(Le Roy de Dais); l'autre brigade (Péchot), le général Lafont de Villiers et la cavalerie du Barail s'opposaient au mouvement tournant que les Saxons exécutaient (1).

Le général de Berger déploie les régiments Empereur-François et de la Reine en avant du chemin d'Habonville à Sainte-Marie-aux-Chênes, parallèlement à ce chemin. A peine les grenadiers prussiens se sont-ils éloignés de Saint-Ail que la brigade « se trouve en prise à une grêle de projectiles qui l'accompagne durant tout son mouvement offensif, avec des effets terribles (2) ». La terre, calcinée par la chaleur, faisait ricocher toutes les balles perdues, qui portaient coup. Le commandant du régiment Empereur-François, les commandants de bataillon tombent tout d'abord. Sous cette tempête, les assaillants, ébranlés, inclinent vers la grande route et s'éloignent de leur objectif, Jérusalem. Les débris du régiment se blottissent dans les fossés. Tous les officiers sont hors de combat « et il ne reste des compagnies que des groupes insignifiants (3). »

Un peu plus près de Saint-Ail, le colonel de Waldersee, commandant le régiment de la Reine, jette également ses hommes contre Jérusalem. Le même sort l'attend. Le major prince de Salm est mortellement blessé ; « en un clin d'œil, les rangs sont décimés et l'attaque directe échoue devant la grêle de balles du défenseur (4). » En l'absence des officiers supérieurs tués ou blessés, le capitaine Vogel de Falckenstein, ancien aide de camp de Maximilien, au Mexique, tâchait de rallier trois compagnies du régiment de la Reine et une du régiment Empereur-Alexandre, qui formaient la droite de l'attaque de

(1) Colonel Lecomte, t. II, p. 233.
(2) *La Guerre franco-allemande*, 1re partie, p. 822.
(3) *Ibid.*, p. 823.
(4) *Ibid.*, pp. 823 et 825.

Saint-Privat. Ce n'était pas besogne facile, exposés, comme l'étaient les Prussiens, aux entreprises que le général de Cissey pouvait tenter sur leur flanc droit, et, de plus, fauchés sans relâche par les balles de Saint-Privat et de Jérusalem. Les six autres compagnies des régiments de la Reine et Empereur-Alexandre, composant le centre, se cramponnaient au mamelon enlevé, écharpées, elles aussi, par nos terribles décharges de mousqueterie.

Malheureusement, « les munitions manquaient (1) » chez nous; Canrobert n'avait pas de mitrailleuses (2), et les chassepots, seuls, devaient arrêter un agresseur protégé par une artillerie formidable. C'est pourquoi les Prussiens parviennent à se maintenir sur cette croupe imbibée de leur sang, le régiment Empereur-Alexandre tenant la gauche près de Sainte-Marie-aux-Chênes.

Une demi-heure après, le général de Berger, le général de Pape, parti de Sainte-Marie, avait voulu escalader les pentes de Saint-Privat, du côté de Roncourt. Cette partie du mamelon sur lequel est bâti Saint-Privat ne présente aucun abri pour les troupes assaillantes et est couronnée par le village lui-même, entouré de jardins clos de petits murs. Canrobert avait bondé les maisons de ses soldats, qui garnissaient jusqu'aux toits; le maréchal avait caché ses nombreux tirailleurs derrière les murs des enclos; l'artillerie en état de servir était établie au sud du village, d'où elle enfilait facilement tout le terrain que devait parcourir la division de Pape.

---

(1) Général de Montluisant, p. 20.
(2) Le colonel Lecomte dit que Canrobert avait des mitrailleuses (t. II, p. 223). C'est une erreur. Le maréchal a déclaré « qu'il n'avait pas une seule mitrailleuse ». (*Procès Bazaine*, déposition du maréchal Canrobert, p. 224.) Le général de Montluisant écrit : « On n'avait pas donné au 6ᵉ corps une seule batterie de mitrailleuses. » (p. 20). Du reste, les Allemands ne contestent pas l'assertion de Canrobert.

Vers cinq heures trois quarts, la brigade de Kessel débouche de Sainte-Marie. Les Français l'aperçoivent et commencent incontinent un feu terrible d'artillerie et de mousqueterie. Le 3ᵉ régiment ouvrait la marche. Il parvient d'abord à 900 pas de Saint-Privat, semant sa route de cadavres. Le major de Notz est broyé par un obus; le colonel de Linsingen est blessé; chefs, soldats, porte-drapeau s'abattent en quelques minutes; jamais pareille tuerie ne s'était vue; le bataillon de fusiliers est complètement dispersé (1); le restant du régiment s'attache à la pente au prix de pertes épouvantables.

Un bataillon de fusiliers du 1ᵉʳ régiment s'avance un peu plus près de Saint-Privat, à 600 pas de notre ligne. « Mais, sur ce point encore, les compagnies fondaient à vue d'œil sous le feu meurtrier des chassepots...; peu à peu, ce bataillon perdait, comme les deux autres, tous ses officiers (2). » Le colonel de Rœder, commandant du régiment, envoie deux compagnies à l'aide du malheureux bataillon. Elles sont aussi maltraitées que les fusiliers, et « les débris de ces 6 compagnies, complètement à bout de forces, font halte sur la pente (3). » A six heures un quart, Canrobert tient toujours les Allemands à une distance de 6 à 800 pas de Saint-Privat. Une partie de la Garde est pulvérisée.

Le général de Pape juge alors à propos de faire soutenir sa première ligne, à moitié démolie, et lance à l'assaut le 2ᵉ régiment. Les hommes s'avancent, « tambour battant, sous une pluie de mitraille. Le chef de la brigade, général de Medem, le commandant du régiment, colonel de Kanitz, tombent

---

(1) *La Guerre franco-allemande*, 1ʳᵉ partie, p. 829.
(2) *Ibid.*, p. 830.
(3) *Ibid.*, pp. 831 et 832.

coup sur coup, grièvement blessés. Le 1er bataillon
perd successivement tous ses officiers (1), » l'autre
ne souffrait pas moins. « L'élan était rompu ; des
milliers de morts et de blessés jonchaient ce champ
de bataille abreuvé de sang... Cependant la situation était devenue fort critique, car, bien que la
droite de la brigade de Kessel eût été appuyée par
l'arrivée du 2e régiment, les Français, postés à couvert, pouvaient n'avoir subi que des pertes relativement faibles, et l'on devait s'attendre, à tout instant, à les voir prononcer un vigoureux retour
offensif et *culbuter sur Sainte-Marie les lignes sans
consistance de l'assaillant*. Mais, *chose singulière*, rien
de semblable ne se produisait (2). » Quoi qu'il en
soit, sous le coup de ces appréhensions, le prince
Auguste de Wurtemberg fait sortir de Sainte-Marie
le 4e régiment et le jette au secours des troupes
engagées. Il ne parvient pas à rétablir le combat ;
« 6,500 hommes et près de 240 officiers jonchent
le sol, morts ou blessés (3). » Bien que les Allemands n'en conviennent pas (4), le prince de Wurtemberg « ordonne alors la retraite sur Sainte-
Marie ; la Garde *réoccupe ses précédentes positions*,
sauf quelques groupes de tirailleurs qui réussis-
sent à se loger derrière des abris (5). » L'écrasement était complet (6).

« On pourra se faire une idée de l'effet destruc-
teur, des feux auxquels fut exposée l'infanterie de

(1) *La Guerre franco-allemande*, 1re partie, p. 833.
(2) *Ibid.*, pp. 833 et 834.
(3) Commandant Canonge, t. II, p. 141.
(4) Ils disent qu'ils se sont maintenus sur les pentes. (*La Guerre
franco-allemande*, 1re partie, p. 833.)
(5) Colonel Lecomte, t. II, p. 225. — « Le prince de Wurtemberg,
qui surveille l'action de la hauteur, à l'ouest de Sainte-Marie, ordonne
la retraite, qui s'opère sous un feu terrible. Quelques compagnies,
plus avancées, demeurent seules, les hommes étendus, pour offrir
moins de prise. » (Le Faure, t. Ier, p. 223.)
(6) Les pertes prussiennes, en officiers et en hommes, étaient

la Garde par le fait suivant : un troupeau de moutons effarouchés, venant de Sainte-Marie, avait passé à toute vitesse devant l'infanterie prussienne, et les ennemis (les Français), prenant probablement ces bêtes pour de la cavalerie, avaient ouvert le feu sur elles et les exterminèrent jusqu'à la dernière (1). »

Pourquoi le maréchal Canrobert ne franchit-il pas ses lignes? Pourquoi ne saute-t-il pas sur les épaves de la Garde royale? « C'est que du haut de Saint-Privat, il aperçoit à sa droite les 30,000 hommes du corps saxon débouchant sur Roncourt et qu'il n'a personne à leur opposer. Ah! si la Garde, immobilisée au plateau de Saint-Quentin, était arrivée, on n'aurait pas hésité à refouler les attaques audacieuses du prince de Wurtemberg; mais on n'avait rien, pas une réserve. Le maréchal Bazaine ne songeait guère à envoyer des secours. Il était entré vers six heures à son quartier général, persistant (volonairement) à croire que la bataille n'*aurait aucune mportance* (2)! « Et pourtant, dès midi et demi, le eommandant en chef avait été prévenu de la gravité de la situation et avait promis des renforts au 6ᵉ corps. Il répondait à M. de Bellegarde : « Vous direz au maréchal Canrobert *que je donne l'ordre au général Bourbaki de lui envoyer une division de la Garde* pour le cas où l'attaque dont il est l'objet deviendrait plus sérieuse; *que je donne l'ordre, en outre, au général Soleille de lui envoyer une batterie de 12 (3).* »

Autant de mots, autant de mensonges. Jamais

énormes. » (A. Niemann, p. 109.) — « Un retour offensif du défenseur sur Sainte-Marie-aux-Chênes contre nos bataillons (prussiens) fortement épuisés et décimés eût fort bien pu amener un grand résultat. » (Commandant von der Goltz, *La Nation armée*, p. 347.)

(1) Général de Hohenlohe, *Lettres sur l'infanterie*, p. 45.

(2) Capitaine Bonnet, t. Iᵉʳ, p. 155.

(3) *Procès Bazaine*, déposition de M. le capitaine de Bellegarde, p. 277; déposition du maréchal Canrobert, p. 224.

Bazaine ne *donna l'ordre* à Bourbaki de secourir Canrobert (1). Quant au général Soleille, malgré sa complicité, il est forcé d'avouer que le commandant en chef ne lui prescrivit rien pour aider le 6ᵉ corps : « le maréchal ne m'a donné aucune instruction particulière (2). »

Comme les renforts annoncés ne se montraient pas, Canrobert envoya, à deux heures et demie, le capitaine de Chalus redemander ces renforts. Le capitaine arrivait à Plappeville vers trois heures et demandait au général en chef les munitions, la batterie et la division d'infanterie promises. Sans se déconcerter, Bazaine lui faisait la même réponse qu'à M. de Bellegarde : « Venez avec moi, je vais donner l'ordre que cette division parte (3). » Mais, sous le prétexte qu'un général l'avertissait que *tout allait bien au 6ᵉ corps*, il déclare, quelques minutes après, à M. de Chalus, qu'il garde la division d'infanterie (4). Celui-ci, congédié de la sorte,

(1) Voir la déposition de Bourbaki dans le *Procès Bazaine*, p. 234, qui, toute jésuitique qu'elle est, ne peut laisser aucun doute sur la non-existence d'un ordre semblable. — « Dans cette journée, pour la *première fois*, le général recevait un ordre du général en chef lui disant de battre en retraite. » Il était plus de huit heures et demie du soir. (*Le général Bourbaki*, p. 66.) « L'absence, assurément étonnante du général en chef condamnait à l'inaction la Garde dont l'intervention aurait pu être si efficace. Placé en arrière du champ de bataille avec la division de greandiers seulement, *n'ayant aucune instruction*, ne connaissant ni les intentions du général en chef, ni la position des autres corps, ni la marche de l'affaire, le général Bourbaki devait hésiter à disposer de la dernière réserve de l'armée. «« *Si j'avais été chargé de manier la réserve, a répondu Bourbaki, j'aurais demandé à M. le maréchal de me dire exactement la position de tous ses corps, de me faire connaître leurs besoins... Si le maréchal Canrobert ou le général Ladmirault en avait demandé, j'aurais écouté les renseignements et j'aurais été au plus pressé.* »» Rien de tout cela ne serait arrivé si le général en chef eût été présent au lieu de rester au loin, traitant légèrement tous les avis qu'il recevait. » (Charles de Mazade, t. Iᵉʳ, p. 169, en note.)

(2) *Procès Bazaine*, déposition du général Soleille, p. 239.

(3) *Ibid.*, déposition de M. de Chalus, p. 277.

(4) Bazaine a prétendu que le renseignement venait de Bourbaki. Celui-ci a protesté et, somme toute, on ne sait le nom de ce général

ne voulut pas revenir les mains vides. Il se mit en quête, et, à défaut d'infanterie, il ramena des munitions qui alimentèrent, le soir, à Saint-Privat, nos batteries épuisées.

Au moment où la Garde royale se disposait à commencer son mouvement en avant, le maréchal Canrobert dépêcha d'autres officiers à Bazaine, le suppliant de ne pas abandonner son corps d'armée. L'un de ces officiers nous a raconté sa mission et nous a autorisé à la reproduire, à la condition de ne pas imprimer son nom, nous permettant toutefois de trahir son incognito au cas où l'exactitude du récit serait contestée. « Je fus, nous dit-il, envoyé par le maréchal Canrobert pour répéter au général en chef que le 6ᵉ corps était à bout de forces et de munitions ; qu'on l'attaquait de front et que de nombreuses troupes allaient le tourner par Roncourt. J'arrivai à Plappeville et me dirigeai immédiatement du côté de la maison qu'habitait le maréchal Bazaine. On me fit entrer. Le maréchal se trouvait dans un grand salon ; il était assis sur un fauteuil, en face de la cheminée, la tête renversée en arrière et ses deux bottes placées sur la tablette de marbre. Il fumait une cigarette, ne se retourna pas quand j'entrai et dit seulement : « Qu'est-ce que c'est ? » En quelques mots je lui exposai la situation du 6ᵉ corps. Il m'interrompit et, sans plus me regarder qu'auparavant, il me répondit : «« *C'est bien,* »» lança une bouffée de fumée en fermant les yeux, dans l'attitude d'un supérieur qui veut qu'on le laisse tranquille. Je n'avais plus

si bien informé. Au surplus, le commandant en chef devait s'en rapporter à Canrobert plutôt qu'à l'illustre inconnu qui jugeait, mieux que son chef, la position du 6ᵉ corps. Dans tous les cas, à cause de ces deux renseignements contradictoires, Bazaine devait s'éclairer et, pour cela, envoyer à Saint-Privat un des innombrables officiers qui se morfondaient, inactifs, à Plappeville.

qu'à me retirer; c'est ce que je fis, absolument abasourdi par une pareille indifférence (1). »

C'est que la résolution de Bazaine de laisser écraser Canrobert était inébranlable. Il ne voulait pas assister à la bataille, car il eût alors été contraint de renforcer les points faibles de sa ligne, par conséquent le 6ᵉ corps. De là son obstination à rester à Plappeville, qu'il ne quittera qu'aux environs de quatre heures pour se diriger non du côté des corps engagés, mais vers le Saint-Quentin où il pointe, en amateur, quelques pièces sur Jussy (2).

Lorsque le maréchal était arrivé sur le Saint-Quentin, qu'il avait vu cette ceinture de feu entourant nos positions, on eût été en droit de supposer qu'il allait s'en préoccuper et qu'il voudrait savoir

(1) « Le 18 août, le maréchal Bazaine est logé chez M. de Bouteiller, à Plappeville. On vient lui dire que le canon gronde; M. de Bouteiller, député, insiste. Le maréchal ne cesse de lui répondre : *« Ce n'est rien, je sais que ce n'est rien. »* — « Plusieurs officiers arrivent au galop pour rendre compte des débuts de l'affaire. Il leur fait la même réponse et refuse de se déranger. » (Général de Montluisant, p. 110.) — « Les notables de Plappeville nous ont affirmé que le maréchal Bazaine était resté, le 18 août, dans son cabinet, à Plappeville. Se jouant des premiers avis qui annonçaient le bruit du canon, il répondit : *« Ce n'est rien, je sais que ce n'est rien. »* — Il faisait la même réponse à deux heures et à trois heures, et lorsque, vaincu par la pression de son entourage, il montait à cheval, à quatre heures, avec l'état-major général, et arrivait au galop au col de Lessy, il n'assistait qu'au dernier acte d'une bataille où son armée avait été surprise et où son absence avait été un effroyable malheur. » (*Ibid.*, pp. 22 et 23.)

(2) « On croira difficilement qu'après tant d'avis reçus, en présence d'un danger aussi menaçant, un général en chef ait pu s'abstenir d'aller visiter ses troupes et ses positions, de prendre les plus simples dispositions de combat, et d'attendre, à son poste, sur le terrain, l'orage qui doit éclater d'un moment à l'autre; mais ce que l'on ne voudra jamais admettre, c'est qu'au bruit de l'effroyable canonnade qui s'engage sur toute notre ligne, à la nouvelle de l'attaque qui se prononce à la fois sur tous nos corps, il ne bouge pas, il n'envoie pas d'ordres et se contente de répondre aux officiers qui viennent le prévenir de ce qui se passe à une ou deux lieues de son quartier : *« C'est bien; votre général a de très fortes positions, qu'il les défende. »* Ces quelques mots résument les seules instructions transmises dans la journée aux commandants de ces

exactement ce qui se passait sur le plateau ; il devait
s'y rendre lui-même ou, au moins, envoyer des
cavaliers en reconnaissance ; mais il ne songea à
utiliser ni ses aides de camp, ni les officiers qui
l'avaient rejoint. Toute son attention se porta sur
les petites diversions que faisait faire le général de
Steinmetz, en avant d'Ars, pour nous empêcher de
porter nos forces au secours de notre droite. Il ne
pouvait, cependant, y avoir aucun danger de ce
côté ; les canons de la place et du fort Saint-Quentin
suffisaient pour arrêter toute tentative sérieuse ;
la plus grande audace, jointe à la plus grande
bravoure, ne permettait à aucun corps ennemi de
s'aventurer, au milieu de feux croisés aussi redoutables, pour gagner l'intérieur du camp retranché(1).

troupes qui devaient lutter héroïquement, jusqu'à sept heures du soir,
contre des forces aussi supérieures. » (Général d'Andlau, pp. 86 et 87.)
— Ie maréchal, « accompagné seulement d'un officier d'ordonnance
et de quatre officiers de son état major, se portait sur le côté sud
du fort Saint-Quentin et, de là, faisait diriger les feux de quelques
pièces de 12 sur des points sans importance du côté d'Ars ; puis
s'en allait, au pas de son cheval, à l'extrémité du plateau de Saint-
Quentin, voir l'ensemble du champ de bataille, au sud de Plappeville.
Il était quatre heures et demie environ ; le paysage était splendide :
à l'est, le Saint-Quentin, la Moselle, Metz et Saint-Julien ; au nord,
le fort de Plappeville ; à l'ouest, les crêtes s'échelonnant, de Vaux
jusqu'à Saint-Privat, et *couronnées à chaque instant par des flocons
de fumée blanchâtre;* puis, comme cadre et accompagnement à ce
tableau unique, *la voix grandiose du canon et le crachement irri-
tant des mitrailleuses. Impassible, le maréchal suivait, avec la lor-
gnette, la ligne des feux.* » (Général Iung, p. 29.) Le général Iung
accompagnait Bazaine dans cette étrange excursion. — Voir aussi :
Dussieux, p. 78. — J. Valfrey, p. 20.

(1) Général d'Andlau, p. 89. — « Le 18, l'ennemi a poussé quelques
pointes et quelques reconnaissances sur la rive droite de la Moselle ;
il s'est mis en batterie à Frascaty. *Il est évident qu'il n'avait pas
l'intention de passer la Moselle sous le feu du fort Saint-Quentin...*
Sur la rive gauche de la Moselle, il y a eu quelques mouvements de
troupes entre Jussy et Vaux... Pour ceux qui ont suivi, ce jour-là,
l'opération depuis le commencement jusqu'à la fin, *il est bien évident que le mouvement de l'ennemi était purement défensif, car il
ne pouvait songer à se transporter par la Moselle, en suivant une
route enfilée par 34 canons de 24.* » (*Procès Bazaine*, déposition du
commandant Robert, commandant le fort Saint-Quentin, p. 529.)

Non, le maréchal ne pense ni à sa droite ni à son centre ; il ne demande aucun renseignement ; il laisse ses aides de camp dans les bureaux au lieu de les envoyer à la découverte, et pourtant, dès les premières détonations, on s'était ému à l'état-major général (1). Bazaine avait été informé des mouvements de l'ennemi à sept heures, puis à neuf heures du matin par le maréchal Le Bœuf ; il avait été averti, à midi un quart, par M. de Bellegarde, que la bataille était commencée ; il avait été prévenu, à midi et demi, par le colonel Lewal, que l'action s'étendait sur toute la ligne ; en dépit de ces avertissements, il déjeune tranquillement, prend son café, fume cigarettes sur cigarettes, ne lance aucun ordre et ne sort pas de la maison où il a établi son quartier (2). Le général Jarras avait tenu le commandant en chef au courant de ces graves événements ; « il avait prescrit que les chevaux de l'état-major fussent sellés et bridés, et avait fait, en même temps, demander au maréchal Bazaine quand il monterait à cheval... il ne s'y décida qu'à trois heures et demie (3). » On sait l'ouvrage intéressant qu'il fit au Saint-Quentin.

(1) « L'état-major général avait suivi le maréchal à Plappeville : il était là, tout entier, dans l'impatience et l'anxiété, attendant l'ordre de partir, désireux d'aller rejoindre ses camarades et ses amis ; les chevaux avaient été bridés aux premiers coups de canon. Tous les officiers étaient prêts, ne doutant pas que, d'un instant à l'autre, ils n'eussent à accompagner le maréchal ou à le devancer pour porter ses instructions. Mais les minutes se passent, puis les heures, dans cette attente cruelle. » (Général d'Andlau, p. 87.) — « Cette inaction stupéfiait ceux qui en étaient témoins. » (Colonel Derrecagaix, p. 188.) — « Bazaine était si bien au courant de la situation, qu'il télégraphiait : à deux heures, à Mac-Mahon : « Le corps Canrobert pourrait bien être attaqué à Saint-Privat ; » à quatre heures, à l'empereur : « L'attaque a été très vive. » (*Procès Bazaine*, Rapport, p. 21.)

(2) « Le 18 août, vers dix heures du matin, je fus prévenu que l'ennemi apparaissait en grand nombre. » (Maréchal Bazaine, *l'Armée du Rhin*, p. 69.)

(3) *Procès Bazaine*, Réquisitoire, p. 703. — « Au lieu d'emmener avec lui tout son état-major, dont le nombreux personnel lui aurait

Quoi qu'il en soit, non seulement Bazaine n'en joignit pas à la Garde impériale d'appuyer le 6ᵉ corps, mais encore, et de peur que Bourbaki n'eût la pensée, bien naturelle, de marcher au canon, il lui défendit de s'éloigner de Plappeville. En effet, à quatre heures et demie, Bazaine ordonna à un officier du général Bourbaki, le capitaine de Beaumont, de dire à son chef de *rentrer avec toute la Garde* (1). A quatre heures un quart, il avait annoncé cette résolution à plusieurs officiers de l'état-major du commandant de la Garde, qu'il rencontrait dans le haut de Plappeville, et les avait dissuadés d'aller rejoindre leur général (2). Son but ne sera que trop

permis d'avoir, d'une manière continue, des nouvelles du combat, il refuse les offres du général Jarras et ne prend avec lui que quelques officiers. » (*Ibid.*, Rapport, p. 21.) — (*Ibid.*, déposition du maréchal Le Bœuf, p. 228; déposition de M. de Bellegarde, p. 277; déposition du colonel Lewal, p. 275; Réquisitoire, p. 703; Rapport, p. 21.) — « Le bruit des détonations, la direction du feu ne laissaient cependant aucun doute sur les points où l'engagement devait être le plus sérieux; *l'horizon était en feu vers le nord-ouest*, devant nos positions d'Amanvillers et de Saint-Privat. » (Général d'Andlau, p. 88.) — « De l'esplanade de Metz on put suivre la bataille, et la foule y fut compacte pendant toute la journée : on distinguait à merveille la ligne d'engagements, dessinée par des nuages de fumée d'où sortaient, d'instant en instant, des obus dont la trace restait en l'air pendant plusieurs minutes. » (*Blocus et Capitulation de Metz*, par H. Nazet et E.-A. Spoll; Bruxelles, Office de publicité, 1870, pp. 25 et 26.) — Du reste, Bazaine avoue qu'il a été tout le temps « *à portée du télégraphe (fort de Plappeville) par lequel lui arrivaient les renseignements de l'observatoire établi sur le clocher très élevé de la cathédrale de Metz.* » (Maréchal Bazaine, *l'Armée du Rhin*, p. 70.)

(1) « Très ému de l'importance de l'ordre que je recevais, je demandai au maréchal de vouloir bien me répéter l'ordre qu'il venait de me donner, afin d'être assuré que je l'avais bien compris «« : Vous me donnez bien l'ordre, pour le général Bourbaki, de rentrer avec toute la Garde et d'en prévenir le maréchal Canrobert, qui est devant lui? »» Un officier d'état-major qui accompagnait le maréchal répondit : «« C'est bien ce qu'il faut dire au général Bourbaki. »» Et le maréchal ajouta lui-même : «« La journée est terminée; les Prussiens ont voulu nous tâter et c'est fini. »» Je saluai le maréchal et je partis pour porter l'ordre qu'il venait de me donner. » (*Procès Bazaine*, déposition de M. de Beaumont, p. 278.)

(2) « Le maréchal, en reconnaissant que nous faisions partie d

c

facilement atteint, et lorsque les grenadiers arriveront, malgré lui, au secours de Canrobert, il sera trop tard et ils ne pourront que couvrir la retraite (1). Mais ne cessons pas de répéter, sans nous lasser, que, là encore, il suffisait de la volonté de Bazaine pour anéantir la Garde prussienne et pour couper le corps saxon aventuré du côté de Roncourt : il ne fallait qu'un ordre du général en chef, qui ne le donna point (2).

Enfin, continuons le récit de ces luttes grandioses. A la vue des épouvantables hécatombes de la Garde royale, le prince de Wurtemberg se range, un peu tard, à l'avis du général de Pape et décide de ne recommencer l'attaque qu'après que le canon aura ébranlé les défenseurs de Saint-Privat (3). Les batteries des deux divisions Bu-

l'état-major de la Garde, commandé par le général Bourbaki, nous demanda si nous allions rejoindre le général, et, sur notre réponse affirmative, il nous dit : «« C'est inutile, la Garde va rentrer dans ses campements. »» (*Procès Bazaine*, déposition de M. de Lacale, p. 279.) — A quatre heures, il avait déjà dit à M. de Sancy : « On peut considérer la journée comme terminée. » (*Ibid.*, déposition du capitaine de Sancy, p. 280.) — « La rentrée de l'armée dans le camp de Metz *était d'avance chose arrêtée dans l'esprit du maréchal commandant en chef,* car de longues instructions préparées dans ce sens furent remises à tous les officiers qui vinrent du champ de bataille chercher des ordres près de lui. » (Comte de la Tour du Pin-Chambly, p. 21.)

(1) « S'ils étaient entrés en ligne, à la droite de Canrobert, entre six et sept heures, et c'était possible, ils eussent, sans nul doute, repoussé les Saxons. » (Colonel Lecomte, t. II, p. 245.)

(2) « Les vaillants soldats de la Garde auraient apporté dans la lutte l'appoint qui nous a manqué pour assurer un triomphe. » Quesnoy, p. 79.) — « Le mouvement tournant, suffisamment indiqué dès midi (dès deux heures tout au moins) sur Roncourt, était exécuté ; il avait amené les résultats que l'on pouvait redouter et qu'il eût été surtout facile de conjurer, si le commandant en chef se fût trouvé là avec la Garde toute entière et les batteries de la réserve. » (Général Fay, p. 109.) — « La Garde impériale aurait pu venir renforcer Canrobert et ses héroïques soldats ; il aurait pu, aussi, recevoir le secours des 96 pièces de l'artillerie de réserve... Canrobert tenait la clef du champ de bataille et il ne fut pas secouru. » (Dussieux, p. 77.)

(3) « Le général commandant la Garde, qui voyait les pertes

dritzki et de Pape, l'artillerie de corps, grondaient
de nouveau ; vers sept heures du soir, quatorze
batteries canonnaient Saint-Privat et Jérusalem qui
s'enflammaient bientôt, mêlant les lourds nuages de
leur fumée noire aux flocons blancs et légers des
feux de chassepots.

Sur ces entrefaites, les Saxons marchaient, marchaient toujours. La brigade de Craushaar passait
par Auboué, se dirigeant sur Montois-la-Montagne,
tiraillant avec les avant-postes jetés de ce côté par
le maréchal Canrobert. La brigade de Leonhardi
avait gagné le bord méridional du bois de Roncourt.
La brigade de Montbé, partie de Moineville, avait
dépassé la route de Metz à Briey. Enfin la brigade
de Schultz atteignait Montois et poussait droit sur
Roncourt. Durant tous ces mouvements, l'artillerie
de corps, d'abord installée le long du chemin de
Homecourt à Auboué, s'avançait en face de Roncourt
et prenait position entre Sainte-Marie et Montois,
la gauche appuyée au petit bois qui se trouve devant
Roncourt et Montois. De là, les Saxons bombardaient
Saint-Privat et Roncourt, éteignant le feu de nos
canons qui ne pouvaient répondre, privés de gargousses comme ils l'étaient.

Les princes Albert et Georges de Saxe pensèrent
qu'on ne devait pas tâter Saint-Privat avant d'avoir
enlevé Roncourt. Ordre fut donné dans ce sens, et
les Saxons l'exécutaient quand ils sont avisés « de
la situation critique du combat en face de Saint-Privat et vivement sollicités d'entrer en ligne le plus
promptement possible (1), » ce qui fait qu'une
partie du XIIe corps s'en prend à Roncourt pendant
que l'autre vole à l'aide de la Garde.

énormes qu'avaient déjà subies ces héroïques soldats, et qui ne
voulait pas les laisser s'accroître encore, ordonne de suspendre
l'attaque. » (Colonel Borsbstaedt, p. 514.)

(1) *La Guerre franco-allemande,* 1re partie, p. 840.

Si l'on se rappelle les positions occupées, à sept heures, par la Ire armée, par les IXe, IIIe et IIe corps, on voit que les Allemands, depuis le commencement de la bataille, n'ont progressé qu'à leur gauche, mais au prix de quels sacrifices! Le VIIe corps garnit Jussy, Vaux, le bois de Vaux; le VIIIe résiste avec peine à Saint-Hubert; le IIe arrive à Gravelotte et va essuyer les feux meurtriers de notre gauche; le IXe reste, tout épuisé qu'il est, devant Verneville; le IIIe, qui n'est pas remis de ses pertes du 16, est derrière ce dernier village, incapable de fournir un effort sérieux; la Garde s'épuise et « fond à vue d'œil » dans ses assauts de Saint-Privat; les Saxons atteignent Montois et vont tourner notre droite.

Les Français n'ont guère bougé et occupent toujours Sainte-Ruffine, Rozérieulles, le Point-du-Jour, Moscou, la partie est du bois des Génivaux, Leipzick, La Folie, Montigny-la-Grange, Amanvillers, Saint-Privat, Roncourt, la forêt de Jaumont et Mâlancourt. La Garde impériale est à Plappeville, sauf une brigade de voltigeurs en arrière du 3e corps, la division Picard et l'artillerie qui défilent derrière le rideau épais du bois de Saulny.

IV. — *Prise de Roncourt et de Saint-Privat.*

Se sentant abandonné, le maréchal Canrobert résolut, non de se rendre, mais de se ramasser sur lui-même et de lutter jusqu'à la dernière extrémité. Le soldat de Ponte-Vecchio-di-Magenta n'était pas homme à reculer, même devant la Garde royale qui l'attaquait de front, même devant les Saxons qui le tournaient, même devant les 210 bouches à feu qui tonnaient contre lui. Il entendait tenir tant qu'il aurait un homme debout à ses côtés, tant qu'une cartouche se trouverait dans le fusil du dernier défenseur de Saint-Privat.

Conformément à ces mâles résolutions, le maréchal « avait pris le parti d'évacuer progressivement toute la région située au nord du village, en se couvrant d'une arrière-garde établie à Roncourt. Ce mouvement, dérobé à la vue des Allemands par les crêtes, était exécuté avec une incontestable habileté (1). » Aussi, quand les Saxons s'approchent de Roncourt, n'ont-ils affaire qu'aux tirailleurs de notre arrière-garde; mais, lorsqu'ils veulent pousser plus avant, ils se heurtent à la brigade Péchot, fortement installée sur la lisière occidentale de la forêt de Jaumont. La fusillade recommence; l'ennemi ne fait plus de progrès et se contente d'occuper Roncourt.

Pendant ce temps, une partie des troupes saxonnes avait incliné du côté de Saint-Privat. Le général de Craushaar se met à la tête des bataillons et aborde résolument notre droite. Une succession de petits murs protégeait nos tirailleurs. C'est un à un que les Saxons sont forcés de les enlever et, après des pertes cruelles, ils arrivent jusqu'à 300 pas du village, où ils se mêlent au 4ᵉ régiment de la Garde.

Un instant d'arrêt se produit; « la plupart des commandants de compagnie et beaucoup d'autres officiers étaient tués ou hors de combat (2). » Le prince royal de Saxe ne se sent pas encore assez fort pour culbuter Canrobert et il donne l'ordre de bombarder derechef Saint-Privat. Toute l'artillerie saxonne s'établit à 1,400 pas « formant un arc de cercle dont les feux battent la face nord-est du

<hr>

(1) *La Guerre franco-allemande*, 1ʳᵉ partie, p. 842.
(2) *Ibid.*, p. 846.

village (1). » Ce sont 14 batteries saxonnes, plus
10 batteries prussiennes placées au sud de la
route, qui foudroient Saint-Privat. Les incendies
s'allument de tous côtés ; les toits s'effondrent ; des
pans de murs sont renversés par les obus. C'est une
véritable pluie de projectiles de toute espèce qui
s'abat sur ce petit pays désormais légendaire (2).

Sous la protection de ce feu terrible, les Saxons
et la Garde royale se préparent à l'assaut décisif.
Les bataillons ennemis « fondent, aux derniers
rayons du soleil couchant, sur ce boulevard de l'adversaire si longtemps et si opiniâtrément défendu.
Sur toute la ligne, les tambours battent, les clairons
sonnent le pas de course. Les troupes, drapeaux
au vent, — quelques-uns avaient déjà changé de
mains jusqu'à cinq fois, — s'élancent sur les traces
de leurs officiers et, d'un commun élan, les Saxons
au nord et au nord-ouest, la Garde à l'ouest et au
sud, atteignent, à peu près en même temps, Saint-
Privat en flammes (3). »

Canrobert ne bronche pas. Courant de l'un à
l'autre, il infuse à tout son monde sa redoutable
intrépidité. Chaque mur, chaque maison sont défendus avec une rage froide (4). Les Allemands tombent par centaines ; le général de Craushaar est tué ;
les officiers payent plus que tous leur tribut funèbre ;
mais le 6ᵉ corps est épuisé, sans munitions, et les
secours, promis depuis le matin, ne se montrent

(1) *La Guerre franco-allemande*, 1ʳᵉ partie, p. 847. — « Cent
pièces venaient s'ajouter à celles qui, depuis longtemps, bombardaient Saint-Privat. » (Capitaine Bonnet, t. Iᵉʳ, p. 157.)

(2) « Plus de 250 pièces foudroyèrent le village de Saint-Privat qui
montra bientôt des monceaux de ruines incendiées. » (Colonel
Lecomte, t. II, p. 228.)

(3) *La Guerre franco allemande*, 1ʳᵉ partie, p. 849.

(4) « Les Français tenaient avec la plus opiniâtre énergie. »
(A. Niemann, p. 109.)

pas encore (1). Les masses saxonnes s'engouffrent dans les rues et parviennent jusqu'à l'église. « Elles y rencontrent une résistance désespérée, et à plusieurs reprises, il leur faut agir de la crosse et de la baïonnette avant que les Français, de plus en plus acculés, se décident à mettre bas les armes (2). »

Les débris de la Garde royale s'étaient également portés sur la partie méridionale du village. Des salves meurtrières couchent de nouveau par terre des rangs entiers; les compagnies confondues avancent au hasard, mais avancent; nos munitions font défaut, notre artillerie se tait : Jérusalem est enlevé, et bientôt la Garde atteint Saint-Privat même. Une série d'actions s'engagent dans les habitations, pendant que les canons allemands continuent à tirer sur le village et à jeter leurs obus sur tous les combattants, amis ou ennemis. Mêlée atroce, que la nuit vient envelopper de ses ombres sinistres. « Quoique entourés et manquant de munitions, les Français disputent chaque coin de rue, chaque maison, chaque mur (3). » Le

(1) « Néanmoins le brave 6ᵉ corps tenait toujours. Canrobert ne désespérait pas encore ; il ferait, en tous cas, son devoir jusqu'au bout. Ses batteries, la plupart démontées, ne pouvaient plus répondre à la canonnade si dominante des Allemands. D'ailleurs, ses munitions, presque épuisées, devaient être réservées pour les colonnes. » (Colonel Lecomte, t. II, p. 228.) — « En vain, la Garde impériale, avec sa puissante artillerie, avait été suppliée de descendre, du Gros-Chêne, au secours des lignes qui tenaient encore mais n'avaient plus un bataillon en réserve, surtout plus de munitions ; elle n'avait pas d'ordre du commandant en chef et laissa la victoire se prononcer contre nous, sous ses yeux. » (Comte de La Tour du Pin-Chambly, pp. 20 et 21.)

(2) *La Guerre franco-allemande*, 1ʳᵉ partie, p. 850. — « Assaillants et défenseurs apportaient le même courage et la même opiniâtreté ; mais bientôt l'héroïque maréchal se voyait forcé de céder au nombre... Les rues, les maisons de Saint-Privat étaient défendues pied à pied, avec acharnement. » (Capitaine Bonnet, t. Iᵉʳ, p. 157.)

(3) Colonel Lecomte, t. II, p. 228. — « Les Français se défendent avec une énergie désespérée dans le village en flammes sur plusieurs points. Ce combat, dans lequel chaque maison doit être enlevée d'assaut, coûte encore des sacrifices considérables jusqu'au moment

6ᵉ corps se retire, frémissant, sous la protection de la brigade Péchot et des batteries du colonel de Montluisant. La retraite s'opère en bon ordre, par la route de Saint-Privat à Saulny (1). « Ni un drapeau, ni un canon ne tombent aux mains de l'ennemi; Canrobert est le dernier à quitter le village, emmené par ses aides de camp (2). »

« A huit heures du soir, le vainqueur, cruellement éprouvé lui-même, se trouvait en possession incontestée de cette clef de la position, défendue avec tant d'acharnement (3). » Les généraux ennemis s'employaient à remettre un peu d'ordre dans le chaos qui régnait parmi les troupes victorieuses. Les Allemands veulent pousser en avant, mais, reçus d'abord par le général Péchot, la cavalerie du Barail et quelques batteries du colonel de Montluisant, ils s'arrêtent net devant les grenadiers du général Picard et la réserve d'artillerie de la Garde impériale qui se déploie près des carrières d'Amanvillers. La division de cavalerie Rheinbaben est portée en avant : « Quelques salves, sorties du bois de Saulny, lui font tourner bride. Des obus la poursuivent à son tour et la forcent à se retirer au delà de Saint-Privat, sur la route de Sainte-Marie-aux-Chênes (4). »

L'artillerie ennemie entreprend alors une nouvelle lutte; au milieu de la nuit, le canon gronde avec

où Prussiens et Saxons, rivalisant d'ardeur, se trouvent enfin, à la nuit close, maîtres de tout ce grand village. » (Colonel Borbstaedt, p. 515.) — « Les troupes ont fait des prodiges de valeur contre un ennemi d'une égale bravoure. » (Télégramme adressée du champ de bataille, le 19, par le roi de Prusse à la reine Augusta.)

(1) Quesnoy, p. 77.
(2) Général Brackenbury, p. 141.
(3) *La Guerre franco-allemande*, 1ʳᵉ partie, p. 853.
(4) Colonel Lecomte, t. II, p. 229. — « M. le lieutenant-colonel de Montluisant avait réuni et placé en étages, sur la côte, à droite de la route, sept batteries, dont six attachées à ma division et une du 19ᵉ d'artillerie. Le feu de cette masse formidable empêche les Prussiens de sortir de Saint-Privat et Roncourt. » (*Rapport du général Tixier*, commandant de la 1ʳᵉ division du 6ᵉ corps.)

une fureur croissante. Efforts inutiles : nos batteries demeurent inébranlables et rendent coup pour coup. Il faut que l'ennemi en prenne son parti et se contente de la conquête de Saint-Privat. Aussi bien, la confusion était telle, dans la IIe comme dans la Ire armée, que M. de Moltke ne connut que dans la matinée du 19 la défaite de Canrobert, et resta toute la nuit sous l'impression de l'échec de Steinmetz. Le prince Frédéric-Charles n'avait pas eu le loisir d'envoyer un officier auprès du roi pour le mettre au courant de la lutte terrible qu'il soutenait. Il paraît qu'il avait assez de tenir tête à Canrobert et à Ladmirault (1).

Cependant, ce dernier ne pouvait plus se maintenir à Amanvillers, depuis la chute de Saint-Privat. « Demeuré seul dans une position débordée par la droite, il s'inquiète, demande ce qu'on attend de lui et réclame des instructions. Il expédie officiers sur officiers, rien ne vient; le maréchal est rentré chez lui; il dort; on refuse de l'éveiller. Une partie de son armée est défaite, il dort! et c'est à grand'peine qu'un capitaine, qui pénètre chez lui, peut faire parvenir sa demande. La réponse arrive enfin : c'est un ordre de retraite (2). »

Semblables à ces alertes, qui suivent les grands incendies, alors que le feu reprend de côté et d'autre quand on le croyait définitivement éteint, des engagements de peu de durée troublèrent seuls la tran-

---

(1) « Quant à la IIe armée, on ignorait encore dans la soirée son succès définitif. C'est seulement pendant la nuit et le lendemain matin qu'arrivaient de tous côtés des indications plus précises. Dans la matinée du 19, la situation était parfaitement tirée au clair ! (*La Guerre franco-allemande*, 1re partie, p. 883.) — « De bon matin, le 19, le général Steinmetz ne connaissait pas encore ce qui s'était passé sur la gauche de la IIe armée, la veille au soir. Il n'avait, au moins, aucune notion d'une victoire à Saint-Privat et s'attendait à recommencer la lutte dans la journée. » (Colonel Lecomte, t. II, p. 254.) — Voir aussi : Major de Schell, pp. 209 et 210.

(2) Colonel Vandevelde, *Commentaires*, p. 107.

quillité de la nuit le long de la ligne des avant-postes. Les Français évacuaient successivement les positions qu'ils avaient si vaillamment défendues, et se retiraient petit à petit vers Metz.

Les pertes étaient effrayantes. Les Allemands comptaient : 5,237 tués, 14,430 blessés, 493 prisonniers (1). Le général de Craushaar avait été frappé à mort, et les généraux de Medem et de Blumenthal grièvement blessés (2). Les Français avaient 12,273 hommes hors de combat, dont 1,146 tués, 6,709 blessés et 4,420 disparus (3). Les généraux de Golberg, Henry, Bellecourt, Colin, Pradier étaient blessés; le général Plombin était prisonnier.

L'ennemi avait perdu deux pièces de canon (4); nous n'en avions laissé aucune entre ses mains. 130,000 Français avaient lutté contre 200,000 Allemands (5).

CONSIDÉRATIONS

Telle avait été cette bataille gigantesque. Il avait « fallu qu'un traître commandât les armées de la France pour que la victoire échappât, le 18 août, des mains de Canrobert, de Ladmirault, de Le Bœuf et de Frossard, qui se conduisirent admirablement ce jour-là et qui se montrèrent aussi bons *divisionnaires* que les deux derniers s'étaient révélés mauvais major général et détestable chef de corps (6). »

(1) *La Guerre franco-allemande*, 1re partie, supplément, p. 200.
(2) Colonel Borbstaedt, p. 531.
(3) *La Guerre franco-allemande*, 1ro partie, supplément, p. 201. — Maréchal Bazaine, *l'Armée du Rhin*, p. 74. — Commandant Canonge, t. II, p. 147.
(4) Maréchal Bazaine, *l'Armée du Rhin*, p. 75.
(5) Commandant von der Goltz, *La Nation armée*, pp. 145 et 322.
(6) *Nouvelle Revue*, n° du 1er mai 1882, pp. 38 et 39. — Nous ne

Canrobert secouru, c'était la bataille perdue pour les Allemands. Frossard et Le Bœuf renforcés et poussés en avant, c'était la ligne ennemie coupée à l'endroit le plus sensible, c'était le désastre inéluctable puisque la IIe armée se serait trouvée, le lendemain, sans vivres et sans munitions. Bazaine, absent, ne voulut songer ni à l'une ni à l'autre hypothèse. Il avait décidé de rester à Metz, il ne s'agissait donc pas de couper les Allemands en deux et de les exterminer; « la journée consistait pour lui dans une défense de *lignes* soutenue de telle façon que l'on pût, le lendemain, se replier sans encombre sur Metz (1). »

On nous rendra cette justice que nous ne ménageons pas les témoignages et que nous accumulons les preuves à l'appui de nos appréciations. Voici l'opinion d'un officier, aujourd'hui général de l'armée anglaise, touchant l'abandon de Canrobert et l'indifférence de Bazaine durant cette néfaste journée du 18 août : « Et pendant tout ce temps, où était le maréchal commandant en chef? Pourquoi n'envoya-t-il pas de munitions au 6° corps si dépourvu? Pourquoi ne protégea-t-il pas avec son artillerie de réserve ce flanc si terriblement écrasé? Pourquoi l'ordre ne fut-il pas donné à une division fraîche d'infanterie de tenir cette pente contre la Garde prussienne? Les témoignages à ce sujet sont tellement extraordinaires, que, s'ils n'étaient pas répétés par plus d'une autorité digne de foi, ils pas-

prétendons pas décerner à ces trois derniers chefs de corps un brevet de capacité; nous disons simplement qu'ils avaient des positions et qu'ils les ont heureusement conservées. Mais ils auraient dû aller de l'avant, même sans ordres.

(1) Commandant Canonge, t. II, p. 154. — « Et la Garde! la Garde ! Pourquoi la Garde n'avait-elle pas donné ? Pourquoi ne s'était-elle montrée sur le champ de bataille que lorsque la partie était déjà perdue ? Et le maréchal Bazaine, pendant le combat, où était-il? Que faisait-il? Personne ne l'avait vu. » (Ludovic Halévy, p. 82.)

seraient les bornes du vraisemblable. Bazaine reçut les demandes du 6ᵉ corps pour les munitions et les renforts nécessaires; il n'envoya ni munitions, ni artillerie, ni infanterie. Nous ne connaissons pas, dans toute l'histoire militaire, un cas pareil, d'un commandant en chef qui se tient absolument à l'écart pendant un combat dans lequel étaient engagés plus de 100,000 de ses soldats. Quelle est la clef de cette manière d'agir? On n'en trouve qu'une seule, que confirme, à l'évidence, un simple fait : *Bazaine n'a pas souhaité gagner la bataille et n'a rien fait pour cela; il était décidé à se replier sur Metz.* En voici la preuve : pendant la lutte, des officiers de l'état-major étaient occupés, par ordre de Bazaine, à tracer le camp dans la vallée de la Moselle où il avait résolu de faire bivouaquer l'armée (1). »

Bazaine prétend bien que la crainte de se voir coupé de Metz l'a empêché de secourir Canrobert, et qu'il devait conserver ses réserves pour maintenir

(1) Général Brackenbury, pp. 142 et 145. — *Procès Bazaine*, Rapport, p. 22 ; Réquisitoire, p. 704; dépositions du colonel Lewal, p. 273; du capitaine Iung, pp. 276 et 277. — « Voici l'ordre qui avait été donné, le 18, pour la reconnaissance : « Aux « commandants de corps d'armée. J'ai l'honneur de vous inviter « à envoyer aujourd'hui votre sous-chef d'état-major général à « Châtel-Saint-Germain, de façon à ce qu'il se trouve devant « l'église à dix heures du matin; il y rencontrera le colonel Lewal, « de mon état-major général, avec lequel il fera la reconnaissance « des positions occupées (*sic*) par les divers corps, quand j'en don- « nerai l'ordre. Au grand quartier général, à Plappeville, le 18 août « 1870. » (*Procès Bazaine*, réponse de l'accusé, p. 276.) — « J'avais dans ma poche (dit le maréchal Canrobert au moment où il quittait Saint-Privat en ruines) l'ordre de prendre, le lendemain 19, les positions que le colonel Lewal avait été reconnaître sous les canons de Metz, la gauche au fort Queuleu, la droite à couvert sous le fort Moselle et appuyée à la rivière; je me dirigeai de ce côté. » (*Ibid.*, déposition du maréchal Canrobert, p. 225.) La préméditation est donc évidente et ce n'est pas par suite *de l'arrivée du roi de Prusse et des forces allemandes* (*Ibid.*, réponse de l'accusé, p. 276) que la reconnaissance et l'ordre de retraite ont été faits et lancés, puisqu'ils sont antérieurs et à la bataille et à l'arrivée du roi de Prusse, mais en exécution d'un plan concerté.

les Prussiens. « Nous nous bornerons à dire que l'ennemi n'a jamais fait une tentative sérieuse par Vaux, Sainte-Ruffine et Woippy. Les fortifications de Plappeville, de Saint-Quentin et de Metz, ne permettaient pas une pareille folie (1). »

L'ex-maréchal soutient encore que, s'il a envoyé le colonel Lewal reconnaître la vallée de la Moselle, c'est en exécution du titre XIII du *Service en campagne*, qui prescrit de désigner à l'avance les positions à prendre en cas d'insuccès (2). Mais alors Bazaine croyait donc à une bataille, puisqu'il parle d'insuccès ? Or, il n'a cessé de répéter, toute la journée, et dans ses conversations et dans ses dépêches : « *Ce n'est rien, ce n'est rien;* les Prussiens ont voulu nous tâter et c'est fini (3). » Au surplus, on ne s'attendait guère, de sa part, à un pareil respect des instructions du *Service en campagne,* et quand on le voit, au cours de son commandement, les violer toutes avec une gaieté de cœur et une persistance au moins singulières, on n'est plus disposé à croire que ce soit par amour de ces mêmes instructions qu'il ait fait exécuter, par le colonel Lewal, les suspectes et inutiles reconnaissances destinées à l'établissement des troupes sous le canon de Metz. On ne voit plus là que ce que l'on doit y voir, que ce que tout le monde y a vu : la preuve accablante de ses desseins criminels.

L'état-major prussien n'avait pas montré, de son côté, beaucoup d'habileté et il avait couru les plus grands dangers. « Toute la bataille était une simple poussée en avant (4); » pas une manœuvre originale, pas de combinaisons imprévues, pas de direction

<hr>

(1) Général Iung, p. 31.
(2) Bazaine, *Episodes,* p. 106.
(3) *Procès Bazaine,* déposition de M. de Beaumont, p. 278.
(4) Capitaine Bonnet, t. 1ᵉʳ, p. 315.

générale : l'obscurité règne toute la journée sur la longue ligne des engagements.

Comme à Forbach, comme à Borny, comme à Rezonville, nos ennemis avaient joué de bonheur. La complicité de Bazaine avait changé en victoire une défaite certaine (1). Mais n'y a-t-il pas là une nouvelle démonstration de la chance invraisemblable qui n'a pas abandonné les Allemands durant cette campagne? Rencontre-t-on souvent des généraux en chef, des maréchaux de France de l'étoffe de Bazaine? Au reste, M. de Moltke avoue qu'il a touché à un revers : « Il est certain que le 14, comme le 16 août, des moments se produisirent, au cours du combat, où, du côté des Français, une volonté ferme, pénétrée de la situation et dirigeant avec ensemble, *aurait pu se ménager bien des succès. Ces conditions se représentèrent d'ailleurs dans la journée du* 18 (2). »

« Ainsi, la guerre était à peine ouverte depuis douze jours et elle aboutissait à ces sanglantes rencontres qui, en montrant tout ce qu'il y avait de

(1) « L'infanterie, la cavalerie, l'artillerie de la Garde impériale, la cavalerie de réserve, l'artillerie de réserve, qui ne demandaient qu'à marcher, ne perdirent, le 18 août, ni un seul homme ni un seul cheval. » (Général de Montluisant, p. 23.) — Voir aussi : Commandant Canonge, t. II, p. 148. — Comment les Allemands, épuisés, auraient-ils pu résister à ces admirables troupes, si elles avaient donné ?

(2) *La Guerre franco-allemande*, 1re partie, p. 879. — « Cette bataille d'Amanvillers, à laquelle les Prussiens ont donné le nom de Gravelotte, pouvait-elle être gagnée par l'armée française ? Qu'on nous permette de dire, sans aucune pensée de critique, que nous pouvions avoir toutes chances favorables et grande espérance, si, dès le matin du 18, lorsque les mouvements reconnus de nos ennemis n'ont plus laissé de doutes sur l'imminence d'une attaque, le corps de la Garde impériale avait été porté en arrière de notre aile droite, avec la réserve générale d'artillerie de l'armée. *Il suffisait que ce renfort arrivât dans l'après-midi, puisque Saint-Privat n'a été pris que vers huit heures.* Cette puissante réserve, troupes d'élite et artillerie, dissimulée par les bois, en arrière de Saint-Privat-la-Montagne, se fût montrée quand le XIIe corps allemand est entré en ligne de ce côté. C'est à elle que les Saxons auraient eu affaire ! L'ennemi avait été repoussé à plusieurs reprises à sa droite, contenu vaillamment

virilité héroïque dans nos soldats, résumaient le temps perdu, les imprévoyances et les irrésolutions du commandement. Saint-Privat après Rezonville, après Borny, après Forbach, après Frœschwiller : les fatalités s'enchaînaient ! Le dernier mot, c'était cette armée française, qui avait le nom d'armée du Rhin, violemment rejetée sous Metz, enfermée désormais dans un cercle de fer, séparée de la France, victime de la frivolité et de l'impéritie de ceux qui avaient préparé ce désastre, d'où allaient naître de nouveaux désastres (1). »

Mais le vrai coupable était, avant tous, ce maréchal de France, généralissime des deux armées restant à la patrie, et qui, froidement, obstinément, les sacrifiait à ce qu'il croyait être son intérêt personnel ; qui, dans ce but criminel, avait repoussé un succès trop décisif, ménagé ses adversaires, afin de ne pas être libre de revenir auprès de l'empereur, et qui finissait par être joué et cerné par l'ennemi qu'il comptait amuser.

au centre ; son aile gauche saxonne venant à être culbutée par le choc de la Garde impériale, quelle chance lui restait-il ? N'insistons pas. Nous devons peut-être avoir plus de regrets de cette bataille perdue que de tous nos autres malheurs. La victoire, ce jour-là, eût été le salut. » (Général Frossard, pp. 116 et 117.) — « Le 18, au matin, la retraite des Français était décidément coupée. Il leur fallait une victoire pour la reprendre. Cette victoire indispensable se montra de près à Bazaine, le 18, entre six et sept heures du soir ; il l'eût saisie en faisant seulement un plus prompt emploi de la Garde impériale. *Même sans cela il fut, ou plutôt ses troupes furent sur le point de l'obtenir.* » (Colonel Lecomte, t. II, p. 326.) — « Avec un meilleur capitaine, que n'auraient-ils pas fait (les Français) ? Quelques troupes de réserve derrière leur aile droite et l'histoire n'aurait pas eu à inscrire ce combat comme une victoire prussienne... C'est en vain que nous cherchons encore la plus petite trace de ce génie dont l'enthousiasme populaire a couronné la tête de de Moltke... Rien d'imprévu, rien que la seule routine militaire. » (Édouard Ruffer, pp. 84 et 85.) — « Les commandants de corps d'armée ont tous rempli leur devoir, mais la direction suprême a fait défaut ; tant d'héroïsme dépensé en deux batailles est resté inutile. » (*Le général Bourbaki*, p. 67.)

(1) Charles de Mazade, t. Ier, p. 170.

Le connétable de Bourbon et le maréchal Bazaine demeureront à jamais la personnification détestable du traître à son pays; mais entre les deux félons, nous n'hésitons pas et préférons celui qui combat ouvertement dans les rangs étrangers à l'homme qui profite de sa situation de commandant en chef pour livrer plus sûrement ses soldats, ses canons, ses forteresses inviolées et ses drapeaux à l'envahisseur. Bazaine a fait tout cela; c'est un véritable parricide patriotique; et si la France a le malheur d'être un jour asservie, c'est à lui qu'elle le devra !

PIÈCES JUSTIFICATIVES

I

ARMÉE FRANÇAISE

Le 1er août 1870.

Commandant en chef : L'EMPEREUR.

Major général : le maréchal LE BŒUF.

GARDE IMPÉRIALE

Général BOURBAKI.

1re division. Général Deligny.	1re brigade Général Brincourt.	Bataillon de chasseurs. 1er et 2e voltigeurs.
	2e brigade Général Garnier.	3e et 4e voltigeurs.
2e division. Général Picard.	1re brigade Général Jeanningros.	Zouaves. 1er grenadiers.
	2e brigade Général Poitevin de Lacroix.	2e grenadiers. 3e grenadiers.
Division de cavalerie. Général Desvaux.	1re brigade Général Halna du Fretay.	Guides. Chasseurs.
	2e brigade Général de France.	Lanciers. Dragons.
	3e brigade Général du Preuil.	Carabiniers. Cuirassiers.

TOTAL : 20 bataillons d'infanterie, 1 bataillon de chasseurs, 24 escadrons, 12 batteries.

1ᵉʳ CORPS.

Maréchal de-Mac Mahon, ayant sous ses ordres 48 bataillons d'infanterie, 4 bataillons de chasseurs, 28 escadrons, 20 batteries.

2ᵉ CORPS.

Général Frossard.

1ʳᵉ division. Général Vergé.	1ʳᵉ brigade Général Letellier-Valazé.	3ᵉ bataillon de chasseurs. 32ᵉ et 55ᵉ de ligne.
	2ᵉ brigade Général Jolivet.	76ᵉ de ligne. 77ᵉ de ligne.
2ᵉ division. Général Bataille.	1ʳᵉ brigade Général Pouget.	12ᵉ bataillon de chasseurs. 8ᵉ et 23ᵉ de ligne.
	2ᵉ brigade Général Fauvart-Bastoul.	66ᵉ de ligne. 67ᵉ de ligne.
3ᵉ division. Général de Laveaucoupet.	1ʳᵉ brigade Général Doens.	10ᵉ bataillon de chasseurs. 2ᵉ et 63ᵉ de ligne.
	2ᵉ brigade Général Micheler.	24ᵉ de ligne. 40ᵉ de ligne.
Division de cavalerie. Général Lichtlin.	1ʳᵉ brigade Général de Valabrègue.	4ᵉ chasseurs. 5ᵉ chasseurs.
	2ᵉ brigade Général Bachelier.	7ᵉ dragons. 12ᵉ dragons.

Total : 36 bataillons d'infanterie, 3 bataillons de chasseurs, 16 escadrons, 15 batteries.

3ᵉ CORPS.

Maréchal Bazaine.

1ʳᵉ division. Général de Montaudon.	1ʳᵉ brigade Général Aymard.	18ᵉ bataillon de chasseurs. 51ᵉ et 62ᵉ de ligne.
	2ᵉ brigade Général Clinchant.	81ᵉ de ligne. 95ᵉ de ligne.

2ᵉ division. Général de Castagny.	1ʳᵉ brigade Général Cambriels.	15ᵉ bataillon de chasseurs. 19ᵉ et 41ᵉ de ligne.
	2ᵉ brigade Général Duplessis.	69ᵉ de ligne. 90ᵉ de ligne.
3ᵉ division. Général Metman.	1ʳᵉ brigade Général de Potier.	7ᵉ bataillon de chasseurs. 7ᵉ et 29ᵉ de ligne.
	2ᵉ brigade Général Arnaudeau.	59ᵉ de ligne. 71ᵉ de ligne.
4ᵉ division. Général Decaen.	1ʳᵉ brigade Général de Brauer.	11ᵉ bataillon de chasseurs. 44ᵉ et 60ᵉ de ligne.
	2ᵉ brigade Général Sanglé-Ferrière.	80ᵉ de ligne. 85ᵉ de ligne.
Division de cavalerie. Général de Clérembault.	1ʳᵉ brigade Général de Bruchard.	2ᵉ, 3ᵉ et 10ᵉ chasseurs.
	2ᵉ brigade Général de Maubranches.	2ᵉ et 4ᵉ dragons.
	3ᵉ brigade Général de Juniac.	5ᵉ et 8ᵉ dragons.

TOTAL : 48 bataillons d'infanterie, 4 bataillons de chasseurs, 28 escadrons, 20 batteries.

4ᵒ CORPS.

Général DE LADMIRAULT.

1ʳᵉ division. Général de Cissey.	1ʳᵉ brigade Général Brayer.	20ᵉ bataillon de chasseurs. 1ʳ et 6ᵉ de ligne.
	2ᵉ brigade Général de Golberg.	57ᵉ de ligne. 73ᵉ de ligne.
2ᵉ division. Général Grenier.	1ʳᵉ brigade Général Bellecourt.	5ᵉ bataillon de chasseurs. 13ᵉ et 43ᵉ de ligne.
	2ᵉ brigade Général Pradier.	64ᵉ de ligne. 98ᵉ de ligne.

3ᵉ division. Général de Lorencez.	1ʳᵉ brigade Général Pajol.	2ᵉ bataillon de chasseurs. 15ᵉ et 33ᵉ de ligne.
	2ᵉ brigade Général Berger.	54ᵉ de ligne. 65ᵉ de ligne.
Division de cavalerie. Général Legrand.	1ʳᵉ brigade Général de Montaigu.	2ᵉ hussards. 7ᵉ hussards.
	2ᵉ brigade Général de Gondrecourt.	3ᵉ dragons. 11ᵉ dragons.

TOTAL : 36 bataillons d'infanterie, 3 bataillons de chasseurs, 16 escadrons, 15 batteries.

5ᵉ CORPS.

Général DE FAILLY, ayant sous ses ordres : 36 bataillons d'infanterie, 3 bataillons de chasseurs, 16 escadrons, 15 batteries.

1ʳᵉ brigade. Général Lapasset.	14ᵉ bataillon de chasseurs. 81ᵒ et 97ᵉ de ligne.

6ᵉ CORPS.

Maréchal CANROBERT.

1ʳᵉ division. Général Tixier.	1ʳᵉ brigade Général Péchot.	9ᵉ bataillon de chasseurs. 4ᵉ et 10ᵉ de ligne.
	2ᵉ brigade Général Le Roy de Dais.	12ᵉ de ligne. 100ᵉ de ligne.
2ᵉ division. Général Bisson,	1ʳᵉ brigade Général Archinard.	9ᵉ de ligne. 14ᵉ de ligne.
	2ᵉ brigade Général Maurice.	20ᵉ de ligne. 31ᵉ de ligne.
3ᵉ division. Général Lafont de Villiers.	1ʳᵉ brigade Général Becquet de Sonnay.	75ᵉ de ligne. 91ᵉ de ligne.
	2ᵉ brigade Général Colin.	93ᵉ de ligne. 94ᵉ de ligne.

<table>
<tr><td rowspan="2">4e division.
Général
Levassor-
Sorval.</td><td>1re brigade
Général de Marguenat.</td><td>25e de ligne.
26e de ligne.</td></tr>
<tr><td>2e brigade
Général de Chanaleilles.</td><td>28e de ligne.
70e de ligne.</td></tr>
<tr><td rowspan="3">Division
de cavalerie.
Général
de Salignac-
Fénelon.</td><td>1re brigade
Général Tilliard.</td><td>1er hussards.
6e chasseurs.</td></tr>
<tr><td>2e brigade
Général Savaresse.</td><td>1er lanciers.
7e lanciers.</td></tr>
<tr><td>3e brigade
Général de Béville.</td><td>5e cuirassiers.
6e cuirassiers.</td></tr>
</table>

TOTAL : 48 bataillons d'infanterie, 1 bataillon de chasseurs, 24 escadrons, 20 batteries. En réalité, il ne put arriver à Metz, du 6e corps, que 39 bataillons d'infanterie, 1 de chasseurs et 36 pièces.

7e CORPS.

Général Félix DOUAY, ayant sous ses ordres : 36 bataillons d'infanterie, 2 bataillons de chasseurs, 20 escadrons, 15 batteries.

La réserve de cavalerie se composait de trois divisions :

<table>
<tr><td>1re division.
Général
du Barail.</td><td>1er, 2e, 3e, 4e régiments de chasseurs d'Afrique.
2 batteries.</td></tr>
<tr><td>2e division.
Général
de Bonnemains.</td><td>1er, 2e, 3e, 4e cuirassiers.
2 batteries.</td></tr>
<tr><td>3e division.
Général
de Forton.</td><td>1er et 9e dragons.
7e et 10e cuirassiers.
2 batteries.</td></tr>
</table>

La réserve générale d'artillerie comptait 16 batteries.

Dix-neuf autres régiments étaient encore sur la frontière d'Espagne, en Algérie et à Civita-Vecchia (1).

____

(1) A. Le Faure, t. 1er, pp. 72 à 76. — Colonel Derrécagaix, pp. 598 à 601.

II

ARMÉE ALLEMANDE

Le 1ᵉʳ août 1870.

Commandant en chef : **LE ROI DE PRUSSE.**

Chef d'état-major général : le général DE MOLTKE.

Iʳᵉ ARMÉE.

Commandant en chef : général de STEINMETZ.

Chef d'état-major : général *de Sperling.*

VIIᵉ CORPS.

Général d'infanterie DE ZASTROW.

XIIIᵉ division d'infanterie. Lieutenant général de Glümer.	25ᵉ brigade Général de Osten-Sacken.	1ᵉʳ régiment de Westphalie, nº 13. Régiment de fusiliers du Hanovre, nº 73.
	26ᵉ brigade Général de Goltz.	2ᵉ régiment de Westphalie, nº 15. 6ᵉ régiment d'infanterie de Westphalie, nº 55.

Étaient, en outre, attachés à cette division : le bataillon de chasseurs de Westphalie, nº 7 ; le 1ᵉʳ régiment de hussards de Westphalie, nº 8 ; 24 pièces d'artillerie et 2 compagnies de pionniers.

XIVᵉ division d'infanterie. Lieutenant général de Kameke	27ᵉ brigade Général de François.	Régiment de fusiliers du Bas-Rhin, nº 39. 1ᵉʳ régiment du Hanovre, nº 74.
	28ᵉ brigade Général de Woyna.	5ᵉ régiment de Westphalie, nº 53. 2ᵉ régiment du Hanovre, nº 77.

Étaient, en outre, attachés à cette division : le régiment de hussards du Hanovre, n⁰ 15 ; 24 pièces d'artillerie, 1 compagnie de pionniers.

Étaient, en outre, attachés au VIIᵉ corps : 36 pièces d'artillerie, 1 bataillon du train et quelques autres détachements.

Total : 24 bataillons d'infanterie, 1 bataillon de chasseurs, 8 escadrons, 84 pièces, 3 compagnies.

VIIIᵉ CORPS.

Général d'infanterie DE GŒBEN.

XVᵉ division d'infanterie. Lieutenant général de Weltzien.	29ᵉ brigade Général de Wedell.	Régiment de fusiliers de la Prusse orientale, n⁰ 33. 7ᵉ régiment de Brandebourg, n⁰ 60.
	30ᵉ brigade Général de Strubberg.	2ᵉ régiment rhénan, n⁰ 28. 4ᵉ régiment de Magdebourg, n⁰ 67.

Étaient, en outre, attachés à cette division : le bataillon de chasseurs rhénan, n⁰ 8 ; le régiment des hussards du Roi, n⁰ 7 ; 24 pièces d'artillerie, 1 compagnie de pionniers.

XVIᵉ division d'infanterie. lieutenant général de Barnekow.	31ᵉ brigade Général Neidhard de Gneisenau.	3ᵉ régiment rhénan, n⁰ 29. 7ᵉ régiment rhénan, n⁰ 69.
	32ᵉ brigade Colonel de Rex.	Régiment de fusiliers de Hohenzollern, n⁰ 40. 4ᵉ régiment de Thuringe, n⁰ 72.

Étaient, en outre, attachés à cette division : le 2ᵉ régiment de hussards rhénan, n⁰ 9 ; 24 pièces d'artillerie, 2 compagnies de pionniers.

Étaient, en outre, attachés au VIIIᵉ corps : 42 pièces d'artillerie, 1 bataillon du train et quelques autres détachements.

Total : 24 bataillons d'infanterie, 1 bataillon de chasseurs, 8 escadrons, 90 pièces, 3 compagnies.

IIIe DIVISION DE CAVALERIE.

Lieutenant général de *Groben.*

6° brigade de cavalerie. Général de Mirus.
: Régiment de cuirassiers rhénan, n° 8.
: Régiment de uhlans rhénan, n° 7.

7° brigade de cavalerie. Général de Dohna.
: Régiment de uhlans de Westphalie, n° 5.
: 2° régiment de uhlans du Hanovre, n° 14.

6 pièces d'artillerie étaient, en outre, attachées à cette division.

IIe ARMÉE.

Commandant en chef : prince FRÉDÉRIC-CHARLES.

Chef d'état-major : *de Stiehle.*

GARDE ROYALE.

Général de cavalerie prince *Auguste de Wartemberg.*

Ire division d'infanterie de la Garde. Général de Pape.
: 1re brigade Général de Kessel.
:: 1er régiment à pied.
:: 3° régiment à pied.
: 2° brigade Général de Medem.
:: 2° régiment à pied.
:: Régiment de fusiliers.
:: 4° régiment à pied.

Faisaient, en outre, partie de cette division : le bataillon de chasseurs, le régiment de hussards, 24 pièces d'artillerie, 1 compagnie de pionniers.

IIe division d'infanterie de la Garde. Lieutenant général de Budritzki.	3e brigade Colonel Knappe.	Régiment de grenadiers empereur Alexandre, n° 1. 3e régiment de grenadiers reine Élisabeth.
	4e brigade Général de Berger.	Régiment de grenadiers empereur François, n° 2. 4e régiment de grenadiers de la Reine.

Faisaient, en outre, partie de cette division : le bataillon de tirailleurs, le 2e régiment de uhlans, 24 pièces d'artillerie, 2 compagnies de pionniers.

Division de cavalerie de la Garde. Lieutenant général de Goltz.	1re brigade Général de Brandebourg I.	Régiment des gardes du corps. Régiment de cuirassiers.
	2e brigade Prince Albrecht de Prusse.	1er régiment de uhlans de la Garde. 3e régiment de uhlans de la Garde.
	3e brigade Lieutenant général de Brandebourg II.	1er régiment de dragons de la Garde. 2e régiment de dragons de la Garde.

Faisaient, en outre, partie de la Garde : 42 pièces d'artillerie, 1 bataillon du train et quelques autres détachements.

Total : 27 bataillons d'infanterie, 2 bataillons de chasseurs, 32 escadrons, 90 pièces, 3 compagnies.

IIIe CORPS.

Lieutenant général D'ALVENSLEBEN II.

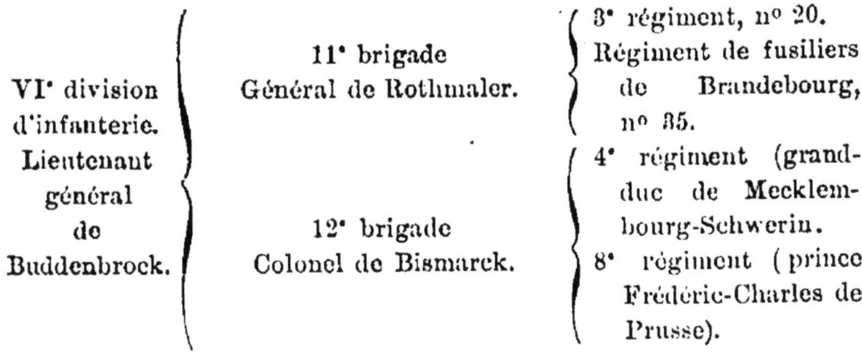

V^e division d'infanterie. Lieutenant général de Stülpnagel.	9e brigade Général de Döring.	Régiment de grenadiers du corps, n° 8. 5e régiment d'infanterie de Brandebourg, n° 48.
	10e brigade Général de Schwerin.	2e régiment de grenadiers (prince Charles de Prusse). 6e régiment d'infanterie, n° 52.

Étaient, en outre, attachés à cette division : le bataillon de chasseurs de Brandebourg, n° 3 ; le 2e régiment de dragons de Brandebourg, n° 12 ; 24 pièces d'artillerie, 1 compagnie de pionniers.

VIe division d'infanterie. Lieutenant général de Buddenbrock.	11e brigade Général de Rothmaler.	3e régiment, n° 20. Régiment de fusiliers de Brandebourg, n° 35.
	12e brigade Colonel de Bismarck.	4e régiment (grand-duc de Mecklembourg-Schwerin. 8e régiment (prince Frédéric-Charles de Prusse).

Étaient, en outre, attachés à cette division : le 1er régiment de dragons de Brandebourg, n° 2 ; 24 pièces d'artillerie, 1 compagnie de pionniers.

Étaient, en outre, attachés au IIIe corps : 36 pièces d'artillerie et 1 compagnie de pionniers.

TOTAL : 24 bataillons d'infanterie, 1 bataillon de chasseurs, 8 escadrons, 84 pièces, 3 compagnies.

IV° CORPS.

Général d'infanterie D'ALVENSLEBEN I⁺ʳ.

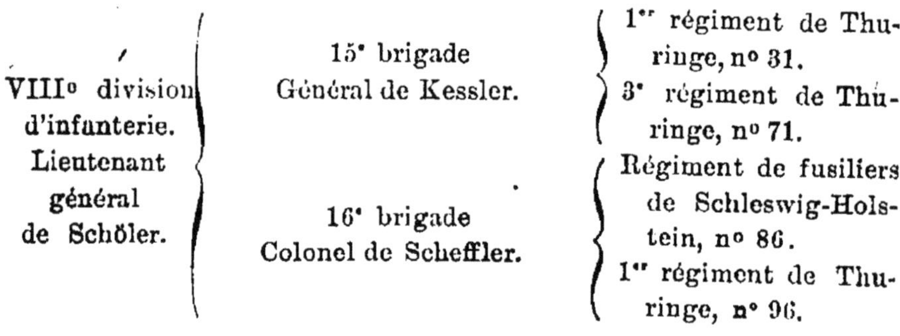

Étaient, en outre, attachés à cette division : le bataillon de chasseurs de Magdebourg, n° 4 ; le régiment de dragons de Westphalie, n° 7 ; 24 pièces d'artillerie, 2 compagnies de pionniers.

Étaient, en outre, attachés à cette division : le régiment des hussards de Thuringe, n° 12 ; 24 pièces d'artillerie, 1 compagnie de pionniers.

Étaient, en outre, attachés au IV° corps : 36 pièces d'artillerie, 1 bataillon du train et quelques autres détachements.

TOTAL : 24 bataillons d'infanterie, 1 bataillon de chasseurs, 8 escadrons, 84 pièces, 3 compagnies.

IXe CORPS.

Général d'infanterie, DE MANSTEIN.

XVIIIe division d'infanterie. Lieutenant général de Wrangel.	35e brigade Général de Blumenthal.	Régiment de fusiliers de Magdebourg, n° 36. Régiment de Schleswig, n° 84.
	36e brigade Général de Below.	2e régiment de grenadiers de Silésie, n° 11. Régiment du Holstein, n° 85.

Étaient, en outre, attachés à cette division : le bataillon de chasseurs de Lauenbourg, n° 9 ; le régiment de dragons de Magdebourg, n° 6 ; 24 pièces d'artillerie, 2 compagnies de pionniers.

Division grande ducale hessoise. Lieutenant général prince Louis de Hesse.	1re (49e) brigade d'infanterie Général de Wittich.	1er régiment (gardes du corps). 2e régiment (Grand-Duc). 1er bataillon de chasseurs de la Garde.
	2e (50e) brigade d'infanterie Colonel de Lyncker.	3e régiment (du corps). 4e régiment (prince Charles). 2e bataillon de chasseurs du corps.

Faisaient, en outre, partie de cette division : la 25e brigade de cavalerie, sous les ordres du général de Schlottheim, composée du régiment de chevau-légers de la Garde et du régiment de chevau-légers du corps, 30 pièces d'artillerie et 1 compagnie de pionniers.

Étaient, en outre, attachés au IXe corps : 30 pièces d'artillerie et quelques autres détachements.

TOTAL : 20 bataillons d'infanterie, 3 bataillons de chasseurs, 12 escadrons, 90 pièces, 3 compagnies.

Xe CORPS

Général d'infanterie, DE VOIGTS-RHETZ.

XIXe division d'infanterie. Lieutenant Général de Schwarzkoppen	37e brigade Colonel Lehman.	Régiment de la Frise orientale, n° 78. Régiment d'Oldenbourg n° 91.
	38e brigade Général de Wedell.	3e régiment de Westphalie, n° 16. 8e régiment de Westphalie, n^e 57.

Étaient, en outre, attachés à cette division : le 1er régiment de dragons du Hanovre, n° 9 ; 24 pièces d'artillerie, 2 compagnies de pionniers.

XXe division d'infanterie. Général de Kraatz-Koschlau.	39e brigade Général de Woyna.	7e régiment de Westphalie, n° 56. 3e régiment de Hanovre, n^e 79.
	40e brigade Général de Diringshofen.	4° régiment de Westphalie, n^e 17. Régiment de Brunswick, n° 92.

Étaient, en outre, attachés à cette division : le bataillon de chasseurs du Hanovre, n° 10 ; le 2° régiment de dragons du Hanovre, n° 16 ; 24 pièces d'artillerie, 1 compagnie de pionniers.

Étaient, en outre, attachés au Xe corps : 36 pièces d'artillerie, le bataillon du train de Hanovre, n^e 10 ; et plusieurs autres détachements.

TOTAL : 24 bataillons d'infanterie, 1 bataillon de chasseurs, 8 escadrons, 84 pièces, 3 compagnies.

XII CORPS (SAXON)

PRINCE ROYAL DE SAXE, Général d'infanterie.

Ire division d'infanterie, n° 23. Lieutenant Général prince Georges de Saxe.	1re brigade, n° 45 Général de Craushaar.	1er régiment de grenadiers du corps, n° 100. 2e régiment de grenadiers (roi Guillaume de Prusse) n° 101. Régiment de tirailleurs, n° 108.
	2e brigade, n° 46 Colonel de Montbé.	3e régiment (prince Royal), n° 102. 4e régiment, n° 103.

Étaient, en outre, attachés à cette division : le 1er régiment de cavalerie (prince Royal), 24 pièces d'artillerie, 2 compagnies de pionniers.

IIe division d'infanterie, n° 24. Général Nerhhoff de Holderberg.	3e brigade, n° 47 Général de Léonhardi.	5e régiment (prince Frédéric - Auguste), n° 104. 6e régiment, n° 105. 1er bataillon de chasseurs prince Royal.
	4e brigade, n° 48 Colonel de Schultz	7e régiment (prince Georges), n° 106. 8e régiment, n° 107. 2e bataillon de chasseurs.

Étaient, en outre, attachés à cette division : le 2e régiment de cavalerie, 24 pièces d'artillerie, 1 compagnie de pionniers.

XIIe division de cavalerie. Général de Lippe.	1re brigade, n° 23 Général Krug de Nidda.	Régiment de cavalerie de la Garde. 1er régiment de uhlans n° 17.
	2e brigade, n° 24 Général Senfft de Pilsach.	3e régiment de cavalerie. 2e régiment de uhlans n° 18.

Faisaient, en outre, partie de cette division 6 pièces d'artillerie.

Étaient, en outre, attachés au corps saxon : 42 pièces d'artillerie et plusieurs autres détachements.

TOTAL : 27 bataillons d'infanterie, 2 bataillons de chasseurs, 24 escadrons, 96 pièces, 3 compagnies.

V° Division de cavalerie.

Lieutenant général DE RHEINBABEN.

11ᵉ brigade. Général de Barby.
(Régiment de cuirassiers de Westphalie, n° 4.
{ 1ᵉʳ régiment de uhlans du Hanovre, n° 13.
(Régiment de dragons d'Oldenbourg, n° 19.

12ᵉ brigade. Général de Bredow.
(Régiment de cuirassiers de Magdebourg, n° 7.
{ Régiment de uhlans de l'Altmark, n° 16.
(Régiment de dragons de Schleswig-Holstein, n° 13.

13ᵉ brigade. Général de Redern.
(Régiment de hussards de Magdebourg, n° 10.
{ 2ᵉ régiment de hussards de Westphalie, n° 11.
(Régiment de hussards de Brunswick, n° 17.

12 pièces d'artillerie étaient, en outre, attachées à cette division.

VIᵉ Division de cavalerie.

Duc GUILLAUME DE MECKLEMBOURG-SCHWERIN.

14ᵉ brigade. Général de Dieponbroick-Grüter.
(Régiment de cuirassiers de Brandebourg (empereur Nicolas Iᵉʳ de Russie), n° 6.
{ 1ᵉʳ régiment de uhlans de Brandebourg (empereur de Russie), n° 3.
(Régiment de uhlans de Schleswig-Holstein, n° 15.

15ᵉ brigade. Général de Rauch.
(Régiment de hussards de Brandebourg (de Zieten), n° 3.
(Régiment de hussards du Schleswig-Holstein, n° 16.

6 pièces d'artillerie étaient, en outre, attachées à cette division.

III° ARMÉE

Commandant en chef : le PRINCE ROYAL DE PRUSSE.

Chef d'état-major : *de Blumenthal.*

V° CORPS

Lieutenant général *de Kirchbach*, ayant sous ses ordres : 24 bataillons d'infanterie, 1 bataillon de chasseurs, 8 escadrons, 84 pièces, 3 compagnies de pionniers.

XI° CORPS

Lieutenant général *de Bose*, ayant sous ses ordres les mêmes forces.

I°ʳ CORPS BAVAROIS

Général *de Tann-Rathsamhausen*, ayant sous ses ordres : 20 bataillons d'infanterie, 5 bataillons de chasseurs, 20 escadrons, 96 pièces, 8 compagnies de pionniers.

II° CORPS BAVAROIS

Général *de Hartmann*, ayant sous ses ordres les mêmes forces.

Division wurtembergeoise.

Lieutenant général *d'Obernitz*, ayant sous ses ordres : 12 bataillons d'infanterie, 3 bataillons de chasseurs, 10 escadrons, 54 pièces, 2 compagnies de pionniers.

Division badoise.

Lieutenant général *de Beyer*, ayant sous ses ordres : 13 bataillons d'infanterie, 12 escadrons, 54 pièces, 1 compagnie de pionniers.

IV° Division de cavalerie.

Prince *Albrech de Prusse* (père), ayant sous ses ordres : 24 escadrons et 12 pièces d'artillerie.

TROUPES ACTIVES

Non comprises dans la formation des trois armées à la date
du 1ᵉʳ août.

Iᵉʳ CORPS

Général DE MANTEUFFEL.

| 1ᵉ division d'infanterie. Lieutenant général de Bentheim. | 1ᵉ brigade Général de Gayl. | Régiment de grenadiers (prince Royal), nº 1. 5ᵉ régiment, nº 41. |
| | 2ᵉ brigade Général de Falkenstein. | 2ᵉ régiment de grenadiers, nº 3. 6ᵉ régiment, nº 43. |

Étaient, en outre, attachés à cette division : le bataillon de chasseurs de la Prusse orientale, nº 1 ; le régiment de dragons de Lithuanie, nº 1 ; 24 pièces d'artillerie, et 2 compagnies de pionniers.

| IIᵉ division d'infanterie. Général de Pritzelwitz. | 3ᵉ brigade Général de Memerty. | 3ᵉ régiment de grenadiers, nº 4. 7ᵉ régiment d'infanterie, nº 44. |
| | 4ᵉ brigade Général de Zglinitzki. | 4ᵉ régiment de grenadiers, nº 5. 8ᵉ régiment d'infanterie, nº 45. |

Étaient, en outre, attachés à cette division : le régiment de dragons de la Prusse orientale, nº 10 ; 24 pièces d'artillerie, 1 compagnie de pionniers.

Étaient, en outre, attachés au Iᵉʳ corps : 36 pièces d'artillerie, 1 bataillon du train et plusieurs autres détachements.

TOTAL : 24 bataillons d'infanterie, 1 bataillon de chasseurs, 8 escadrons, 84 pièces, 3 compagnies.

IIe CORPS

Général d'infanterie DE FRANSECKY.

IIIe division d'infanterie. Général de Hartmann.	5e brigade Général de Koblinsky.	Régiment de grenadiers (roi Frédéric-Guillaume IV), n° 21. 5e régiment d'infanterie de Poméranie, n° 42.
	6e brigade Colonel de Decken.	3e régiment d'infanterie de Poméranie, n° 14. 7e régiment d'infanterie de Poméranie. n° 54.

Étaient, en outre, attachés à cette division : le bataillon de chasseurs de Poméranie, n° 2 ; le régiment de dragons de Neumark, n° 3 : 24 pièces d'artillerie, 1 compagnie de pionniers.

IVe division d'infanterie. Lieutenant général Hann de Weihern.	7e brigade Général du Trossel.	Régiment de grenadiers de Colberg, n° 9. 6e régiment d'infanterie de Poméranie, n° 49.
	8e brigade Général de Kettler.	4e régiment d'infanterie de Poméranie, n° 21. 8e régiment d'infanterie de Poméranie, n° 61.

Étaient, en outre, attachés à cette division : le régiment de dragons de Poméranie, n° 11 ; 24 pièces d'artillerie, 2 compagnies de pionniers.

Étaient, en outre, attachés au IIe corps : 36 pièces d'artillerie, 1 bataillon du train et plusieurs autres détachements.

TOTAL : 24 bataillons d'infanterie, 1 bataillon de chasseurs, 8 escadrons, 84 pièces, 3 compagnies.

VIe CORPS

Général de cavalerie DE TUMPLING.

| XIe division d'infanterie. Lieutenant général de Gordon. | 21e brigade Général de Malacgowsky. | 1er régiment de grenadiers de la Haute-Silésie, n° 10. 1er régiment d'infanterie de Posen, n° 18. |
| | 22e brigade Général de Eckartsberg. | Régiment de fusiliers de Silésie, n° 38. 4e régiment d'infanterie de la Basse-Silésie, n° 51. |

Étaient, en outre, attachés à cette division : le 2e bataillon de chasseurs de la Silésie, n° 6; le 2e régiment de dragons de la Silésie, n° 8; 24 pièces d'artillerie, 1 compagnie de pionniers.

| XIIe division d'infanterie. Lieutenant général de Hoffmann. | 23e brigade Général Gündel. | 1er régiment d'infanterie de la Haute-Silésie, n° 22. 3e régiment d'infanterie de la Haute-Silésie, n° 62. |
| | 24e brigade Général de Fabeck. | 2e régiment d'infanterie de la Haute-Silésie, n° 23. 4e régiment d'infanterie de la Haute-Silésie, n° 63. |

Étaient, en outre, attachés à cette division : le 3e régiment de dragons de Silésie, n° 15; 24 pièces d'artillerie, 2 compagnies de pionniers.

Étaient, en outre, attachés au VIe corps : 36 pièces d'artillerie, 1 bataillon du train et plusieurs autres détachements.

TOTAL : 24 bataillons d'infanterie, 1 bataillon de chasseurs, 8 escadrons, 84 pièces, 3 compagnies de pionniers.

Ire Division de cavalerie.

Lieutenant général DE HARTMANN.

1re brigade. Général de Lüderitz.	Régiment de cuirassiers de la Reine, no 2. 1er régiment de uhlans de Poméranie, no 4. 2e régiment de uhlans de Poméranie, no 9.
2e brigade. Général Baumgartk.	Régiment de cuirassiers (comte Wrangel), no 3. Régiment de uhlans de la Prusse Orientale, no 8. Régiment de uhlans de Lithuanie, no 12.

6 pièces d'artillerie étaient, en outre, attachées à cette division.

IIe Division de cavalerie.

Lieutenant général DE STOLBERG-WERNIGERODE.

3e brigade. Général de Colomb.	Régiment des cuirassiers du corps, no 1. Régiment de uhlans de Silésie, no 2.
4e brigade. Général de Barnekow.	1er régiment de hussards du corps, no 1. Hussards de Blücher, no 5.
5e brigade. Général de Baumbach.	1er régiment de hussards de Silésie, no 4. 2e régiment de hussards de Silésie, no 6.

12 pièces d'artillerie étaient, en outre, attachées à cette division.

XVIIe Division d'infanterie.

Lieutenant général DE SCHIMMELMANN.

33e brigade. Général de Kottwitz.	1er régiment d'infanterie hanséatique, no 75. 2e régiment d'infanterie hanséatique, no 76.
34e brigade Colonel de Manteuffel.	Régiment de grenadiers de Mecklembourg, no 89. Régiment de fusiliers de Mecklembourg, no 90.

Le bataillon de chasseurs du Mecklembourg, no 14, était, en outre, attaché à cette division.

17ᵉ brigade de cavalerie.

Général de Rauch.

1ᵉʳ régiment de dragons du Mecklembourg, nᵒ 17.
2ᵉ régiment de dragons du Mecklembourg, nᵒ 18.
3ᵉ régiment de uhlans du Brandebourg, nᵒ 11.

6 pièces d'artillerie, 1 compagnie de pionniers et plusieurs autres détachements étaient, en outre, attachés à cette brigade.

A ces troupes il faut ajouter : 40 bataillons, 12 escadrons, 46 pièces, 3 compagnies de pionniers de la landwehr, plus les 12 bataillons, 4 escadrons et 18 pièces de la landwehr de la Garde.

TOTAL des forces allemandes au 1ᵉʳ août : 473 bataillons, 364 escadrons, 1558 pièces, 52 compagnies de pionniers (1).

____

(1) *La Guerre franco-allemande*, première partie, supplément nᵒ V ; pp. 28* à 89*.

AUTEURS ET DOCUMENTS

CITÉS ET CONSULTÉS

Ambert (général, baron). *Histoire de la guerre de* 1870-1871 ;
Paris, Plon, 1873.

Ambert (général, baron). *Gaulois et Germains, Récits militaires; l'Invasion* 1870 ; Paris, Bloud et Barral, 1884.

Andlau (général d'). *Metz, Campagne et Négociations,* par un officier supérieur de l'armée du Rhin ; Paris, Dumaine, 1871.

Bazaine (maréchal). *L'armée du Rhin ;* Paris, Plon, 1872.

Bazaine (ex-maréchal). *Épisodes de la guerre de* 1870, *et le Blocus de Metz;* Madrid, Gaspard, 1883.

Berge (lieutenant-colonel). *Journal des sciences militaires,* mai 1872.

Berthaut (général). *Principes de stratégie; Étude sur la conduite des armées;* Paris, Dumaine, 1881.

Blondlat (M.-C.), capitaine au 52ᵉ de ligne. *Des surprises à la guerre :* Paris, Tanera, 1874.

Bonie (lieutenant-colonel, aujourd'hui général). *La cavalerie française ;* Paris, Amyot, 1871.

Bonnet (Félix), capitaine au 3ᵉ d'artillerie. *Guerre franco-allemande ; résumé et commentaires de l'ouvrage du grand état-major prussien ;* Paris, Dumaine, 1878.

Borbstaedt (colonel A.), rédacteur du Militar-Wochenblatt ; *Opérations des armées allemandes, depuis le début de la guerre*

*jusqu'à la catastrophe de Sedan et à la capitulation de Stras-
bourg* ; traduction de E. Costa de Serda, capitaine au corps
d'état-major français ; Paris, Dumaine, 1872.

BOURELLY (colonel). Lettre inédite.

BRACKENBURY (capitaine de l'artillerie anglaise, professeur
d'histoire militaire à l'Académie royale militaire de Woolwich,
aujourd'hui général), *Les maréchaux de France, étude de leur
conduite pendant la guerre en* 1870 ; Paris, Lachaud, 1872 ;
Bibliothèque nationale, L⁴ h 965. (Réserve.)

BULLETIN DE LA RÉUNION DES OFFICIERS, n°ˢ des 15 et 22 mars
1884, et 22 septembre 1883.

BUSCH (docteur Moritz), secrétaire particulier de M. de Bismarck. *M. le comte de Bismarck pendant la campagne de
France ;* traduit en français par Eugène Seinguerlet, sous ce
titre : *Propos de table du comte de Bismarck ;* Paris, Dreyfous,
1879 ; 2° édition.

CAMPAGNE DE METZ (La), par un général prussien ; Bruxelles,
Muquardt, 1871.

CAMPAGNE DE 1870 JUSQU'AU 1ᵉʳ SEPTEMBRE, par un officier
de l'armée du Rhin ; Bruxelles, Rozez, 1871.

CANONGE (commandant). *Histoire militaire contemporaine ;*
Paris, Charpentier, 1882.

CASTAGNY (général de). *Mémoire adressé au ministre de la
Guerre, en réponse à la brochure du général Frossard.* (Inédit.)

CHANGARNIER (général). Discours prononcé à l'Assemblée
nationale le 29 mai 1871.

CLARETIE (Jules). *La Guerre nationale ;* Paris, Lemerre, 1871.

CLAUSEWITZ (général de). *Théorie de la grande guerre.* Traduction du colonel de Vatry ; Paris, Baudoin, 1886.

CONSEIL D'ENQUÊTE SUR LES CAPITULATIONS. Déposition du
général de Ladmirault.

DELIGNY (général). *Armée de Metz,* 1870 ; Paris, A. Lacroix,
Verbœckhoven et Cⁱᵒ, 1871.

DERRECAGAIX (colonel). *Histoire de la guerre de* 1870, par
V. D..., officier d'état-major ; Paris, à la direction du *Spectateur
militaire,* 1871.

DOSSIER DE LA GUERRE DE 1870 ; Paris, Garnier, 3° édition.

DUQUET (Alfred). *Frœschwiller, Châlons, Sedan ;* 3° édition ;
Paris, Charpentier, 1882.

Dussieux (L.), professeur honoraire à l'École de Saint-Cyr. *Histoire générale de la guerre de 1870-1871* ; Paris, Lecoffre, 1872.

Eichtal (Louis d'). *Le général Bourbaki*, par un de ses anciens officiers d'ordonnance ; Paris, Plon, 1885. (Ce livre a été publié avec l'agrément du général.)

Enquête parlementaire sur les actes du gouvernement de la défense nationale ; dépositions des témoins, t. Ier.

Ernouf (baron). *Histoire des chemins de fer français pendant la guerre franco-prussienne ;* Paris, Librairie générale, 1874.

Fabre (colonel). *Précis de la guerre franco-allemande ;* Paris, Plon, 1875.

Fay (Ch.), lieutenant-colonel d'état-major (aujourd'hui général). *Journal d'un officier de l'armée du Rhin ;* Paris, Dumaine, 1871.

Forbes (Archibald). *Défense de Bazaine ;* traduit de l'anglais de *The Fortnightly Review ;* n° du 1er novembre 1883 ; London, Escott

Frary (Raoul). *Le péril national,* 6e édition ; Paris, Léopold Cerf, 1884.

Frossard (général). *Rapport sur les opérations du 2e corps ;* Paris, Dumaine, 1872.

Gœtze (Adolphe), capitaine du génie prussien, attaché au comité du génie et professeur à l'Académie de guerre. *Opérations du corps de génie allemand ;* travail rédigé par ordre supérieur et d'après les documents officiels ; traduit de l'allemand par MM. Grillon et Fritsch, capitaines du génie au dépôt des fortifications ; Paris, Dumaine, 1873.

Goltz (baron Colmar von der), commandant dans le grand état-major prussien. *La nation armée ;* traduit par Ernest Jaeglé, professeur à l'École militaire de Saint-Cyr ; Paris, Hinrichsen, 1884.

Goltz (major von der). *Militar-Zeitung für Réserve und Landwehr Offiziere,* n° 50 ; *Militarische Plauderein.* Traduction de la *France militaire,* n° du 11 janvier 1885.

Grenier (général). *Mes souvenirs de l'armée du Rhin ;* Bibliothèque nationale, Lh. 4,880.

Guerre franco-allemande de 1870-1871, sous le roi Guillaume, par un officier d'état-major prussien ; traduit de l'allemand par L. de Dieskau, capitaine d'état-major et

G.-A. Prim, lieutenant d'infanterie de l'armée belge ; Bruxelles, Muquardt, 1871.

GUERRE FRANCO-ALLEMANDE DE 1870-1871, rédigée par la section historique du grand état-major prussien ; traduction de M. le capitaine E. Costa de Serda ; Paris, Dumaine, 1873.

HALÉVY (Ludovic), de l'Académie française. L'*Invasion, souvenirs et récits*. Paris, Calmann Lévy, 1885.

HÉDIN. *Description des plans des batailles de Borny, Rezonville, Gravelotte-Saint-Privat, et du Blocus de Metz ;* 2ᵉ édition; Briey, Blanchard.

HISTORIQUE du 64ᵉ de ligne.

HISTORIQUE du 5ᵉ bataillon de chasseurs.

HOFFBAUER (capitaine), professeur aux Écoles réunies d'artillerie et du génie. *Les opérations de l'artillerie allemande dans les batailles livrées aux environs de Metz*, d'après les rapports officiels de l'artillerie allemande ; traduction de G. Bodenhorst, lieutenant au 2° régiment d'artillerie belge. Première partie (Borny) ; Bruxelles, Landsberger, 1874.

HOFFBAUER (major), professeur aux Écoles réunies de l'artillerie et du génie à Berlin. *La bataille de Vionville ;* traduit de l'allemand par le capitaine Bodenhorst, de l'artillerie belge ; Paris, Dumaine, 1881, 2ᵉ édition.

HOHENLOHE (général de). *Lettres sur la cavalerie ;* traduction de M. Ernest Jaeglé, professeur à l'Ecole militaire de Saint-Cyr ; Paris, Hinrichsen, 1885.

HOHENLOHE (général de). *Lettres sur l'infanterie;* traduction de M. Ernest Jaeglé ; Paris, Westhausser, 1885.

HOHENLOHE (général de). *Lettres sur l'artillerie;* traduction de M. Ernest Jaeglé ; Paris, Westhausser, 1886.

INDÉPENDANT DE LA MOSELLE (L'), n° du 20 août 1870.

IUNG (général). *L'armée de Metz et le maréchal Bazaine*, par un officier d'état-major ; Paris, Lacroix, Verbœckhoven et Cᴵᵉ, 1871.

JACQMIN (F.), ingénieur en chef des Ponts et Chaussées, directeur des chemins de fer de l'Est. *Les chemins de fer pendant la guerre de 1870-1871 ;* leçons faites en 1872, à l'Ecole des Ponts et Chaussées ; Paris, Hachette, 1872.

JOURNAL OFFICIEL de Berlin.

Journal officiel, n° du 10 août 1870.

Journal inédit d'un capitaine d'artillerie de l'armée du rhin.

Lebrun (général). *Bazeilles Sedan ;* Paris, Dentu, 1884.

Le Faure (Amédée). *Histoire de la guerre franco-allemande,* 1870-1871 ; Paris, Garnier, 1875.

Lecomte (Ferdinand), colonel fédéral suisse. *Relation historique et critique de la guerre franco-allemande en* 1870-1871 ; Paris, Tanera, 1872.

Les vaincus de metz, par E. J... (commandant Émile Jourdy), ancien élève de l'Ecole Polytechnique ; Paris, A. Lacroix, Verbœckhoven et Cie, 1871.

Lewal (général). *Etudes de guerre ; tactique de marche ;* Paris, Dumaine, 1876.

Mazade (Charles de). *La guerre de France* 1870-1871 ; Paris, Plon, 1875.

Meckel (J.), officier supérieur d'état-major. *Les éléments de la tactique ;* traduit de l'allemand par H. Monet, lieutenant breveté au 123e régiment d'infanterie ; 2e édition ; Paris, Louis Westhausser, 1887.

Montluisant (lieutenant-colonel de), commandant la réserve d'artillerie du 6e corps (aujourd'hui général). *La chute de Metz ;* notes cursives ; Paris, Borrani, 1871.

Napoléon Ier. *Commentaires.*

Nazet (H.) et Spoll (E.-A.). *Blocus et capitulation de Metz ;* Bruxelles, office de publicité, 1870.

Niemann (A.). *La campagne de France,* 1870-1871. Traduction de M. Stiedel, lieutenant de vaisseau ; manuscrit de la bibliothèque de la Réunion des officiers ; A II. d. 120.

Nouvelle Revue, n° du 1er mai 1882.

Patry (Léonce), capitaine adjudant-major au 67e d'infanterie. *Campagne de France de* 1870-1871 ; étude d'ensemble ; Soissons, L. Couturier, 1879.

Pierron (général). *Les méthodes de guerre actuelles et vers la fin du XIXe siècle ;* 2e édition ; Paris, Baudoin et Cie, 1886.

Procès Bazaine. Compte rendu sténographique *in extenso ;* Paris, Librairie du *Moniteur universel,* 1873.

Quesnoy (Dr Ferdinand), médecin principal de 1re classe à l'armée du Rhin. *Campagne de* 1870, *armée du Rhin ;* Paris, Furne-Jouvet, 1872.

Rapport du général Metman sur la bataille de Borny.

Rapport officiel de la IIe armée sur la bataille de Vionville.

Rapport officiel du maréchal Bazaine sur la bataille de Borny.

Rapport du prince Frédéric-Charles sur la bataille de Saint-Privat, cité par le général de Montluisant.

Rapport du général Tixier, de la 1re division du 6e corps.

Rapport officiel de la bataille de Rezonville.

Rapport du général de Gœben pour la bataille du 16.

Revue militaire suisse, n° 15, de 1871.

Robinet de Cléry. *Les Avant-postes pendant le siège de Paris ;* Paris, Palmé, 1887.

Ruffer (Édouard). *La guerre du second empire contre l'Allemagne ;* Prague, Skrejsovsky, 1873.

Rustow. *Guerre des frontières du Rhin;* traduit de l'allemand par Savin de Larclause, colonel du 1er lanciers ; Paris, Dumaine, 1871.

Schell (A. de), major au grand état-major prussien. *Les opérations de la Ire armée sous les ordres du général de Steinmetz ;* traduit de l'allemand par Furcy-Raynaud, ancien officier d'infanterie ; Paris, Berger-Levrault, 1873.

Spectateur militaire, n^os de février 1885, des 1er juillet et 1er septembre 1886.

Spicheren (La bataille de) envisagée au point de vue stratégique ; traduit de l'allemand par M. Weil ; Paris, Tanera, 1872.

Télégramme adressé du champ de bataille, le 19, par le roi de Prusse à la reine Augusta.

Tour du Pin-Chambly (comte de la), de l'état-major du 4e corps. *L'armée française à Metz ;* Paris, Amyot, 1872 ; 3e édition.

Trahison du maréchal Bazaine, antérieure a la capitulation de Metz (La), par un officier d'état-major attaché à l'armée du Rhin ; 2e édition ; France et Belgique, chez tous les libraires, 1871.

TROIS MOIS A L'ARMÉE DE METZ, par un officier du génie ; Bruxelles, Muquardt, 1871.

TUMEREL (commandant), *Étude sur la bataille de Rezonville*, Paris, Dumaine, 1875.

ULLOA (général Jérôme), défenseur de Venise. *Du caractère belliqueux des Français et des causes de leurs derniers désastres* ; traduit de l'italien par Ernest Moullé ; Paris, Sandoz et Fischbacher, 1872.

VALFREY (J.). *Le Maréchal Bazaine et l'armée du Rhin*; Paris, Librairie du *Moniteur universel*, 1873.

VANDEVELDE (lieutenant - colonel). *La guerre de 1870* ; Bruxelles, Imprimerie Guyot, 1871.

VANDEVELDE (L.), lieutenant-colonel de l'armée belge. *Commentaires sur la guerre de* 1870-1871 ; Bruxelles, Muquardt, 1872.

VIELCASTEL (comte Horace de). *Mémoires sur le règne de Napoléon III* ; Berne, Imprimerie B.-F. Haller, 1883.

WALDNER (général de). Épisode de la bataille de Spicheren. *Spectateur militaire* n° du 1er février 1885.

WALDNER (général de). Rezonville, *Spectateur militaire*, n° du 1er juillet 1886.

WALDNER (général de) Saint-Privat, le Point-du-Jour, *Spectateur militaire*, n° du 1er septembre 1885.

TABLE